★図解★

民法改正対応！

★図解★

最新 債権回収のしくみがわかる事典

弁護士 **木島 康雄** 監修

とるべき対策や手段を知り、回収効率を高める！

「法定金利」「短期消滅時効」「個人保証」「相殺」など、民法改正で変わった実務ポイントを平易に解説。

貸金・売掛金・手形・賠償金請求、担保、保証、弁済まで網羅。

債権法改正／信用調査／与信管理規程／売掛金／請求システム／短期消滅時効廃止／サービサー／公正証書／金銭消費貸借／法定利率の変動制／ジャンプ／不渡り／融通手形／連帯保証／個人保証に関する公正証書の作成義務／情報提供義務／根保証／債権譲渡／債務引受／相殺／抵当権／根抵当権／譲渡担保／仮登記担保／預金口座への振込による弁済／代物弁済／内容証明郵便／電子内容証明郵便／少額訴訟／支払督促／任意売却／保全／担保不動産競売／強制執行／差押禁止債権／転付命令／少額訴訟債権執行／債権者代位権／詐害行為取消権／債務免除／商品引き揚げ／倒産／破産／別除権／取戻権／相殺権／民事再生／否認権／債権者集会 など

債権回収に不可欠な知識とテクニック、リスク予防策が本書1冊でわかる！

三修社

はじめに

　ビジネスの現場では「信用」が大切です。債務を履行する能力が充分で、その意思も備わっている場合には、債務者の信用は高いといえます。ただ、信用は変動しやすいものです。取引開始時には、信用があった債務者でも、回収する時期になると、経営状況や債務者を取り巻く経済環境によっては、信用が悪化している場合もあります。

　債権回収は事前準備なくして成功することはありませんから、債権者としては、日頃から常に柔軟な対応ができるようにしたいものです。

　ところで、債権にも貸金・売掛金・手形・賠償金の請求まで、いろいろな種類があります。回収する際には、場面に応じての状況判断（タイミング）が求められることもありますし、選択すべき回収手段も変わってきます。そこで、請求や支払交渉など、スムーズに回収するための債務者との交渉の仕方、与信管理や上手な契約書（公正証書）の作成、民事調停、支払督促、訴訟（少額訴訟）、手形訴訟などの裁判手続き、強制執行、任意売却手続きなど、回収効果をアップさせるための法的手段やテクニックを知っておく必要があります。

　本書には、債権回収を成功させるためのノウハウが1冊につまっています。請求の仕方や担保の知識、担保権の実行、訴訟や執行などの法的手段はもちろんのこと、平成29年6月に120年ぶりに改正された民法債権法に伴う消滅時効、保証、債権譲渡、相殺、弁済、詐害行為取消権などの回収に直接関連すると思われる事項については重点的に解説しています。この他、貸金業法、信用調査機関の活用法、破産や民事再生など、倒産した場合の対策や危険な会社を見分けるために必要になる登記簿、決算書の読み方なども解説しています。

　本書をさまざまな場面でご活用いただき、皆様の問題解決のお役に立てていただければ幸いです。

監修者　弁護士　木島　康雄

Contents

第3章　登記簿や決算書の読み方と危険度のチェック

第6章　内容証明・支払督促・訴訟の知識

第 1 章

債権回収の基本

支払能力と支払意思

債務者の信用の変化に柔軟に対応する

● 債務者の信用を見きわめる

債権回収においては、ない者からはとれません。

取引の世界ではよく信用ということが言われます。これは、債務者の支払能力と支払意思の大小のことです。支払能力とは、債務者に債務を履行する能力があるのか、ということ、支払意思とは、債務者に債務を履行する意思があるのか、ということです。債務を履行する能力が十分で、その意思も備わっている場合には、その債務者の信用は高いといえます。支払能力や支払意思のどちらかにでも、不十分な点があれば、債務者の信用は低いといえます。

債権者としては、債務者の信用が変化するものであることを前提に、柔軟な対応ができるようにしなければなりません。

債務者に十分な支払能力がないのなら、債権者としても、どうすれば債務者が資力を回復して支払いができるようになるのかを考えることも必要になってきます。ときには、回収をストップして、債務者の経済状態が回復するのを待つことも必要です。あるいは、債権者の方から積極的に債務者を支援して、将来の回収に期待をかける手段もあります。

ところで、債権者といっても、いやがる債務者からムリにその財産を奪ってくるということは許されません（これを自力救済の禁止といいます）。たとえ債務者に支払能力があったとしても、履行する意思がなければ債権回収はできません。債権者の方で何らかのアプローチをして、債務者に履行する意思を起こさせることも、ときには必要になってきます。

● 支払いやすいように誘導する

正面から攻めてもらちがあかない場合には、その周辺から攻めるという手もあります。状況によっては、利益誘導も有効な手段になります。

常々、「1000万円をまとめて返せ」と声高に叫んでいたのに、急に「じゃあ、1000万円を一度に返すのは大変だろうから、100万円ずつ10回の分割にしよう」と柔らかな口調で迫ると、債務者としても渡りに船と話に乗ってきやすいものです。

あるいは、債務者が希望するとおりに支払期日を延期する代わりに、売買代金を金銭消費貸借（準消費貸借）に切り換えて公正証書（78ページ）を作るのも有効な方法のひとつです。

2 債務者のチェックと情報収集

営業マンを中心に日頃から債務者の状況を観察しておく

◉情報収集は営業担当の仕事である

取引先の経営状態が危険水域に入っていれば、さすがに隠そうとしてもほころびは表に出てくるものです。そうした取引先の情報をキャッチできるのは、営業担当です。漫然と取引先回りをするだけではなく、取引先の危険な兆候をつかむことも、営業担当の重要な仕事のひとつです。

大事なことは、これらの危険信号を見逃したり、勝手に善意に解釈して見過ごすことです。危険な兆候がいくつか見えたら、まず疑ってかかり、さらなる調査を進めていくことが必要です。

◉足を使って情報収集

手っとり早いのは、取引先へ直接出向いて、それとなく話を聞き出してみることです。親しい同業者が、同じ取引先と取引をしているようであれば、問い合わせてみるのも一つの方法です。何かこちらの気づかなかった情報をつかんでいるかもしれません。

公にされている情報、たとえば、取引先の不動産登記簿や商業登記簿を調査してみることも必要です。所有する不動産に担保が追加されていたり、代表取締役に変更はなくても、他の取締役に変更があれば、取引先に何らかの事態が生じている可能性は高いといえます。「危ないな」という印象をもったら、興信所や信用調査機関（46ページ）を利用して、本格的な調査をしてみることも必要です。

危険信号はこうしてつかむ

取引銀行の変更 → 危険信号をキャッチする ← ダンピング販売

投資に失敗 → 危険信号をキャッチする ← リストラ（人員整理）

社内の雰囲気の悪化 →

↓

回収計画を立てる

債権者のとるべき態度

請求する際の落ち度をなくす

●債務者に滞納の理由を与えない

支払いが滞る原因をつぶさに見ていきますと、債権者の側にその原因がある場合も見られます。

たとえば、「請求書を送付してくれと言っておいたのに送ってこなかった」「○月○日に取りに来るようにと連絡したのに来なかった」あるいは「送られてきた商品にキズがあって、そのことを伝えたにもかかわらず債権者からは何の応答もなかった」「債権者の請求の仕方が横柄だった」などというように、債務者としては、債権者に非があると考えている場合もあります。

このような場合は、債権者の方で債務者に支払いをしない理由を与えてしまっているのです。

ある債権をスムーズに回収できないために不良債権であると決めつけてしまう前に、債権者としては、種々の債権回収の手段を実行に移す前提として、そもそも債権発生の段階で手落ちや問題はなかったか、請求に落ち度はなかったかどうかをチェックしてみることが大切です。

支払われない原因の把握

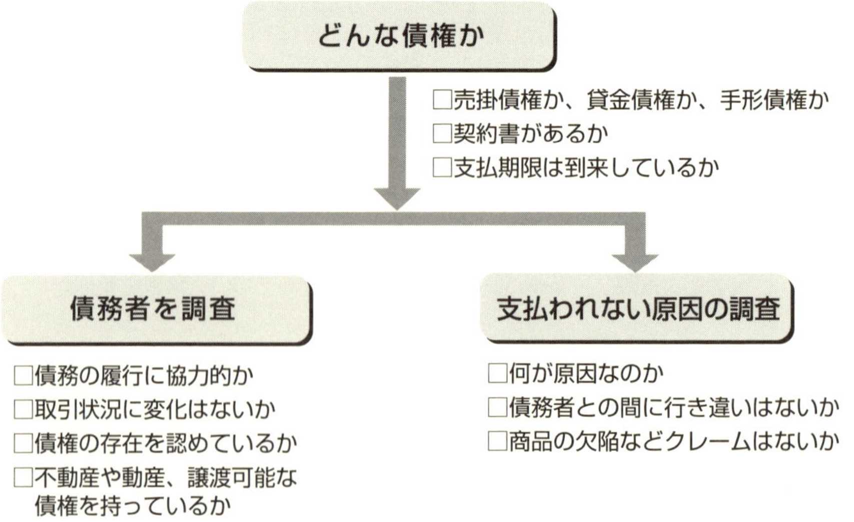

どんな債権か

□売掛債権か、貸金債権か、手形債権か
□契約書があるか
□支払期限は到来しているか

債務者を調査

□債務の履行に協力的か
□取引状況に変化はないか
□債権の存在を認めているか
□不動産や動産、譲渡可能な
　債権を持っているか

支払われない原因の調査

□何が原因なのか
□債務者との間に行き違いはないか
□商品の欠陥などクレームはないか

4 債権の特徴①

債権回収の「債権」の意味を知る

● 債権とはどのようなものか

たとえば、「Xが友人のY時計店から、時計を買う約束をした」としましょう。このことは法律的にいうと、どんなことなのでしょうか。

この場合、XにはY時計店に対して、代金を支払う義務と、時計を渡してくれるよう請求する権利とが発生します。逆に、Y時計店にはXに対して、時計を渡す義務と、代金を支払うよう請求する権利が発生します。

このように、「ある人が、ある人に対して、特定の行為ないし給付（この例で言えば、時計の引渡しや、代金の支払い）を請求できる権利」を債権と呼び、逆に「特定の行為をしなければならない義務」を債務と呼びます。この場合、債権を持っている当事者を債権者、債務を負っている当事者を債務者といいます。

● お互いに債権と債務をもつ

ただし、ここで注意したいのは、上の例では、XもY時計店も、債権と債務を持っている、ということです。両者とも債権者であって、債務者でもあるわけです。こういうときは、「どの給付についての債権者（または、債務者）なのか」を明らかにすることが大切です。

たとえば、「時計の引渡し」については、Xが債権者でY時計店が債務者になります。逆に、「代金の支払い」については、Y時計店が債権者でXが債務者になる、というわけです。

債権とは

債権

金銭債権（借金）とは限らない。契約に基づく請求権は債権

基本的に平等である

・抵当権や根抵当権などの担保がつけば優先される

内容は自由に決められる

・実現可能なものであること
・違法なもの（公序良俗違反）でないこと

5 債権の特徴②
債権の内容を実現するには債務者の行為を必要とする

● 債務者の行為が必要

ある人がある人に対して何らかの債権を持っているといっても、その債権の内容を実現するには、債務者の行為が必要になります。

たとえば、15ページの例で、Xが代金を先払いしたとしましょう。その場合でも、XはY時計店へ行って、「もう代金は支払ったのだから、この時計はもらって行くよ」といって、勝手に時計を持ち去るわけにはいきません。少なくとも、Y時計店の了解は必要です。了解もなく持ってきてしまうと、窃盗罪、場合によって恐喝罪・強盗罪にもなりかねません。

● 債務者が履行しない場合の手段

債権の中心的な効力は、債務者に対して債権の内容とする行為（給付）を請求できることです。債務者が、債権の内容に応じた給付をすることを、債務の履行または弁済といいます。

債権者が請求しても、債務者が素直に応じない場合、債権者が訴訟を起こし、その主張が正当であれば「債務者は債務を履行せよ」という趣旨の判決がもらえます。

判決があっても、なお債務者が応じない場合には、債権者はさらに、判決に基づいて、国家の力で、債権の内容を実現してもらえます。これを強制執行（192ページ）といいます。

なお、債権回収の手段として常に訴訟が適当とは限りません。訴訟を起こす前に内容証明郵便（164ページ）を送付したり、支払督促（170ページ）を申し立てるなどの手段もあります。

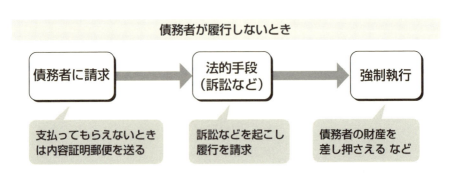

債務者が履行しないとき

債務者に請求 → 法的手段（訴訟など） → 強制執行

支払ってもらえないときは内容証明郵便を送る

訴訟などを起こし履行を請求

債務者の財産を差し押さえる など

6 債権の種類

債権は金銭の支払いに限らない

● 債権の目的はいろいろある

債権を回収するには、まず債務者に対して請求しなければなりません。債務者が請求に任意に応じてくれれば、これに越したことはないのですが、そうではない場合には、最終的には国家の助力、つまり裁判所の手を借りることになります。

ただし、債権の目的である債務者の行為、つまり給付の内容は、さまざまです。基本的には当事者のとりきめで、その内容を自由に決められますが、最も多いのは、「○○円支払え」というようなお金の支払い（金銭債権）です。その他に、「○○の土地を明渡せ」というような物の引渡し（不動産なら明渡し）もあります。

● 債権の中心は金銭債権

債権の目的は、当事者のとりきめに応じてさまざまです。ごく普通の日常の買い物や、お金の貸し借りから、雇用契約に基づく「○時から○時まで働きなさい」というようなものまで、千差万別です。

しかし、交通事故などの不法行為による損害賠償や、離婚の際の財産分与、子の養育費の請求などの家族関係から生じる債権でも、最も多く問題となる

のは、「金○○円を支払え」という金銭債権です。

● 約束が破られた場合の法的手段

債務者が約束通りに債務を履行しない場合を、一般に債務不履行といいます。

債務不履行には、①履行が遅れているという履行遅滞、②履行が不可能になってしまったという履行不能、③履行は一応したが、どこか不完全なところがあるという不完全履行、の3つの形態があると言われています。

債務が履行されない場合に、債権者が取り得る法的手段としては、①現実的に履行を強制する方法（強制執行）、②損害賠償、③解除、の3つの方法があります。

債権者としては、まずは、債権の実現を求めて、訴えを提起し、強制執行を図ることになります。

なお、債務不履行による損害賠償の責任は、債務者の原因によって履行できない場合に負うものとされています。ただ、金銭債権の場合には、債務者はたとえ天災によって期日までに金銭債務を支払うことができなくても債務不履行責任（履行遅滞の責任）を負い、損害賠償を支払うことになります。

7 売掛金回収のポイント

完全回収するためのポイントを押さえる

● 掛とはどんなことなのか

なじみの居酒屋に行って、「今日は、つけでお願い！支払いは、給料をもらったらね」という言うやりとりをしたことのある人もいるでしょう。これを掛といいます。つまり、掛とは、支払いをその場では行わず、後でまとめて支払う「つけ」を意味します。

商品の料金を後払いや後受け取りとすることを、掛による売買といいます。商品を売って、すぐに支払いを受けない時の金銭債権が売掛金になります。

● 売掛金取引をする場合のポイント

商売を行うにあたって、売掛金取引はよく利用されています。本来であれば現金取引をするのが一番安全なのですが、取引先を信頼して、売掛金取引にするのです。

しかし、取引先が代金を支払うまでには1か月から3か月以上の長いスパンがあることも多いようです。その間、掛取引を行っていた取引先の会社の財務状況が悪化して、売掛金が支払われないこともありえます。本来であれば、商品等の引渡しと同時に代金を回収できるため、この場合の売主は商品等の引渡しによって、当該取引に必要な行為は、ほとんど終了しています。しかし、売掛金取引では、比較的長期の後に得意先から売掛金を回収した時点で、当該取引を終了できることになります。相手方の信用状態を信頼して行う取引であるため、売掛金取引は信用取引とも呼ばれます。

売掛金取引を行う場合、以下の点に注意することが大切です。

① 取引先の信用調査を行う

営業担当者などからの情報だけでなく、専門の信用調査機関の信用調査を行っておくようにします。

すでに取引を始めている相手に対しても、定期的に再調査を行うようにすれば安心です。

② 取引条件をはっきりさせる

注文の締め切りと支払期限、支払形態は現金か手形か（現金と手形両方の場合はその比率も）、手形サイト（振出日から支払期日までの期間）はどのくらいか、全額払いかリース取引を利用するかなどを事前に決めておきます。

取引条件は契約書で定めておくようにします。

③ 次の納入を差し控える

支払期限までに振込みを行わない取引先には、前回の代金と引き換えでなければ、次回の商品を納入しないと主張します。

④　相殺や代物弁済などの予防策

　支払意思はあるが延滞している取引先については、その取引先から商品を購入して代金と相殺（154ページ）をしたり、代物弁済（145ページ）として代金の代わりに物品を受け取ることも有効な手段です。

⑤　支払期限前に請求する

　取引のサイクルは、通常「契約の成立→物品の引渡し→支払期限が来たら代金の回収をする」、という流れで行われます。

　請求の遅延はそのまま売掛金回収の遅れにつながりますので、締切日（締め日）の翌日には必ず請求書を発送するなど、請求手続きは迅速に行います。

⑥　取引撤退の決断も必要

　支払能力はあるのに、支払意思のない取引先に対しては、通知書や内容証明郵便による催告、弁護士など専門家への取立委任、保全手続き（仮差押・仮処分）、強制執行という手順をふんで、売掛金を回収します。

　危険信号をキャッチした場合（13、22ページ）には、得意先であっても取引の打ち切りを検討すべきでしょう。

⑦　回収の手順のマニュアル化

　自社で対応できない場合に、顧問弁護士など専門家にまかせるまでの手順を社内で構築することが必要です。

　たとえば、支払期限を何日過ぎたら催促状送付、何日経っても応じない場合は相手の立会いの下で商品の引揚げを行うなど、社内体制を確認し、自社で代金回収する体制を作っておくことが大切です。

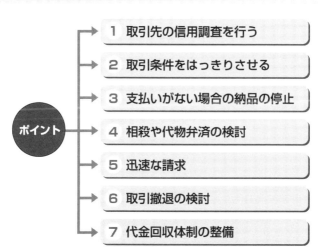

売掛金取引をする場合に気をつけること

ポイント

1　取引先の信用調査を行う

2　取引条件をはっきりさせる

3　支払いがない場合の納品の停止

4　相殺や代物弁済の検討

5　迅速な請求

6　取引撤退の検討

7　代金回収体制の整備

8 売掛金の管理
売上債権が現金化されるまでしっかりフォローする

● 補助簿を作成して管理する

商取引は、「注文→商品の受渡し→商品代金の回収」という流れで進みます。商品と引き換えにその場で現金を支払うケースは少なく、一般的には先に商品を引き渡してから後日商品代金を回収する方法をとります。

このように、後から支払いを受ける形態の取引が「信用取引」です。信用取引の場合、商品を引き渡してから代金を回収するまでの間に一定の期間があります。一定期間内のまだ回収していない代金のことを、会計上では「売掛金」といい、反対に商品を仕入れた場合の未払いの商品代金を「買掛金」といいます。

信用取引は、商品等を引き渡して終わりというわけではありません。得意先から売掛金を回収した時点で、販売行為が終了することになります。しかし、相手方が必ず入金するとは限りません。売掛金を残したまま相手先が倒産し、会社が損害を被ってしまうなどのリスクも存在します。売掛金の管理にあたっては、このようなリスクを減らして確実に代金を回収するための対策を立てることも重要な仕事です。そのためには、「売上帳」「売掛金元帳」という補助簿を作成し、「いつ」「どこ に」「いくら売り上げて」「いつ入金されたのか」について、情報の記録・整理をする必要があります。

● 確認作業をどのように行うのか

売掛金の回収状況は、「売掛金台帳」を活用し、次のような方法で確認します。

売掛金台帳には、日付・販売した得意先名・金額が記載されています。得意先から入金があった場合は売掛金台帳との照合を行い、どの売掛金に相当するかを判断します。1回の取引ごとに入金される場合もあれば、複数の売掛金がまとめて入金される場合もあり、時には入金した額と台帳の売掛金の額をパズルのように組み合わせて判断しなければならない場合もあります。

取引規模が大きい会社であればこの作業は非常に煩雑になるため、一取引ごとに注文番号・請求番号など記号や番号を付けて、入金済の記号や番号を消し込んでいくという管理方法が一般的です。なお、どうしても入金額と売掛金との内訳とが一致しないときは、相手先に入金の内訳を聞くことも一つの方法です。

入金済の売掛金は帳簿や貸借対照表上の資産残高から控除され、代わりに入金分の現預金や手形が増加します。

その上で売掛金残高として残ったものが、未入金の売掛金です。

次に、残った売掛金の中に請求時の入金予定期日より遅れているものがないかをチェックします。入金が遅れているものについては、たとえば、「担当する営業部門を通して理由を確認する」「相手先に督促する」など、社内で対処方法を取り決めた上でそれに従って対応します。なお、これらの作業は、定期的に行うことが必要です。

◯信用管理を徹底させる

リスクを極力減らすため、会社としてやるべき作業は取引を開始する前にあります。まず、取引の相手先がどのような会社なのかを調査します。その会社の規模・支払能力・過去の経営成績などを分析して「どの程度の取引までなら大丈夫か」とう与信限度を設け、無謀な取引を回避します。この一連の流れを「信用管理」といいます。

信用管理には、社内のチェック体制づくりが大切です。まずは、社内に、独立した信用管理を担当する部門を新たに設けます。調査部・総務部・経理部など、新部門の所属は問いませんが、営業部とは独立し、牽制し合うような存在であるのが望ましいといえます。部門を設けた後に与信限度の設定を行います。具体的には、取引先の状況を把握するため、決算書など財務内容を判断できる情報を定期的に入手します。調査部などの独自の調査機関を設けて情報収集することが難しい場合は、コストはかかりますが、調査会社を利用するという方法もあります。そして、情報を得た後で内容を分析し、取引先ごとに限度額を設定します。限度額を設定した後に、常時限度額をオーバーしていないかをチェックします。

そして最後に、与信不安先の対応策をとります。赤字決算・債務超過など判断材料はさまざまですが、これらの与信不安先をふるいにかけるための社内のルールを設けることが必要です。

なお、チェック体制を機能させるためには、調査した取引先の内容に不安な兆候があると判断した場合に、社内全体で情報の共有ができるようにしておくことが非常に重要です。

社内チェック体制の整備

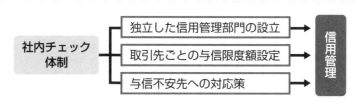

社内チェック体制	独立した信用管理部門の設立	信用管理
	取引先ごとの与信限度額設定	
	与信不安先への対応策	

Column

民法改正の影響

　1896年（明治29年）に成立した民法は現在までほぼ不変でしたが、急速に変化する社会構造や経済状況の変化に合わせる目的から、「第三編　債権」に関する規定を中心に改正が行われました。改正は2017年（平成29年）6月に公布されました。公布から3年以内に施行されることになっていますので、2019年（平成31年）後半から2020年（平成32年）前半の施行が予想されます。改正法が施行された後に結んだ各種の契約には、原則として新法（改正後の規定）が適用されます。しかし、継続的な取引がある相手方との間で、施行日をまたいで存続する契約関係等については、旧法（改正前の規定）、新法のいずれが適用されるのかによって、取引の内容に大きな影響を与える場合も少なくありません。そこで、改正法は経過措置規定（新旧のどちらが適用されるかなどにつき、社会の混乱を避けるために法の過渡期に定められる規定）を設けて、改正に伴う法律関係を整理しています。

　まず、時効に関して、新法の下では債権の消滅時効期間が統一されることになりますが、施行日前の債権については新法の適用がありません。したがって、旧法下の各種の短期消滅時効が適用されることになりますので、債権者側としては、短期消滅時効期間の経過に注意が必要です。また、法定利率に関しても、施行日以後に生じた利息について、新法の規定が適用されることになりますので、施行日前に生じた利息債権等については、旧法に従って債務者に請求を行うことになります。その他にも、施行日以後に新法の規定が適用される債権回収に関する重要な規定として、個人保証に関する公正証書の作成義務に関する規定や、差押前に取得した債権を自働債権として、第三債務者が差押債権を受働債権とする相殺を主張することが許されるとする規定が挙げられます。

　債権者はこれらの経過措置の規定を確認し、債権回収への影響の有無を確認する必要があります。

第 2 章

請求の仕方と
与信管理体制の整備

1 回収計画

債権の内容、債務者の状況、担保・保証の有無を確認する

● 準備段階の調査と確認はどうする

　債権回収にとりかかることになったら、まずは、回収すべき債権と債務者の状況などを調査して確認しておくことが必要です。調査はできるだけ早く、しかも正確に行わなければなりません。回収計画とその手順・スケジュールを立てるのはその後です。

　まずは、回収すべき債権自体を確認します。最終的に訴訟（176ページ）ということになれば、債権の存在と内容を証明しなければならないのは債権者の方です。また、契約書や借用書といった債権についての根拠となる資料も用意しておきます。根拠となる資料が何もないときは手紙やFAX、メールの交信記録などでもよいのです。

● 債務者について調査・確認する

　債務者についての調査は、その資産・収入について行います。調査対象は、最終的に強制執行の対象となり得るあらゆる財産と収入です。

　資産の調査は、債務者本人のものだけではなく、債務者が会社などの法人であれば、その代表者個人のレベルまで、債務者が個人であれば、その妻子や親族についても行っておくのがよいでしょう。

● 担保権・保証などを確認する

　担保権（抵当権など）や保証などを取りつけてあれば、これは他の債権者との回収競争の中では、強力な援軍になるため、契約書や借用書、手形などを確認しておきましょう。

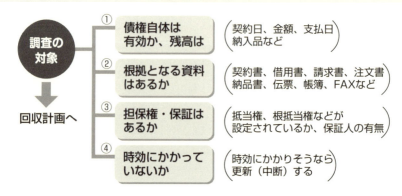

調査から回収へ

調査の対象 → 回収計画へ

① 債権自体は有効か、残高は（契約日、金額、支払日、納入品など）

② 根拠となる資料はあるか（契約書、借用書、請求書、注文書、納品書、伝票、帳簿、FAXなど）

③ 担保権・保証はあるか（抵当権、根抵当権などが設定されているか、保証人の有無）

④ 時効にかかっていないか（時効にかかりそうなら更新（中断）する）

2 債権回収のスケジュール

確実に、少しでも多く回収するために柔軟に対処する

○ 回収の流れを確認する

　債権回収のスケジュールを立ててどのような手段が適切かを検討します。

　チームで回収にあたる場合には、回収スケジュールと回収方針を明確にした上で、チーム内で意思の疎通を図るようにしましょう。

債権回収の流れ

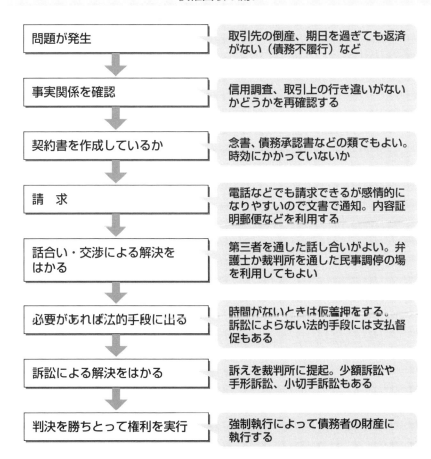

問題が発生	取引先の倒産、期日を過ぎても返済がない（債務不履行）など
事実関係を確認	信用調査、取引上の行き違いがないかどうかを再確認する
契約書を作成しているか	念書、債務承認書などの類でもよい。時効にかかっていないか
請　求	電話などでも請求できるが感情的になりやすいので文書で通知。内容証明郵便などを利用する
話合い・交渉による解決をはかる	第三者を通した話し合いがよい。弁護士や裁判所を通した民事調停の場を利用してもよい
必要があれば法的手段に出る	時間がないときは仮差押をする。訴訟によらない法的手段には支払督促もある
訴訟による解決をはかる	訴えを裁判所に提起。少額訴訟や手形訴訟、小切手訴訟もある
判決を勝ちとって権利を実行	強制執行によって債務者の財産に執行する

3 回収がうまくいかない理由①

売上げの管理を徹底して行うことが大切

● 回収力の不足

債権回収が停滞していたり、焦げつきが起こっている会社には以下のような共通点があります。

① 調査力の不足

経営方針や政策・売上げ・仕入れなどを含め、相手の会社の状況を正確に把握できないと回収に支障が生じます。

② 契約力の不足

契約に必要な法的知識を持たない状態で契約をすると、後々問題が起こった場合に法的な助力を受けにくくなります。

③ 処置力の不足

焦げつきなどの危険な兆候が現れ始めた場合に速やかに処理できなかったために、被害が拡大してしまうケースが多いようです。

④ 連携力の不足

社内での情報交換や社外スタッフとの連携がおろそかになっていると、得意先情報の入手が遅れるなど、危険な兆候を見逃し、結果的に、回収の焦げつきをもたらすことになります。

● 売上げの管理に問題がある場合

売上げの管理は「営業部から回ってくる伝票をもとに経理部でコンピュータ入力→請求書の発行→売掛金回収予定を一律で管理し、回収ができたものはチェックして消していく」、という流れで行われることが多いようです。

このような管理方法は、金額を打ち間違えたりしなければ、定型的な管理が可能になるというメリットがある反面、そもそも売上げの報告にウソがあると売掛金の額が狂うというデメリットもあります。

たとえば、営業担当の何人かが自分の販売成績を上げるために、架空の売上げを計上していたという場合です。

架空計上の原因が、製品が相手に渡ったかどうか確認する物品受領書を営業部がすべて回収していなかったという単純なミスであればまだよいといえます。しかし、売っていない製品の伝票を経理部に提出し、経理部が発行した請求書を営業担当が自分で揉み消すことが可能な状況にあるなど、管理システム自体に問題があることも多いのです。

このような架空計上が行われると債権の回収に支障が生じるのは火を見るより明らかです。そのため、経理部・営業部が協力して、社内の売掛金を管理するシステムを築かなければなりません。

4 回収がうまくいかない理由②

社内の連絡ミスが未回収の原因になることもある

社内の連絡が不十分な場合

請求もれが発生する原因として多いのが、取引先との窓口である営業担当者と、請求書発行部門である経理部との連絡がうまく行われていない場合です。

たとえば、納入した商品が返品されている、もしくは値引きされているにもかかわらず、その旨が経理担当に連絡されていないと、取引先への請求金額に誤差が生じ、結果的に繰越残高として残ってしまうのです。

また、単純に集金の怠慢が原因で、未回収の債権が残っていることも多いようです。これについては、営業担当者の意識改革を徹底すれば、解決する問題といえるでしょう。

相手方との関係に原因がある場合

取引の相手方との関係に原因がある

ために、債権回収がうまくいかないこともあります。

たとえば、相手先と自社との間で、商品の品質などをめぐって値引き交渉中で支払いが先延ばしになっているケースや、得意先の検収期間（製品に問題がないか受注先が確認している期間のこと）が延びており、自社の営業担当が把握していないケースなどが挙げられます。

また、相手方が意図的に支払を遅延していることもあります。この場合、業界によっては、一部を必ず繰越金としている場合もありますが、ますます回収が困難になる危険が生じるので注意が必要です。

回収がうまくいかない原因

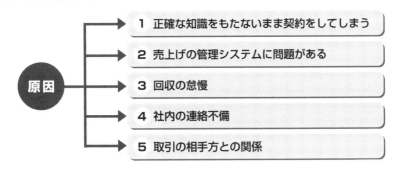

原因
1 正確な知識をもたないまま契約をしてしまう
2 売上げの管理システムに問題がある
3 回収の怠慢
4 社内の連絡不備
5 取引の相手方との関係

5 請求システムの確立

回収もれを防止できる請求システムを構築する

● 売掛金の記帳・記録方法のチェック

売掛金の記録は、送り状、出荷伝票、納品書、売上伝票などをもとにして作成した原始帳簿の必要な部分を、売掛金元帳（得意先元帳）に転記、最終的に総勘定元帳にまとめられるのが一般的です。

請求、回収は売掛金元帳の記載に基づいて行われますので、得意先の取引記録はこの帳簿を見ればすべてわかります。売掛金請求もれをなくし、代金回収状況がわかるような記帳・記録であることが望ましい形といえます。

しかし、取引先が多くなり、記帳をする部門と販売、集金を担当する部門が別々になったときには、一冊の売掛金元帳で取引を管理するのは実質的ではありません。この帳簿だけでは、回収途中の過程まで把握するのには無理があります。

そこで、販売を行う営業部門、発送・納品を担当する倉庫部門、経理部門など一連の作業の流れを図式化し、売掛金回収を把握できる事務フローの作成が必要になります。その際、売掛金管理は、売上業務と売掛金回収業務をつなぐ重要な役割を担います。ミスが発生しやすい部分でもあり、慎重な管理が必要とされます。売掛金の残高

が得意先の買掛金額と一致しないなどのズレが生じないようにしなければなりません。自社の売掛金を正しく把握していないと、焦げつきに気がつかないという事態も起こり得ます。

● 営業部門と連絡をとりあう

売上伝票は、取引の相手方、会社の営業担当者、倉庫部門の受払係、配送係、など多くの人の手を介し、経理部門の記帳係、会計係に送られてきます。

したがって、伝票の起票、伝票の回付、売上日報や売掛金元帳への転記など、どれか１つの作業が滞ると、回収の流れ全体に影響し、回収遅れ・回収もれにつながっていきます。

実際、回収もれの要因の多くは、営業部門から営業事務を経て、経理部門への連絡がうまくいっていない場合です。そのため、一連の流れを見直すことは、作業効率のアップだけでなく、回収もれを防止するためにも効果的といえるでしょう。

また、経理部門、営業部門で相互チェックできる売掛金管理システムを構築するのも確実に売掛金を回収するための有効な手段です。

もっとも、優れたシステムが構築されたとしても、そもそも伝票などに記

入ミスがあるようではシステムも有効に機能しません。そこで、①基本的に締後扱いの納品は行わず、生じた場合は物品受領書にその旨を明記して上司の検印を受ける、②検収期間を設けている得意先については、社内伝票の記載方法を統一して、物品受領書を保管する、③定期的に売掛金の入金などが記録される入金伝票、現預金出納帳、受取手形などの照合を行う、④定期的に得意先に残高確認をする、などの対策を徹底し、記入ミスを生じさせないようにすることが大切です。

● 締日を見直す

請求締日（締切日）がバラバラですと管理にミスやもれが起きやすくなります。月3回くらいに集約するなど、営業担当と協力して得意先に折り合い

をつけるのもよいでしょう。こうすることで、売掛金回収管理の効率化を図ることができます。

特に、締日の日程というのは、会社によって異なることが多いので、商品の納入日で締めるのか、それとも請求書の到着日で締めるのか、相手方に確認しておく必要があります。

締日の解釈などを確認しても、請求内容と実際の支払いの差異が大きい、あるいは請求額に対する入金割合が月によってまちまちになってしまう取引先が多い、といった問題が発生する場合には、販売の実態と請求締日が合っていない可能性もあります。

相手の信用調査を行う前に、自社の営業活動に何か問題がないか調べてみることも必要です。

発注から代金請求までの流れと関係部門の業務

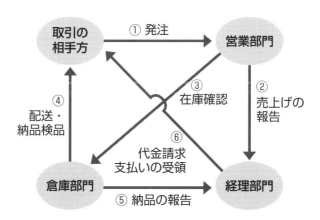

6 社内の回収システムの整備①

売掛金管理の役割を理解する

● どうすればスムーズにいくのか

企業のヒト・モノ・カネを目的に合わせて、合理的に管理するのが「経営管理」であり、経営の全体を管理するという位置付けです。

それに対して、経営管理の一つのサブシステムにあたるのが「売掛金管理」であり、販売管理、在庫管理、生産管理、購買管理（商品仕入）、財務管理（資金調達）などの各部門を管理しているという位置付けです。

売掛金管理をうまく行うことで、販売代金が確実に回収されますし、それによって、資金の調達、商品の仕入れ、代金の支払い、諸経費の支払い、在庫確保、商品の販売などをスムーズに行うことができるようになります。

もちろん、売掛金の管理・回収は、販売管理からも財務管理からも独立した部門でなければなりませんが、販売部や財務部が管理する分野と一部共通する分野を管理しますので、関係性は深いのです。売掛金管理のおもな役割は以下の2つです。

① 取引全体の安全確保の機能

取引先の信用調査や与信限度の設定などの管理だけでなく、企業の取引活動全体が安全に行われるように、取引全体が管理範囲となります。

② 営業部門の抑制機能

支払能力のない得意先に商品を売ってしまうと、売掛金を回収することができなくなります。管理部門はこのような営業部門の行き過ぎがないように、適切な統制機能をもたせておくようにします。

● 回収するための心得

売掛金管理の管理対象は、新規・継続の得意先となりますが、管理活動は直接、取引先に及ぶものではなく、社内での対応を組織的に、制度化して行っていくことになります。そのため、取引先との窓口にあたる営業部門との連携は必須です。単に連携するだけでなく、営業担当者に売掛金回収についての教育を施すことも管理部門の役割といえるでしょう。

また、管理部門では取引が滞っていないときに、売掛金管理・回収に力を注ぐことが必要です。問題が発生してからでは、回収も困難になるからです。

一方、営業担当者の心得としては、売るだけでなく、自社の「売掛金回収システム」を念頭においた活動をすることが大切です。代金を回収するまでが仕事であることを肝に銘じましょう。

7 社内の回収システムの整備②
売掛金の未回収の多くは社内に問題点がある

● 問題点がどこにあるのか

回収する側の社内管理体制に、以下に掲げるような問題があると未回収・焦げつきの原因となります。

① 好景気時の社内体制作り

景気は常に変化するものですが、景気が悪いときでも売掛金をきちんと回収している企業もあることも確かです。

景気の動向に関係なく売掛金回収を行っている会社は、景気の良いときに社内体制を整え、強化していたことが勝因のひとつといえます。

② 営業戦略・方針に問題がある

競争力のない商品やサービスをいくら販売しても、売れるわけはないのですから、営業担当者は得意先との取引を行うかどうか見極める余裕はなくなります。また、売上目標を達成することばかりを掲げた営業方針で、相手の信用調査などは後回しにして営業活動を行わせるのも問題です。これでは、売掛金の全額回収が難しくなっても仕方がありません。

③ 信用管理体制の不備

与信管理の制度化が遅れていたり、制度が整っていたとしても全社的に共有されていなかったりすると、焦げつきが発生する可能性は高いといえます。

多いのは、管理部門で弁護士や行政書士、経営コンサルタントなどのアドバイスをもとに与信管理規程を決めているのに、現場で得意先と交渉する営業マンの理解が十分でないという場合です。営業部門の正しい理解と協力がなければ、得意先の信用状況に危険な兆候があったとしても、見逃してしまい、対応が遅れてしまいます。

④ 営業担当の回収責任が希薄

「代金回収は経理部門や管理部門の仕事、営業担当者は売ることに専念すればいい」というのは危険な発想です。特に経理部門の幹部がこの考え方で、営業担当に代金回収業務まで課さないと、相手の信用を考慮に入れず、無謀な販売をすることになります。

経理部門や管理部門だけでなく、営業部門も売掛金回収までを意識できる職務設定が必要です。

⑤ 営業担当の教育の遅れ

得意先に出向いていく営業担当の信用調査や法律に関する知識が不足しているために、焦げつきが発生しているケースも多く見られます。管理部門は適切な対処法をマニュアル化したり、過去の失敗事例を提示するなどによって営業部門と連携し、営業マンの教育を行っていく必要があります。

8 債務者の危険信号

相手方の状況は常々把握すること

● 不信な不動産の売却には要注意

たとえば、本社ビルの売却があった場合には、その会社は資金繰りが苦しいのではないかと推定することができます。

また、本社ビル売却というような大きな出来事ではなくても、取引先の所有する重要な不動産、たとえば事務所や店舗・工場・倉庫などについては、担保設定状況を定期的に把握しておくことが、危険を知る上で大切です。

特に、所有権移転請求権の仮登記や賃借権設定の仮登記・抵当権設定の仮登記がなされているときは要注意です。これらの方法は、登録免許税が安くすみますし、街の金融業者が好んで使う登記です。ですから、こうした登記がある会社には、すでに高利貸しの手が伸びていて、立ち直る可能性はほとんどないということもあります。

● 保証債務や債権譲渡も要確認

不健全な企業間では、融通手形の交換をやっているように、資金繰りが苦しい企業の間では、お互いに相手方の債務を保証しあっていることがあります。保証債務という通常はバランスシートに乗らない債務が存在することを嗅ぎつけたら、要注意となります。

企業自身が保証債務を負っている場合の他、経営者個人が、他の企業や他人の債務の保証をしている場合も、信用度は低いといえます。

また、取引先企業が、自己の売掛金債権を担保にして金を借りたとか、債権譲渡（146ページ）によって金融を得ているということになると、いよいよ末期症状というべきです。このような噂を聞いたら、すぐに、取引を停止して、たとえ出荷直前であっても、納入はストップしなければなりません。

債権回収を検討するまで

日頃からしっかり観察しておく → 危険な兆候が見えた → 債権回収を検討

業界内での取引先の地位、従業員一人当たりの売上高などをチェック

代表者の交代、役員の退任、従業員の減少などをチェック

9 取引前の信用調査

取引前には取引をする動機とともに客観的な信用調査を行う

● 信用調査と限度額の決定

会社と会社の間で行われる掛売り・掛買いという信用リスクを低く抑えるためには、取引に先立って、取引先の信用調査を行います。信用調査は具体的には下図のような手順で行います。

また、取引を開始する場合、契約を締結する前に、必ず取引限度額（与信限度額）を設定しておく必要があります。取引限度額を設定せずに取引を行うとリスクが無限に広がっていく可能性があるからです。取引限度額の設定については、具体的には期限と金額双方の面から限度を設定します。

特に新規取引先は信用度が未知数なため慎重に設定する必要があります。

● どうして取引するのか明確にする

営業担当者が取引の見込みがある企業を開拓してきた場合、管理部門（経理部や総務部など）としては、なぜその企業と取引をするのかを明確にしておく必要があります。

その企業との取引を希望する動機を把握できなければ、信用調査はうまくいかない場合がほとんどです。

特に営業担当者は数字を念頭に動いているため、たとえば期末の在庫処分目的で調査が甘くなりがちです。

取引の動機が十分ではない場合には、取引見込先の調査をまとめた報告書の提出を求め、取引をするかどうか検討する必要があります。

信用調査の手順

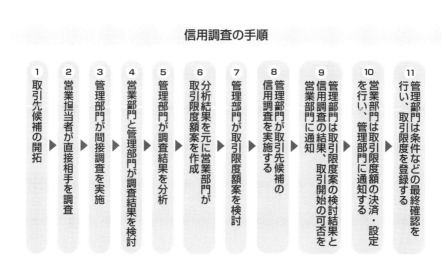

1. 取引先候補の開拓
2. 営業担当者が直接相手を調査
3. 管理部門が間接調査を実施
4. 営業部門と管理部門が調査結果を検討
5. 管理部門が調査結果を分析
6. 分析結果を元に営業部門が取引限度額案を作成
7. 管理部門が取引限度額案を検討
8. 管理部門が取引先候補の信用調査を実施する
9. 管理部門は信用調査の結果、営業部門に通知
10. 営業部門は取引限度額案の検討結果と信用調査の結果、取引開始の可否を営業部門に通知し、管理部門に登録する
11. 管理部門は条件などの最終確認を行い、取引限度を登録する

● 信用調査を行う

新たに取引を開始しようと思う企業の信用調査を行うときには、素早くかつ多くの情報を集める必要があります。特に営業部門が開拓した取引先候補の場合は、信用調査をクリアすれば新たな取引へと結びつきます。担当者としては少しでも早く調査を終え、取引を開始したいところです。

ただ、この調査が甘いと後々高い代償を払わなければならなくなるかもしれませんから、正確な判断が求められます。調べる情報は、その企業の決算書の分析に日々変化している企業の状況も加えることで、より実情に即したものとなります。調査結果は調査する人の能力によっても左右されます。担当者の調査能力を上げるためには、訓練の実施や経験者による現場での指導を行うなど、積極的な取り組みが不可欠です。実際に行われる調査は定性調査（次ページ図）と言われるものがメインとなります。

● 調査結果を分析する

以上のような定性調査を中心とした調査結果は、的確な分析があってはじめて生かされます。

たとえば調査結果にプラス面とマイナス面がある場合、ただ単にプラス評価とマイナス評価を差し引きして出した結果を総合評価として判断するのが正しいとは言えません。

また、プラス面が多くてもマイナス面がそれ以上に多い場合や、マイナスの内容がプラス面の内容とは比較にならないほどひどい場合は、その企業との取引を見送った方が賢明です。このように、評価の仕方や判断方法に絶対的なものはありません。

さらに、調査結果の分析は、営業担当者だけでなく、営業部門・管理部門それぞれの経験豊富な社員も行うなど、複数の視点から行うことが重要です。このようにすることで、分析結果がより客観的なものとなります。

● 主観的情報と客観的情報がある

信用調査を行う上で気をつけなければならないのは、調査をする人の立場によっては調査内容に主観が入ってしまう可能性があるという点です。

たとえば、営業担当者が調査をした場合には、どうしても取引に結びつけたいという気持ちから、調査が甘くなってしまう可能性があります。

ただし、同じ営業部門でも、調査になれたベテラン社員や管理職が行う場

合には、客観的な判断となりやすいともいえます。

客観的な調査と分析を行うのに適しているのは、管理部門です。管理部門は、会社にとって利益があるか危険がないか、といった視点から業務を捉える部門です。また、取引の成立の可否に直接関わっていないため、冷静な判断を下すことができます。

また、不動産登記や商業登記などの登記事項はそもそも客観的な情報といえます。登記事項の調査の利点は、相手方を訪問する必要がなく、誰が調べても客観的な事実が得られる点です。

不動産登記で調べるべきポイントは、不動産の権利関係（物件の種類・所在地・所有者・面積・担保の設定の有無）と担保関係（担保の有無・取引銀行・担保余力の有無・与信状況）です。

商業登記で調べるべきポイントは、社名・本店所在地・資本金・設立年月日・営業種目・役員です。

○ 信用調査機関を活用する

信用調査の結果をなるべく客観的なものとするために、信用調査機関（46ページ）に調査を依頼する場合も多くあります。知りたい内容について客観的な情報を提供してもらうためには、依頼する際に重点的に調査してもらう事項を明らかにしておく必要があります。

調査目的を明らかにした上で、依頼する調査内容を絞り込むようにするとよいでしょう。信用調査機関を利用するメリットとしては、調査の相手方に自社が調査をしているということを知られずにすむという点が挙げられます。

また、登記事項などについても信用調査機関に依頼することができるので、調査の手間が省ける点もメリットといえます。

特に対象となる企業が自社から遠い場所にある場合、自社で調査をすると時間的にも費用的にも負担が大きいため、信用調査機関の利用価値は高いといえます。

定性調査の種類

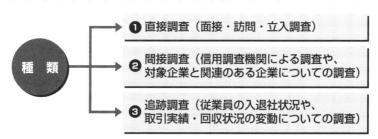

種　類

❶ 直接調査（面接・訪問・立入調査）

❷ 間接調査（信用調査機関による調査や、対象企業と関連のある企業についての調査）

❸ 追跡調査（従業員の入退社状況や、取引実績・回収状況の変動についての調査）

11 与信管理規程

迅速で安全な取引のためには与信管理規程と運用マニュアルが必要

● 与信管理規程とは

個別の売掛金管理についての社内規程を与信管理規程といいます。個別の売掛金の管理に関わる部署や人員も多く手続面も繁雑になりがちな大企業ほど、与信管理規程が果たす役割は重要なものとなります。与信管理規程では、その会社の与信管理の方針、基準、手続きなどについて、関連部署間の役割などとともに掲載されます。

与信管理規程は、どの企業も同一の形式となるわけではなく、規模や業種によって定める内容は異なってきます。ただ、次ページの図に掲げた項目については、おおむねどの企業でも盛り込むべき項目といえるでしょう。

● なぜ管理規程が必要なのか

売掛金には、毎月同額の売掛金が発生するものとスポット的に発生したり季節で変化するものがあります。

このように、売掛金を管理する際には、予測が立ちやすい場合とそうではない場合があることを考える必要があります。与信管理規程は、さまざまなタイプの売掛金について、なるべくリスクを減らした上で効率よく管理をするために、次の事項について十分注意しつつ規定する必要があります。

・与信管理についてその会社の意思を全体として一つに統一し、明言しておく

・管理規程に定める与信管理に関する会社の意思決定について、各部門間で連携し、協力することを明示しておく

・与信管理についてその会社の各部門が持つ権限と責任を明確にしておく

・与信管理について各部門間の責任と権限の線引きを明確にしておく

・与信管理についてその会社の基本方針と手続的な決まりを明確に定めておく

・与信管理規程自体が社員の教育や啓蒙を進める上でのテキストとなるように実践的な内容にしておく

● どのように記載するのか

与信管理規程は、実践的に活用できるように、わかりやすくかつ使いやすくまとめられている必要があります。そのためには、持ち運びのできるサイズで作成したり、申請手続きをしやすくするといった工夫が必要です。具体的には次のような工夫が求められます。

・与信管理の存在意義や役割など、実務の前提となる基本事項をわかりやすく掲載する

・信用調査の方法や与信限度の設定方法などについて、具体的な方法を記載する
・与信管理の手続きについて具体的な方法を記載し、申請書類等の記入例も明示する
・申請時に必要となる書類の雛形を掲載する他、営業部門が社外からでも閲覧したり利用することができるようなシステムを構築する
・与信管理規程で扱う各項目の細かい運用方法などについては細則として管理規程とは別にまとめる
・細則もすぐに閲覧できるように別紙として管理規程に添付しておく
・申請の仕方、報告の仕方などの実務的な内容についても定めておき、記入例などの見本を掲載する
・特別な形式の管理については、取引の対象について明確にし、別途追加規程にまとめたり、細則としてまとめるようにする
・緊急事態への対応方法や取引終了時の取扱いについてわかりやすく定めておく

●運用マニュアルも必要

　与信管理規程を作成したら、実際に円滑に運用できるようにする必要があります。このために、運用マニュアルを作成する他、他の社内規程や制度との連動もスムーズにとれるように工夫する必要があります。

　会社の根幹に関わる方針などが変更された場合には、管理規程も実情にあったものに変更する必要があります。管理規程がたびたび変わることは好ましくはありませんが、実情からかけ離れたまま運用することも避ける必要があるのです。

与信管理規程に記載する項目

①与信管理の基本方針
②与信管理の目的
③与信管理規程を扱う上で必要となる概念や用語の定義や説明
④与信管理の対象となる取引先の基準
⑤与信管理規程の適用範囲
⑥信用調査から売掛金の決済までの手続概要
⑦信用調査の進め方
⑧売掛金限度額の申請手続き
⑨売掛金の決済手続き
⑩緊急事態への対応方法

12 与信限度額の設定
取引先に見合った限度額を設定する

● 設定方法を検討する

与信限度額を設定する際には設定方法を検討することとなりますが、まずは与信限度額の設定自体がもたらすメリットとデメリットを知っておく必要があります（下図参照）。

● 限度額を設定する

与信限度額を設定するには、以下のようないくつかの手法があります。設定した方法については随時見直していくことも必要です。

・月間信用期間法

月間信用期間法とは、得意先の信用度（経営者の能力や会社の資産、商品販売力などを考慮したもの）を数値化して、限度額を設定する方法です。

その際、月間の目標販売高、請求してから実際に支払われるまでの期間を

判断材料とします。

・基準支払能力の3倍法

基準支払能力をもとに、限度額を定める方法です。

・売上高予想法

取引先の売上高を取引先の信用力と同程度と考える方法です。

・販売目標管理法

営業担当者が自分の担当する取引先の販売目標額を設定し、その額をもとに限度額を設定する方法です。

・担保による設定法

得意先の不動産・動産・債権などの担保資産の処分額から与信限度額を設定する方法です。

・3年間粗利法

その取引先に対する商品の粗利益に3年分の売上を乗じた額を限度額として設定する方法です。

与信限度額の設定がもたらすメリット・デメリット

メリット	デメリット
①効率的な信用調査が可能となる ②貸倒れリスクを低く抑えることができる ③取引と売掛金管理を迅速に行うことができる	①営業部門の活動に制限が生じたり取引先の心証を損ねる可能性がある ②営業部門の与信に対する考え方が甘くなる ③与信限度額の更新作業のたびに時間をとられる

13 代金回収の手順
手順を作り、社内に徹底させる

● 回収までの流れ

売掛金の回収を確実に行うためには、まず、社内での回収手順を作ることが大切です。回収手順とは、どこまで自力で回収の努力をしていくかを定めた行動指針のことです。具体的には、以下のような項目になります。

① 期日を過ぎてから何日程度待つか
② 待っても支払わない場合、どの程度の期間を置いて督促するか
③ 次回の納品をするかどうか
④ 納品する場合に、未払金との引き換えにするか

回収手順を決めたら、社内に徹底させるようにします。

回収手順に基づき、支払いを待つ期間が過ぎた後は督促行動に移ります。まず、「債務残高確認書」を普通郵便かハガキで出します。これは、相手に債務があることを認識させるための書面で、時効の完成猶予（停止）を生じさせる催告の役割も果たします。次に、督促状を出します。督促状は、支払いを要求する書面で、この場合は、普通郵便、ハガキ、配達証明付内容証明郵便（166ページ）のいずれかで出します。それでも、相手から反応がない場合は、催告状を出します。これが無視されたら、訴訟を起こすという「最後通告」です。したがって、催告状は必ず配達証明付内容証明郵便で出すことが必要です。裁判になった場合、相手にいつ書面が届いたかを証明する必要があるからです。

続いては、相手と相談して、納入した商品を引き上げます。それでも、相手が支払いをしぶっているようならば、いよいよ法的手段を検討します。

第2章 請求の仕方と与信管理体制の整備

代金回収のための手順

第1段階	2週間程度支払が遅れている
債務残高確認書を普通郵便で送付し、様子を見る	
第2段階	3週間～1か月程度遅れている場合
督促状や催告状（相手から反応のないことを受け、警告する催促）を複数回に分けて、配達証明付内容証明郵便を送付する	
第3段階	支払いが1か月半程度遅れている場合
次回の納品をしないで様子を見る。契約を解除し、商品を引き揚げることを検討する	
第4段階	支払いが2か月以上遅れている場合
訴訟（176ページ）や支払督促（170ページ）など、法的手段（163ページ）を検討する	

14 請求の仕方
なるべく早く回収の見込みを判断できるようにする

● まずは請求書を送付する

債権回収の第一歩は、請求することから始まります。

普通の債務者であれば、請求することによって、支払う気持ちになり、ある期間の経過後には、振込みや送金などの方法によって、支払いがなされるものです。

請求の方法は、どちらかといえば、電話によるよりも、請求書を送付する方が、債務者の気持ちを傷つけることが少ないといえます。電話によって督促（催促）すると、債権者側の態度が悪かったり、ちょっとした言葉使いのミスがもとで、債務者の反発を買ってしまう恐れもあります。

● 内容証明郵便の利用

請求書を送っても何らの応答がない場合には、再度請求書を送付すること

が考えられます。これによっても若干の回収は見込まれます。

しかし、現実的には、再請求をしても回収が進むという確率は、そう高くはないと言わざるを得ません。そのため、次の手段として、請求書を内容証明郵便に代えるのもよいでしょう。内容証明郵便は、債務者にプレッシャーを与えるとともにいざ訴訟になったときに効力を発揮します。

情報収集の結果、納入した商品について品質上のクレームがないなど、債務者側に支払いをしない正当な理由がないことが判明した場合には、次の手を考えなければなりません。

多くの場合には債務者側の資金繰りが苦しいといえます。この段階から、債務者が倒産することも視野に入れるべきでしょう。

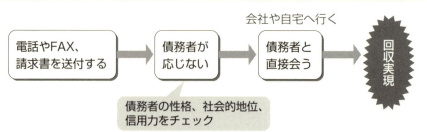

回収戦略を立てて回収を実現する

電話やFAX、請求書を送付する → 債務者が応じない → 会社や自宅へ行く 債務者と直接会う → 回収実現

債務者の性格、社会的地位、信用力をチェック

15 請求書の書き方
請求したことを証明する証拠となる

● 作成上の注意点

　書類を送付して請求する場合には、以下のような請求書を作成することになります。請求書には、①宛先、②請求日、③作成者、④債権内容、⑤債権額、⑥支払期限、⑦振込先といった事項を記載します。

　請求の時点で未だ入金されていない未払金がある場合には、その未払金についても記入するようにします。

　請求書は後々裁判になったとき重要な証拠となるので、記載ミスがないようにします。

請求書サンプル

請 求 書

平成○○年○○月○○日

株式会社○○○○
　東京都○○区○○町○丁目○番○号
　　　　代表取締役　　○○○○様

　　　　　株式会社○○○○
　　　　　　東京都○○区○○町○丁目○番○号
　　　　　　　　代表取締役○○○○

拝啓
　貴社益々ご清栄のこととお慶び申し上げます。
　さて、平成○○年○○月○○日から、平成○○年○○月○○日までの間に弊社が貴社に対して、販売いたしました下記の商品の代金について、ご請求申し上げます。

　　　　　　　　　　　　　　　　　　　　　　　　　　　　　敬具

記

1　商品代金　　業務用デスク　50台　2,000,000円
2　支払期限　　平成○○年○○月○○日
3　振込先　　　○○銀行○○支店
　　　　　　　　普通口座　　○○○○○○

　　　　　　　　　　　　　　　　　　　　　　　　　　　　　以上

---

16 契約書がない場合の注文書の活用法

注文書の裏面に約款や条項を記載しておく

注文書とは何か

注文書とは、品名、数量、納期、支払期日など個別の注文の条件が記載された書類です。

継続的な商取引では、具体的な品物の種類、数量、単価、納期などについては、注文書及び注文請書や個別の契約書などで、そのつど規定されることになります。「申込」を証明するのが注文書で、「承諾」を証明するのが注文請書となります。取引基本契約書と個別の契約書、注文書・注文請書などがセットになって一つの契約条件を表すと考えておけばよいでしょう。

注文書を作るポイントは、①宛て先を正しく書く、②商品名や数量など目的物を特定する、③代金（総額・単価）・支払方法などを明記する、④納入場所、納入方法なども詳細に書く、⑤必ず控えをとっておく、ことです。

証拠としての役割

契約をめぐりトラブルが発生した場合、契約書を精査して事実関係を整理できればよいのですが、当事者が明確な契約書を作成していないということもあります。

このような場合、契約書に代わる証拠を用意する必要があります。

発注内容のFAXや、契約書の一種として認められている注文書なども、内容によっては契約の証拠になります。直筆のFAXや注文書であれば、より証拠能力が高くなります。

トラブル対策という点では、注文書の裏面に取引の重要条項や約款を印刷しておくのがよいでしょう。注文書の裏面は通常白紙ですが、裏面にトラブルが生じた場合の責任の所在、損害賠償額などを記載して、相手側に伝え、サインを受け取っておけば、そのような注文書も立派な証拠となります。特に、当事者間で明確な契約書を作成していない場合には注文書の裏面を活用するのがよいでしょう。

注文書以外の証拠としては、売掛台帳などの会計帳簿には、取引の履歴が詳細に記載されているので、発注の証拠になります。また、会議の内容を記載した議事録にも証拠能力が認められます。受領書は、相手方が商品を受け取った証拠として、検査済証は、相手方が検査を完了した証拠であるので、高い証拠能力を持ちます。

その他、自社で作成できるメモ、納品書、請求書、業務日報なども、他の証拠と合わせることで、有力な証拠となり得ます。

17 債権の請求と債務者の承諾

請求などによって時効期間が更新される

請求にはいろいろな効用がある

しっかりとした請求を行うことで、相手方に心理的なプレッシャーをかけることができます。相手方がプレッシャーを感じれば、それだけ、債権を回収できる可能性が高くなります。

また、請求には、このように相手の返済を促す働きの他にも、いくつかの利点があります。

たとえば、債権が期限つきのものでない場合は、基本的には請求することによって期限が到来したことになり、債務者に支払義務が発生します。その時点から債務者は債務不履行となって、債権者は遅延損害金の請求もできるようになるので、債権回収の第一歩として、債務者に対して、明確に支払いの請求を行う必要があります。

請求による消滅時効の更新

請求には、時効を更新（中断）させる効果もあります。時効を更新させるためには、①請求、②差押・仮差押・仮処分、③承認、のどれかの方法をとる必要がありますが、その1つが請求です。

ただし、同じ請求でも訴訟を起こすなどの裁判上の請求とは異なって、裁判外の請求は、時効の完成を6か月間猶予（停止）させているだけで、その間に訴訟を起こすなど他の強力な時効更新の手続をとらなければ時効を更新させることはできません。

そこで、時効完成間際の債権がある場合には、何はともあれ請求することが必要です。後々のトラブルに備えて、内容証明郵便を利用することをお勧めします。

さらに、債権者からの請求を受ければ、支払いを怠っている横着な債務者であっても「せめてあと1か月待ってくれ」ぐらいのことは言うでしょう。この一言があれば、③の承認という時効更新事由を得たことになります。ただ、後で言った言わないの水かけ論にならないように、「○年○月○日には支払います」というような書面を取っておけばよいでしょう。

また、債務者が1000円でも1万円でも、債務の一部として支払ってくれれば、これも③の承認になります。もちろんこの場合にも、控えつきの領収証を作って渡し、債務者にサインをもらい、後日のために証拠を残すようにしておくことが大切です。

時効が更新した場合には、その更新事由が終了したときから、再度ゼロから時効が進行します。

18 念書のとり方

念書は債権消滅の時効を更新する

● 後々のための証拠づくりをする

法律の建前から言えば、債務の履行は債権者の住所または営業所で行うのが原則ですが、そうはいっても、待っているばかりでは債権回収はおぼつきません。回収が困難であればあるほど、債務者のところへ足を運んで、こちらの主張を伝え、債務者と直談判することが必要になってきます。

何度足を運んでも埒のあかない債務者であっても、訪ねていったら、少なくとも債務確認のための念書だけは書いてもらうようにしましょう。

なお、念書とは、後日、証拠として用いるために、念のため作成される文書のことをいいます。後日、言った言わないといったトラブルが起こることを避けるためです。

念書サンプル

念　　書

弊社、株式会社山本産業は、次の事項を約束します。

一、貴社より発注いただいておりました平成〇〇年〇〇月〇〇日付の物品売買契約書にもとづくご注文の品は、先月〇月〇日が納期でしたが、弊社の在庫数の不足から今月〇月〇日まで延期しなければならないことになりました。つきましては、万一再び納品が遅れた場合には、契約書第〇条にもとづく損害賠償の請求を受けても何ら異議を申しません。

後日のため、念書を差し入れます。

平成〇年〇月〇日
株式会社元山商会
代表取締役　元山三郎　殿

　　　　　　　　　　住所　東京都〇〇区〇〇〇1-1-2
　　　　　　　　　　氏名　株式会社山本産業
　　　　　　　　　　代表取締役　山本一郎　㊞

---

19 支払計画書のとり方
債務者の返済意識を高めさせる

● 債務者に計画を立てさせる

債務者の資力が乏しく、すぐに返済してもらえそうもない場合には、支払計画書を作成してもらうとよいでしょう。

債務者に返済の計画を立てさせることで、債務者にプレッシャーを与えるとともに、返済時期を区切ることができるからです。

支払計画書サンプル

支 払 計 画 書

このたびは大変ご迷惑をおかけして申し訳ありません。

貴社への返済につきましては、下記返済計画により責任をもって完済いたしたく、この書面をもって確約いたします。

記

・返済合計金額

　　金10,000,000円

・返済計画

8月31日	¥1,000,000
9月30日	¥3,000,000
10月31日	¥3,000,000
11月30日	¥3,000,000

つきましては諸事情をご理解いただき、弊社売上、営業の充実をはかるため勝手ながら、上記計画案にてお願い申し上げます。

・資金計画と売上予測

　＜資金計画＞

　　○○銀行融資　　¥10,000,000　　8月末実行予定

　＜売上予測＞

8月計	¥12,000,000
9月計	¥7,000,000
10月計	¥8,000,000
11月計	¥10,000,000

※主要取引先は○○株式会社、××株式会社

45

20 信用調査機関の調査の利用法
信用調査機関を活用して会社を守る

● 信用調査機関とは

新規に取引を開始しようとする場合、相手の企業が信用できるのか、特に支払能力があるのかはとても重要な情報です。しかしそのような情報を自力で入手しようとすると、相当の手間がかかります。そのようなときに利用できるのが信用調査機関です。大手では、東京商工リサーチ、帝国データバンクなどがありますが、全国に拠点をもっているため、遠隔地の調査も容易なものとなります。また、大手の信用調査機関では、年間数百万件の信用調査を行っているため、あらゆる業界にも精通しています。

● 依頼する際の注意点

調査を依頼する相手がその道のプロとはいえ、依頼する側も注意しなければならないことがあります。まず、調査の目的を明確にするということです。依頼者の要望が明確でないと、調査する側も調査のポイントが絞れずに効果的な調査ができません。そのため、何のためにその企業を調査したいのか、何が心配なのかをあらかじめ整理しておく必要があります。また、調査をしていることを相手に知られてしまうと、信頼関係が築けなくなります。調査員

は依頼者の情報は洩らしませんので、自ら洩らさないよう注意が必要です。

● 調査のどこを見るか

調査の目的によって、そのポイントは異なってきますが、一般的には、資金状況がよく見られます。売上及び利益の状況、支払能力、資金調達力です。これらが優れていれば代金の回収等についての心配がなくなります。その他、企業活力や規模などが重視されます。

また、企業は経営者の資質により大きく左右されるので、経営者の経営経験、人物評価、資産、納税状況などを重視する企業もあります。

さらに相手企業が抱えている負債を返済する能力を見る安全性、売上に対する利益の比率を見る収益性、あるいは、前年からの伸び率から見る成長性などを知り、与信限度額を検討することになります。

調査結果には、客観的なデータと調査員の主観的な情報があります。調査員はしっかりトレーニングを積んでおり、第三者の立場でレポートを作成しますので信用できる情報ですが、主観が含まれ得ることを踏まえてレポートを見る必要があります。

21 サービサーの活用

売掛金の回収を依頼することはできない

● 業務形態と利用法

　サービサーとは、債権者に代わって債権回収を行う専門業者のことです。不良債権処理を促進することを目的に平成10年に「債権管理回収業に関する特別措置法」（サービサー法）が制定され、それまで弁護士にしか許されなかった債権管理および回収業務をサービサーが行ってよいことになりました。サービサーになるには、法務大臣の許可が必要です。

　サービサーが扱える債権にも規制があります。金融機関や貸金業者が持っている貸付債権などの特定金銭債権だけです。それ以外の債権、たとえば、売掛金の回収などを頼むことはできません。サービサーは特定金銭債権以外の債権を取り扱えるように承認を受けることもできますが、承認を受けても、支払案内の送付といった法律事務にあたらない範囲でしか業務は認められていません。

　サービサーの業務形態は、2種類あります。「委託型」と「譲渡型」です。「委託型」は、債権者から委託を受けて、回収を代行する形態です。債権者は、依頼したサービサーに代行手数料を支払うことになります。一般的には回収できた金額の30〜55%程度のよ

うです。回収できた金額をもとに手数料を支払うので、成功報酬型の手数料体系といえます。

　譲渡型は、債権そのものをサービサーに売ってしまう形態です。サービサーに債権を譲渡した時点で、その債権は債権者のバランスシートから外せるというメリットがあります。しかし、サービサーがいくらで買い取ってくれるかということになると、かなり厳しい金額になることが少なくありません。「どのくらいの金額で買い取ってくれるか」という見積もりをお願いしても、応じてくれるサービサーは少ないのが実情です。サービサーは買い取った債権を回収し、買取額と回収額の差を利益としているからです。

　一般的には、担保つきの債権など、回収確率の高い債権は高く、回収確率の低い債権は安くなります。回収確率が非常に低い不良債権の場合は、額面の2〜3%、ケースによっては1%未満でしか買い取ってもらえないこともあります。

　サービサーには、業務範囲や、業務形態によってさまざまな業者がいます。回収したい債権の中身を吟味した上で、最も適当な業者を選ぶようにします。

22 時効の完成と完成猶予
一定期間の経過で権利関係が確定する

● 時効とは何か

　時効は、一定の事実状態が継続する場合に、それが真実の権利関係と一致するかどうかを問わないで、そのまま権利関係として認めようとする制度です。時効には、一定の期間経過することで権利を取得する取得時効と権利が消滅する消滅時効があります。取得時効とは、ある人が一定期間ある物などを支配し続けたという事実状態を尊重して、その人にその財産権の取得を認める制度です。これに対して、債権回収にあたって特に注意が必要なのが、消滅時効ということができます。

　たとえば、お金を貸した相手が行方不明となり、返済の催促もできず、来月で10年が過ぎようとしたところ、その相手方から「会って話をしたい」とだけ書かれたメールが送られてきました。この場合、お金を貸した債権について時効は完成するのでしょうか。

　債権者が裁判を起こしたり、債務者が債務を承認するなど時効が止まるための措置がとられない限り、法定の時効期間（50ページ）を経過すると「お金を返せ」とは言えなくなります。これを「消滅時効」といいます。長期間権利を行使しない債権者は、法律上保護に値しないという趣旨から設けられ

た制度です。そのため、時効の進行を阻止するには、裁判を起こしたり、債務者に債務を承認させるなど、権利行使の意思を示す必要があります。

　前述の事例のように、債権者と債務者が会って債務者と借金の額や支払方法などについて話し合うのであれば、債権者がその権利を行使しているといえるでしょう。

● 協議の合意による時効の完成猶予

　前述の事例のように、債権者と債務者とが実際に会い、債権の返済方法等に関して話し合いが持たれた場合において、改正後の民法は、当事者が権利について協議をする旨を合意して、この合意に基づき協議を行っている一定の期間は、時効の完成が猶予されるという規定を設けています。ただし、権利について協議をする旨の合意は必ず書面で残す必要があります。電磁的記録も書面とみなされることから、電子メールで合意した場合も時効の完成が猶予されます。

　また、時効の完成が猶予される一定の期間は、①協議の合意があったときから1年、②1年に満たない期間を定めた場合はその期間、③当事者の一方が協議の打ち切りを通知したときは通

知の時から6か月、のいずれかを経過するまでの間とされています。

なお、協議が調わないときは、再度、協議の合意をして期間を延長することも可能ですが、完成猶予の期間はトータルで5年以内でなければなりません。

●時効の更新・時効の完成猶予

従来、時効の進行を妨げる制度は、時効の中断と停止と呼ばれていました。時効の中断とは、債権者が債務者に対し一定の行為を行えば、それまでの時効期間をリセットし、新たにゼロから時効期間を再スタートさせる制度をいいます。これに対し、時効の停止とは、債権者の権利行使を困難とする状況が発生した場合に、時効の完成を一定期間猶予する制度のことをいいます。

いずれも時効の完成に関わる重要な制度でありながらも、一時的に止めることを意味する「中断」が時効期間のリセットを指したり、動いているものを止めることを意味する「停止」が猶予を指すなど、用語がわかりにくく、一般的な言語感覚から解釈すると時効完成の時期を誤ってしまうことになりかねませんでした。

そこで改正後の民法は、一般的な用語の使用法に合わせて、時効の中断・停止をそれぞれ、「時効の更新」「時効の完成猶予」という制度に改めています。なお、時効の更新や完成猶予の効力は、更新事由や完成猶予事由が生じた当事者とその承継人の間でのみ生じます（相対的効力）。

主な更新事由と完成猶予事由

ケース	完成猶予事由	更新事由
①裁判上の請求 ②支払督促 ③調停 ④破産手続参加	原則として①〜④の事由が終了するまでの間は時効が完成しない	確定判決などで権利が確定した時に、①〜④の事由の終了時から新たに時効が進行する
⑤強制執行 ⑥担保権の実行 ⑦担保権の実行としての競売	原則として⑤〜⑦の事由が終了するまでの間は時効が完成しない	原則として⑤〜⑦の事由の終了時から新たに時効が進行する
⑧仮差押 ⑨仮処分	⑧⑨の事由の終了時から6か月間は時効が完成しない	
⑩履行の催告	⑩の時から6か月間は時効が完成しない（完成猶予期間中の再度の催告は完成猶予の効力を有しない）	
⑪権利の承認		⑪の時から新たに時効が進行する

債権の消滅時効

時効期間が原則として一本化されている

● 消滅時効の存在意義

消滅時効の存在意義については、主に以下の3点が挙げられています。

1点目は、一定の事実状態を保護して、権利関係を早期に確定して法律関係の安定をめざすことです。たとえば、金銭消費貸借契約において、借主が借り受けた金銭を用意しているにもかかわらず、一向に債権者が取立てに現れない場合、いつまでも借主は金銭消費貸借契約に拘束されることになり、法律関係が確定しないという不安定な状況に置かれます。そのため、一定期間の経過により、法律関係が確定するよう、消滅時効が認められているのです。

2点目は、証拠保全の困難さが挙げられます。科学技術が進展していなかった時分においては、長い期間にわたって権利関係を証明するための証拠を保全することが困難でした。そのため、長期間経過後の証明責任から、主に債務者を解放する目的で、消滅時効が存在すると説明されています。

そして、3点目としては、「権利の上に眠る者は保護しない」という法格言が根拠であると説明されることもあります。

● 時効期間

従来は、個人間で借りたお金の時効は民法の規定により10年の消滅時効にかかるのに対して、金融機関から商人が借りたお金の時効は5年と、同じ金銭の貸し借りであっても、当事者が個人か商人かによって時効期間が異なっていました。商事債権に関しては、特別法である商法の規定により時効期間を5年に短縮していたためです（商事消滅時効）。

しかし、個人間の貸し借りであっても、貸付けに際しては返済日を約束するのが通常であるのだから、契約当時、貸主は、当然に権利行使できる時点を知っているはずです。にもかかわらず時効期間を10年とするのは長すぎるとの批判がありました。商事消滅時効についても、たとえば、信用金庫は商人にあたらず、借主も商人でない場合は、民法の原則通り信用金庫を貸主とする貸付金の時効期間を10年と取り扱う判例があるなど、適用範囲が不透明との指摘もありました。

さらに、飲み屋のツケやレンタルビデオのレンタル料は1年、学習塾の授業料は2年、病院の診療代は3年といったように、職業別に発生する債権を細分化し、原則としての時効期間よ

りも短い「短期消滅時効」が設けられていました。しかし、同じようにお金を払えという権利であるのに、職業や業種によって時効期間に違いを設けることに合理的根拠はなく、職業差別にもつながりかねませんでした。

そこで、改正後の民法では、短期消滅時効の規定および商事消滅時効の規定を削除し、時効期間を一本化する新たなルールが設けられています。

具体的には、債権の消滅時効について、従来の一般原則である「権利を行使できる時から10年」が経過したときに加え、「権利を行使できることを知った時から5年」が経過した場合も時効によって消滅すると規定しています。つまり、「権利を行使できる時」という客観的起算点だけでなく、「権利を行使できると知った時」という主観的起算点からの時効期間を設けることで、法律関係の早期安定化をめざしているわけです。

具体例で考えてみましょう。2010年にAがBから「医者になったら返す」との約束で200万円を借り、2012年にAが医師国家試験に合格したものの、BがAの合格を知ったのが2015年であった場合、貸金債権の消滅時効はいつ完成するのでしょうか。この場合、権利を行使できる時から10年の期間が経過しなければ時効は完成せず、原則として2022年にならなければ消滅時効は完成しません。しかし、客観的な時効期間に加え、権利を行使できることを知った時から5年間という主観的な時効期間が設けられているため、前述の事例では2020年には時効が完成することになります。

● 損害賠償請求権の時効期間

改正後の民法では、債権は原則5年で消滅時効にかかることになりますが、いくつかの例外も規定されています。

その中で重要な点は、生命や身体を侵害する損害賠償請求権の時効期間について、損害及び加害者を知った時から5年間、または権利を行使できる時から20年間と比較的長期の時効期間が定められたことです。

消滅時効期間

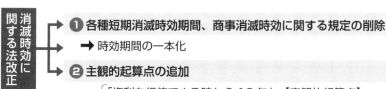

消滅時効に関する法改正

❶ 各種短期消滅時効期間、商事消滅時効に関する規定の削除
　→ 時効期間の一本化

❷ 主観的起算点の追加
　→「権利を行使できる時から10年」【客観的起算点】
　　「権利を行使できることを知った時から5年」【主観的起算点】

上手な圧力のかけ方

　債務者の対応次第では、強圧的な言動をしなければならないこともあります。しかし、限界はわきまえなければなりません。債権回収が正当な権利行使であるといっても、社会的に相当性を欠くような行為や言動は、場合によっては恐喝罪などの犯罪が成立するなど、大きな問題に発展しかねません。債務者に対して圧力をかける場合にはスマートさが必要です。人間関係をいたずらに損なうことのないような、世間的にも嫌味のない方法で心理的に圧力をかけ、債務者に支払意思を起こさせることができれば上々です。

　恐喝とは、脅迫的な手段を用いて相手から金品を巻き上げたり、財産上の不法な利益を得ることです。ただし、債権回収の場合には、一般的な恐喝の場合とは異なった問題があります。それは、債権者にはそれを行使するだけの権利があるということ、債務者が失った財産はもともと債務者が支払うべきものだったのではないか、ということです。結論から言えば、一般的な恐喝よりも犯罪とされる範囲は多少せまくなるでしょう。権利の行使であるという正当な目的を有する行為であることをふまえ、権利を実現するためにはどの程度までの行為が許されるのか、権利実現のために用いられた手段が必要であったのか、被害者の対応はどうだったのか、などを基礎として犯罪として成立するか否かが判断されます。債権回収にあたっては、犯罪性を疑われることのないようにすることが重要です。

■ 債権の回収と恐喝

債権の回収は債権者の正当な権利

▼ ただし

取立方法が権利の正当な行使として一般的に認められる限度を超える場合には恐喝罪が成立する

▼ たとえば

顔を殴る行為は権利の正当な行使とはいえない

第 3 章

登記簿や決算書の読み方
と危険度のチェック

商業登記制度

安全・迅速な商取引のための情報公開制度である

● 登記とは何か

　登記とは、不動産に関する権利関係や会社の重要事項について、登記所（法務局）という国の機関に備えている登記簿に記載することをいいます。

　会社と取引を行う場合、相手方がどのような会社であるのかが全くわからなければ、安心して取引をすることはできません。しかし、取引を行うたびに興信所に調査を依頼していては、経済活動が迅速、円滑に運びません。

　商取引が安全で迅速、円滑に行われるために設けられたのが「商業登記制度」です。つまり、商業登記制度は、会社と取引を行おうとする者が不測の損害を被ることのないように、法律で定めた事項について情報公開（公示）をするためのシステムなのです。

　また、登記を行うということ、つまり情報を公開するということは、会社自身にとっても信用を保持することにつながります。

● 変更登記を行うこともある

　会社は存続する過程で、さまざまな変化をしていきます。役員・資本金など、常に変わっていきます。このように会社に変化があった場合、登記が以前のままでは登記を信頼して取引に入った相手方に思わぬ損害を与えてしまいます。そこで、事実の変化に合わせて登記の内容も変更することが義務付けられています。

おもな商業登記手続き

会社の設立登記		株式会社や合同会社などの会社を設立する場合に行う登記。商号や事業目的、本店所在地、役員名などを記載
会社の変更登記	商号変更	会社名を変える場合に行う登記
	目的変更	事業目的を変える場合に行う登記
	本店移転	本店の所在地を変える場合に行う登記
	役員変更	取締役などの役員が変わった場合に行う登記
その他		合併や解散の登記などがある

2 商業登記簿の調べ方

商業登記簿には会社のさまざまな情報が記載されている

登記簿を調べる方法

登記簿を調べるための方法としては、登記事項要約書と登記事項証明書を交付してもらう方法があります。

登記事項要約書とは、登記簿に記録されている事項の摘要（要点）を記載した書面です。ただ、この要約書には登記官による認証文がありませんので、一般的な証明書としては使用できません。

登記事項証明書とは、登記簿に記録されている事項の全部または一部を証する書面です。登記事項証明書には、以下のものがあります。

① 現在事項証明書

会社の成立年月日などの他、現在の登記事項しか記載されていない証明書です。

② 履歴事項証明書

現在有効な登記内容の他に、過去3年間にすでに抹消された事項についても記載されている証明書です。履歴事項証明書を参照すれば、変更された商号や目的、退任した取締役・監査役などの役員の氏名を知ることができます。そのため、信用調査という目的には最適です。

③ 閉鎖事項証明書

会社が解散したり管轄の外へ本店が移転した場合などは、登記記録が閉鎖されることになります。それでも、その会社について調べることができるように交付されるのが、閉鎖事項証明書です。

④ 代表者事項証明書

代表者事項証明書とは、その会社の代表権がある者について証明した登記事項証明書です。

登記事項証明書の種類

現在事項証明書	現在の登記事項を記載した証明書
履歴事項証明書	現在有効な登記内容の他に、過去3年間にすでに抹消された事項についても記載されている証明書
閉鎖事項証明書	閉鎖した登記記録に記録されている事項に関する証明書
代表者事項証明書	その会社の代表権がある者を証明した証明書

3 危ない会社の見分け方

登記簿から危ない会社を見抜く

● 危ない兆候は必ず見えるもの

商業登記簿は、会社に関する大切な情報を公開しておいて、その会社と新しく取引に入ろうとする者が安心して契約締結などをすることができるようにするための制度です。そのため、商業登記簿を確認することで取引先の会社の危険な兆候をチェックすることができます。以下でチェックポイントを解説していきます。

① 役員変更がなされていない

役員には任期があります。そのため、役員が変わったときはもちろん、同一人物が再選された場合も、その就任の年月日や住所などを登記しなければなりません。そこでこの期間を過ぎても登記されず、放置されているということは、しっかりした運営がなされているか疑わしい会社といえます。

② 本店移転登記をしていない

法務局で取引先の履歴事項証明書を調べてみると、実質的な本店所在地と、商業登記簿に記載されている本店所在地が、違っている場合があります。こうした会社は登記申請を怠っていることもありますが、意識的に会社の実質的な本店の所在場所と、登記簿上の本店の所在場所を分けていることもあります。

このような会社と取引するときは、事情を聞いておいた方がよいでしょう。

③ 役員が頻繁に変更されている

短い期間で役員が頻繁に入れ替わっている場合、その会社は経営陣が安定していない可能性、会社の中で何らかのトラブルがある可能性、が考えられます。

登記簿のここに注意する

1.	頻繁に商号変更、本店移転していたら要注意
2.	会社成立の年月日が不自然に古い場合は気をつける
3.	頻繁に事業目的、役員の変更がある場合は要注意
4.	資本が減少している場合は気をつける
5.	任期を過ぎているのに役員変更登記がなされていない場合は要注意

4 商業登記簿の見方①

登記簿で会社の履歴を知ることができる

●商号区を調べる

株式会社の登記簿は、「商号区」「株式・資本区」など区に分かれています。

商号区には、「商号」（会社名）や「本店の所在場所」（本社所在地）などが記載されています。商号区にはこの他に、「会社の公告方法」「会社成立の年月日」などが記載されています。

株式・資本区には、「発行可能株式総数」「発行済株式の総数並びにその種類及び種類ごとの数」「株券を発行する旨の定め」「資本金の額」などが記載されています。

商号変更や本店移転があった場合や、資本金が増加・減少したなどの変更があった場合には、商号区や株式・資本区にその旨が記載されます。このような場合、旧商号や旧本店などに下線が引かれて、その下に新商号や新本店が記載され、変更の年月日も記載されま

すので、登記簿を確認することで変更内容がわかります。

●目的区を調べる

目的区には会社の目的、つまり会社の事業目的、事業内容が記載されています。どのような事業を行っている会社なのか、目的区を確認することでわかるのです。

ただ、目的区に記載されている事項のすべてが、現在行っている事業とは限らず、将来予定している事業である場合もありますので注意が必要です。

また、すでに行うのを止めてしまった事業が定款に記載されている可能性もあります。

目的に変更が生じたときは、変更前の目的に下線が引かれ、変更後の目的と変更年月日が記載されます。

株式・資本区（登記事項証明書）

単元株式数	50株	発行可能株式総数　10万株
発行済株式の総数並びに種類及び数	発行済株式の総数　1万株	
株券を発行する旨の定め	当会社は、株式に係る株券を発行する 平成29年1月10日変更　平成29年1月15日登記	
資本金の額	金5億円	
株式の譲渡制限に関する規定	当会社の株式を譲渡するには、取締役会の承認を得なければならない。	

57

5 商業登記簿の見方②

役員区で会社の代表者などの役員を調べる

● 役員区を調べる

　取締役、代表取締役、監査役、会計監査人（会計監査人が法人の場合はその名称）については「役員区」に記載されています。

　誰が取締役で代表権は誰が持つのかなど、取引を行う際に重要となる事項が、役員区には記載されていますので、よく確認しましょう。

　役員区には氏名（代表取締役は住所も記載）の他に、それぞれの役員が役員となった原因（就任もしくは重任）と就任年月日、または退任原因と退任年月日が記載されています。

　他に、役員区に登記される事項として、会社の解散における代表清算人の氏名・住所、清算人の氏名や、会社更生法による手続きが開始された場合の管財人の住所・氏名などがあります。

　このように、会社が通常の経営を行っている時も、解散や破たんなどがあった時も、会社が存在している限りは（解散しても、清算結了するまでは会社は消滅しません）、その時々の会社を代表する者の名前が役員区でわかるようになっているのです。

● 会社状態区を調べる

　登記簿には、会社状態区という区があります。ここには、「存続期間の定め」「解散の事由の定め」「取締役会設置会社である旨」「設立の無効」「特別清算に関する事項」などが記載されます。大まかに言って、会社状態区に記載される事項は、他の区に劣らず、債権を回収する場合には重要な事項といえます。登記簿を調べる際には、会社状態区の記載に注意して見るようにしましょう。

会社状態区（登記事項証明書）

取締役会設置会社に関する事項	取締役会設置会社	平成29年5月1日登記
監査役設置会社に関する事項	監査役設置会社	平成29年5月1日登記
監査役会設置会社に関する事項	監査役会設置会社	平成29年8月25日登記
会計監査人設置会社に関する事項	会計監査人設置会社	平成29年8月25日登記

6 不動産登記制度
不動産調査には必要不可欠

● 登記で権利関係を把握する

　他人の所有している土地や建物を買う場合、または抵当権を設定する場合に、本当にその土地や建物が取引相手のものなのか、他の誰かの権利・義務が関わっていないのかを確認することが必要になります。そのようなとき、相手に確認するだけではなく、信頼できる国家機関を通じて確認できれば、安心して取引ができます。

　そこで、不動産をめぐる権利関係を国家機関が備えている公簿（不動産登記簿）に記録して、誰もがその内容を知ることができる制度が設けられています。これが不動産登記制度です。

　登記できる権利としては所有権の他、抵当権や地上権、賃借権などが挙げられます。所有権というのは、物を全面的に支配できる権利です。抵当権は、貸付金や売買代金などの債権を確実に回収できるようにするための権利

で、担保権と呼ばれるもののひとつです。地上権と賃借権は、たとえば、建物を所有するために他人の土地を使用できるという権利です。

● 登記で権利を守る

　これから不動産の取引を行おうとする人にとっては、事前に登記記録を調査することで、安心して取引に入ることができます。逆に、不動産について所有権をはじめとする権利をもっている人は、その権利を登記することによって、第三者に対して登記した権利の存在を主張できるようになります。

　また、債権回収においても登記の確認は欠かせません。相手がどんな土地を持っているか、その土地には抵当権が設定されているか、など債務者の財産を把握しておくと、いざというときに役立ちます。

不動産調査のポイント

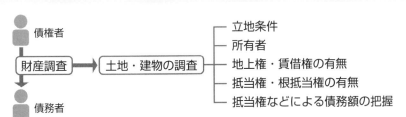

債権者

財産調査 → 土地・建物の調査 ─ 立地条件
　　　　　　　　　　　　　　─ 所有者
　　　　　　　　　　　　　　─ 地上権・賃借権の有無
　　　　　　　　　　　　　　─ 抵当権・根抵当権の有無
　　　　　　　　　　　　　　─ 抵当権などによる債務額の把握

債務者

不動産登記簿の見方①

表題部と権利部に分かれる

◉登記簿を調べる

不動産登記も商業登記と同じく登記簿を調べるための方法として、登記事項要約書と登記事項証明書を交付してもらう方法があります。以前は登記簿が紙で作成されていたために、不動産登記記録を他の法務局と共有することができませんでした。しかし、現在ではすべての法務局で登記簿がコンピュータ化されています。

コンピュータ化されている法務局では「登記情報交換システム」が稼動しており、自宅や勤務先などの近くの法務局で遠隔地にある不動産の登記事項証明書を取得することができます。

◉登記簿と登記記録

登記記録とは、土地や建物に関する、いわば戸籍簿のようなものです。登記記録には不動産に関する状況や権利関係が過去から現在に至るまで記録されています。登記記録は、登記簿に記録され、登記簿は、原則として磁気ディスクによって調製されます。

登記簿と登記記録の関係について、もう少し詳しく説明しましょう。登記簿というのは、磁気ディスクという「物体」（媒体）を意味します。これに対して、登記記録とは、登記簿の「中身」あるいは「内容」を指すことばです。つまり、登記簿という物体に記録されている中身のことを登記記録と呼ぶわけです。

◉地番や家屋番号で管理されている

土地や建物は登記されると必ず番号がつけられます。土地であれば一筆ごとに1つの「地番」、建物であれば1個の建物ごとに1つの「家屋番号」がつけられます。法務局は所在やこれらの地番、家屋番号を基準にして管轄地域内の不動産の登記記録を管理します。したがって登記事項証明書の交付請求などをするときは、これらの番号を申請書に記載することによって不動産を特定します。

ただ、地番については一般の住居表示とは異なりますので注意が必要です。

◉表題部と権利部がある

1つの登記記録は、一筆の土地または1個の建物ごとに作成されます。「一筆」というのは聞きなれない言葉かもしれませんが、筆は土地の単位で、1個の土地のことを一筆の土地といいます。

登記記録は、土地の場合も建物の場合も、表題部、権利部からなり、権利

部は甲区と乙区に分かれます。こうした分類によって、物理的状況や権利関係がわかりやすくなっているといえます。もっとも、新築した建物について、所有権保存登記をしていない場合には、権利部の記録がありません。

所有権保存登記とは、誰の所有物であるのかを公示して、所有者としての権利を守るための登記です。通常、表示登記（表題部にされる登記）がなされた後に、所有権保存登記をします。

また、所有権保存登記をしていても、抵当権や地上権など、所有権以外の権利を不動産に設定していなければ、権利部のうち乙区の記録はありません。

マンションなどの区分所有建物の場合には、まず、一棟の建物全体がどこにあり、どんな構造になっているのかということを示す建物全体の表題部があり、それに続いて専有部分についての表題部、権利部があります。つまり、区分所有建物の場合は、表題部が2つあるということになります。

●表題部

不動産の物理的な状況を表示する部分です。

建物の登記記録では、その建物の所在、建物の家屋番号、さらに種類・構造・床面積などが記録されます。なお、所有権登記がない場合は所有者の住所、氏名が記録され、建物が共有関係にある（所有者が2名以上いる）ときは住所、氏名に加えて共有者各自の持分が記録されます。

土地の登記記録では、土地の所在と地番、地目、地積などが記録されています。なお、所有権登記がない場合は所有者の住所、氏名が記録され、土地が共有関係にあるときは共有者各自の持分が記録されます。

表題部サンプル

表題部（土地の表示）		調製	余白	不動産番号	0000000000000
地図番号	余白	筆界特定	余白		
地図番号	新宿区○○町一丁目			余白	
①地番	②地目	③地積	㎡	原因及びその日付〔登記の日付〕	
1番12	宅地	100	00	不詳〔平成○○年○月○日〕	
所有者	新宿区○○町一丁目1番1号　○○○○				

● 権利部

　登記簿は表題部と権利部に分かれており、さらに権利部は甲区と乙区に分かれています。

　甲区は所有権に関する事項を記録する部分です。不動産の現在の所有者は、通常、甲区の最後に記録されることになります。所有権に関する登記としては、建物を新築した場合に初めて行う「所有権保存登記」や、不動産が売買された場合などに行う「所有権移転登記」などがあります。

　一方、乙区は不動産の所有権以外の権利に関する事項が記録される部分です。乙区に登記される権利は、用益権と担保権の大きく2つに分かれます。用益権とは、賃借権や地上権など、他人の不動産を利用する権利のことです。担保権とは、抵当権や質権などのように、債権の回収を確実にするために目的物に対して設定され、債務が履行されないときは、目的物を金銭に換えて債務の弁済にあてることができる権利です。

　相手が不動産を所有している場合、その不動産に抵当権が設定されているか、どれだけの債権額が担保されているかなど、取引の前には、必ず登記記録を調べて不動産の権利関係を慎重に確かめておく必要があります。

権利部甲・乙区のサンプル

権利部（甲区） 〔所有権に関する事項〕			
順位番号	登記の目的	受付年月日・受付番号	権利者その他の事項
1	所有権保存	平成○○年○月○日第○○○号	所有者　新宿区○○町一丁目1番1号　○○○○
2	所有権移転	平成○○年○月○日第○○○号	原因　平成○○年○月○日売買　所有者　中野区○○町一丁目1番1号　○○○○

権利部（乙区） 〔所有権以外の権利に関する事項〕			
順位番号	登記の目的	受付年月日・受付番号	権利者その他の事項
1	抵当権設定	平成○○年○月○日第○○○号	原因　平成○○年○月○日金銭消費貸借同日設定 債権額　金○○○万円 利息　年○.○○％ 損害金　年○○.○％ 債務者　中野区○○町一丁目1番1号　○○○○ 抵当権者　渋谷区○○町一丁目1番1　株式会社○○銀行（取扱店　渋谷支店）

9 決算書の役割

決算書を知ることで債務者の状況を把握できる

決算書とはどんなものなのか

決算書とは、会社の成績表です。簡単に言えば、会社がどのくらいもうけたのか、また財産をどのくらい持っているのかについて示している書類のことです。

この決算書は、一つの書類ではなく実際にはいくつかの書類から成り立っています。つまり、決算書とはそれらの書類の総称ということになります。

決算書の役割

決算書には、財政状態と経営成績を表示するという目的があります。決算書のうち、代表的なものは貸借対照表と損益計算書です。貸借対照表は財政状態を、損益計算書は経営成績を表わします。

簡単にいうと、会社がお金をどこから調達して、そのお金をどのように使っているか（財政状態）を表わしているのが貸借対照表です。また、会社がどのような費用（コスト）をかけて利益を稼ぎ出したか（経営成績）を表わしているのが損益計算書です。

債権者からすれば、その貸したお金が無事回収できるかどうか心配です。もし会社が倒産でもしたら、貸したお金が回収できないわけですから、常に会社の経営状態を把握する必要があります。また、新規に取引を開始する場合にも、相手先の経営状態等を事前に知る必要があります。取引を開始してから、商品の売上代金として相手先が振り出した手形が不渡りになったら、大変な損害を被ることになります。そのためにも決算書を提出してもらい、財政状態や経営成績を事前に知り、取引の安全性を確保します。

決算書からわかること

10 B/SとP/L

B/Sとは貸借対照表、P/Lとは損益計算書のことである

●貸借対照表とは

　決算書の役割の1つに、財政状態を明らかにするということがありました。これは貸借対照表（B/S）を作成して表します。企業が事業活動を営むにあたってどれだけの資金を調達し、そしてその調達した資金をどのような事業活動に投資し、運用しているのか、そして将来返済しなければならない資金がどれだけあるのか、企業の財政状態を表している表のことです。

　この貸借対照表の右側と左側の金額は、必ず一致します。

　左側に資産と書かれていますが、これは資金の使い道を表し、借方と呼ばれます。たとえば、資金を使ってどんなものを購入したのか（材料や土地、建物など）、どれだけ他社へ投資を行っているのか、ということがわかります。

　右側は資金の調達先で、貸方と呼ばれます。右上が負債、右下が純資産となります。貸方のうち、負債は将来返済の義務のあるもの、純資産は返済義務のないものです。

●損益計算書とは

　決算書のもう1つの役割に、企業の経営成績を明らかにするということがありました。これは損益計算書（P/L）を作成して表します。

　企業のある一定期間の収益との合計を得るために要した費用の明細を示して、その期間における企業のもうけ（または損）を算出したもので、企業の一定期間の経営成績を表している表のことです。収益から費用を差し引いたものがもうけ（損）になります。

　このもうけのことを当期純利益といいます。

貸借対照表/損益計算書

資　産	負　債
	純資産

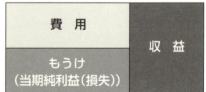

費　用	収　益
もうけ （当期純利益（損失））	

11 粉飾決算
売上操作などによって利益を（普通は）高く見せかける

粉飾決算とは

粉飾とは文字通り「飾る」ことで、企業の利益をよく見せることによって、株主や投資家からの資金を調達しやすくしたり、株価を上げたり、または株価を維持しようとします。債権者を騙すためにも使われます。

粉飾の手口

粉飾の方法として有名なのは、売上を利用したものです。その多くは、売上の架空計上です。これは、当期には存在しない売上を計上する手法です。当期の売上高が足りない場合に来期分の売上高を前倒しで当期分に計上することもあります。

この方法も、販売先が子会社などの場合は巧妙な手口を使った粉飾が行われますので、なかなか見破れない場合もあります。それは、子会社に商品を販売していないのに請求書を発行して売上計上するなどの粉飾が行われる可能性があるからです。

このように子会社など資本関係のある会社を通じた粉飾は行われやすいので、重点的に管理すべきです。

在庫を調整する粉飾方法もあります。つまり、期末商品棚卸高を多めに計上するのです。

売上原価＝期首商品棚卸高＋当期商品仕入高－期末商品棚卸高です。

この算式からわかるように、期末商品棚卸高を多めに計上するということは、売上原価が少なく計上されることを意味します。結果として、売上総利益が多く計上されるわけです。

流動資産の増加で見抜く

売上の架空計上や在庫の過大計上などの粉飾も、結果として売掛金や商品の異常な増加によって見抜くことができます。いくら粉飾を巧妙に行っても、必ず、どこかの数値につじつまが合わない所が出てきます。

たとえば売上の架空計上の場合、仕入れが計上されずに売上だけが計上されるのですから、前期と当期の損益計算書を比較すると「売上原価率＝（売上原価／売上高）×100（％）」は下がります。さらに売上に対する売上債権の回転期間も当然長くなっているはずです。

つまり、債権者は、債務者である会社の貸借対照表や損益計算書を純粋に信じることなく、これらの決算書を分析することで、粉飾がないかどうかを確かめる必要があります。

12 損益計算書の構成
損益計算書は、利益の最終結果よりプロセスを重視する

● 損益計算書の内容

　損益計算書は、一定期間中の収益から費用を差し引くことによって、もうけまたは損、つまり正しい期間損益を計算する表です。

　損益計算書の内容を見てみましょう。

① 収益

　損益計算書は一定期間の会社のもうけを把握するものです。そのもうけ（利益）の元となるのが収益と言われるものです。

　収益とは、商品を売り上げた代金や銀行にお金を預けていた場合にもらえる利息などが該当します。具体的には、売上、受取利息、受取配当金、有価証券利息、雑収入などです。

② 費用

　費用とは、コストのことです。簡単に言えば、収益を得るために必要なコストのことです。たとえば、商品を売ってもうけようとすれば、手ぶらではもうかりませんので、まず、何といっても商品を仕入れなければなりません。この仕入代金が売上高に対するコストである売上原価になるのです。

　その他、広告宣伝費、従業員への給料、家賃、電気代や水道代なども収益を得るために必要ですので、すべて費用（コスト）になります。

③ 当期純利益

　このように、損益計算書では、収益と費用から純粋なもうけである純利益を計算します。会社では、毎回、一定期間ごとに集計をするので当期純利益といいます。この当期純利益が、その会社がその一定期間に稼いだ利益の金額になるわけです。

● 損益計算書はプロセス重視

　損益計算書で大切なのは、当期純利益の金額そのものだけではなく、その当期純利益が導き出されたプロセスを表すことです。

　つまり、①本業である商品の販売そのものでどれだけの利益を生み出せたのか、②そこから広告宣伝費・給料・家賃・水道光熱費などの費用を負担しても利益が出ているのかどうか、また、③預金等の利子・配当金の収入、借入金に対する支払利息などを受け取ったり支払った場合に利益がどうなったのか、さらに、④資産を売却した利益等を加味したら利益がどうなったのかを示すプロセスです。本業のもうけを示す利益が大幅なマイナスで、本業以外の資産（土地や建物など）の売却益などで利益を出している会社が健全とはいえないからです。

そのため、損益計算書では、当期純利益が導き出されたプロセスがはっきりわかるように、収益と費用をひとまとめに差引計算して当期純利益を計算せず、段階ごとに利益（損失）を計算するようにしています。これによって、本業で利益が出ているのかどうか、どこの段階での経費がかかりすぎなのかの判断ができるわけです。

この結果を分析することによって、債権者は、債務者である会社の経営状況を把握します。

損益計算書のサンプル

損益計算書
（自平成28年4月1日　至平成29年3月31日）　　（単位:円）

```
Ⅰ  売上高
Ⅱ  売上原価
        売上総利益（または売上総損失）

Ⅲ  販売費及び一般管理費
        営業利益（または営業損失）

Ⅳ  営業外収益

Ⅴ  営業外費用
        経常利益（または経常損失）

Ⅵ  特別利益
    固定資産売却益
    投資有価証券売却益
    ×××
            特別利益合計

Ⅶ  特別損失
    固定資産売却損
    減損損失
    災害による損失
    ×××
            特別損失合計
            税引前当期純利益（または税引前当期純損失）
            法人税、住民税及び事業税
            法人税等調整額
            法人税等合計
            当期純利益（または当期純損失）
```

5つの利益ともうけのしくみ

段階利益を表示する目的は、正しい経営成績の判断を可能にするため

● 段階ごとに利益を表示する理由

　企業の損益は、その会計期間のすべての収益からすべての費用を差し引けば求められます。しかし、それでは企業の獲得した利益の総額はわかっても、どのような理由でもうけたかはわかりません。利益の総額だけを表示するのでは決算書の存在価値がありません。

　たとえば、債権者の立場からしても、「どうやってもうかったのか」までわからなければ、今後の債権回収に支障が生じることになります。その会社の本業で利益をあげたのか、それとも本業では損を出したが、臨時的な利益で本業の損をカバーしたかでは大きな違いがあるからです。臨時的な利益のようなその場しのぎの利益では、債権管理に不安が残ります。

　このような理由から損益計算書では、段階的な利益を明らかにしていく必要があるわけです。具体的には、損益の計算を①売上総利益、②営業利益、③経常利益、④税引前当期純利益、⑤当期純利益の5段階に分けてもうけのしくみを示していきます。

● 売上総利益

　売上高から売上原価を差し引いたものを売上総利益といいます。正式な名称は会計上「売上総利益」といいますが、日常的には粗利または荒利と言っています。これらの言葉が示しているように「売上総利益」とは大雑把な利益のことです。「売上総利益」は5つの段階的な利益のうちもっとも基本的な利益ということができます。

　また、「売上原価」は、一般的には商品の仕入原価のことです。ただし、あくまでも当期に販売された商品の仕入原価であることに注意してください。売れ残った在庫分は「売上原価」とはなりません。

● 営業利益

　「売上総利益」から「販売費及び一般管理費」を差し引いたものが営業利益です。「販売費及び一般管理費」は、販売部門や管理部門などで発生したコストを指します。具体的には、販売費は、販売促進費、広告宣伝費、販売手数料などです。一方、一般管理費は、管理部門の人件費、本社建物の家賃、減価償却費などがその代表です。

　「営業利益」とは、その言葉通り会社の営業活動によってもたらされた利益のことです。「営業利益」が赤字のような会社は債権回収に支障が生じる可能性があります。また、「販売費及

び一般管理費」の内訳を把握することで、その会社の経営方針がわかることもあるので債権管理に生かすことができます。

● 経常利益

「営業利益」に「営業外収益」を加算して「営業外費用」を差し引いたものを「経常利益」といいます。営業外収益や営業外費用とは、その会社の基本的な営業活動以外から生じる収益や費用を指します。企業の財務活動から生じた受取利息や支払利息などがあります。

● 税引前当期純利益

「経常利益」に「特別利益」を加算して「特別損失」を差し引いたものが「税引前当期純利益」です。特別利益や特別損失は、経常的な事業活動以外から発生した利益や損失のことです。

たとえば、土地を売却した際の利益や、工場が火災に遭った際の災害損失などです。このように臨時的に発生する項目ですが、その期の損益であることには変わりありません。そうした損益も含めた包括的な利益が「税引前当期純利益」です。

● 当期純利益

「税引前当期純利益」から「法人税等」を差し引いたものを当期純利益といいます。会社の利益には、法人税・住民税・事業税の税金がかかります。税金もコストの一部です。法人税だけでも会社の利益（正確には法人税法上の課税所得）の23.4％（基本税率）が課税されます。現金が出ていくという意味では、人件費や支払利息などの経費と何ら変わるところはありません。「当期純利益」は、その事業年度の最終的な成果を表わす利益です。

費用及び収益の経常性という観点からの分類

費用及び収益は、それが毎期経常的に発生するものかどうかにより経常損益と特別損益とに分類することができる

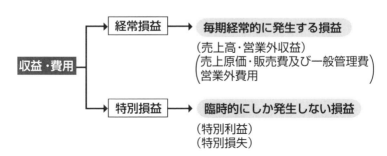

収益・費用

経常損益 → **毎期経常的に発生する損益**
（売上高・営業外収益）
（売上原価・販売費及び一般管理費）
（営業外費用）

特別損益 → **臨時的にしか発生しない損益**
（特別利益）
（特別損失）

14 貸借対照表の見方

貸借対照表のしくみを理解する

● 貸借対照表は財政状態を表す

貸借対照表は、一定時点（決算日）の財政状態を表している表です。期末（会計期間の最後）の財産から期首（会計期間の最初）の財産を差し引くことによってもうけまたは損失を計算します。

ここでは、貸借対照表の様式と内容を見てみましょう。

① タイトル・日付

貸借対照表というタイトルを一番上に表記し、次に、いつ時点の財政状態を表す表であるかを明らかにします。たとえば、平成29年3月31日現在の財政状態を示す貸借対照表であれば、「平成29年3月31日現在」と表記します。ここが、損益計算書と異なるところです。

一方、損益計算書の場合、損益計算書というタイトルを一番上に表記し、次に、いつからいつまでの期間の損益計算であるかを明らかにします。

たとえば、平成28年4月1日から平成29年3月31日までの1年間の期間損益計算であれば、「自平成28年4月1日至平成29年3月31日」と表記します。

損益計算書は、ある一定期間の期間損益計算の結果を表わすものなので、いつからいつまでという表記方法でし

たが、貸借対照表は、ある一定時点の財政状態を表すものなので、特定日現在という表記方法になります。

② 「資産の部」・「負債の部」・「純資産」の部

貸借対照表は、一定時点（期末、四半期末、月末など）における会社の財政状態を表し、「資産の部」「負債の部」「純資産の部」の3つから構成されます。

「資産の部」は会社の資金がどのように運用されているかを表すのに対し「負債の部」と「純資産の部」はその資金をどのようにして調達しているかを表します。たとえば、銀行からの借金のように将来返済の義務がある資金については「負債の部」に表示します。一方、株主からの出資金のように将来返済する必要のない資金については「純資産の部」に表されます。そして、「資産の部」は、「負債の部」と「純資産の部」の合計と常に等しくなります。このため、バランス・シートと呼ばれます。

● 貸借対照表と損益計算書の関係

貸借対照表は、期末（会計期間の最後）の財産（資本）から期首（会計期間の最初）の財産（資本）を差し引く

ことによって、もうけまたは損を計算します。この計算方法を財産法といいます。

一方、損益計算書は、この一定期間中の収益から費用を差し引くことによって、もうけまたは損失を計算します。この計算方法を損益法といいます。

両者の計算方法を算式で表すと、次のようになります。

（財産法）：期末財産－期首財産＝純損益
（損益法）：総収益－総費用＝純損益

この計算式からわかるように、財産法と損益法の両者に共通することは、もうけが増えれば財産が増え、もうけが減れば財産が減りますので、貸借対照表で計算した当期純利益（損失）と、損益計算書で計算した当期純利益（損失）の金額は、同じ会計期間内であれば、基本的に一致するということです。

このように貸借対照表と損益計算書は表裏一体の関係になるわけです。

貸借対照表サンプル

貸借対照表
自平成29年3月31日現在
（単位:円）

資産の部	負債の部
I　流動資産	I　流動負債
流動資産合計	流動負債合計
II　固定資産	II　固定負債
1　有形固定資産	固定負債合計
有形固定資産合計	負債合計
2　無形固定資産	純資産の部
無形固定資産合計	I　株主資本
	1　資本金
3　投資その他の資産	
投資その他の資産合計	2　資本剰余金
固定資産合計	資本剰余金合計
	3　利益剰余金
III　繰延資産	利益剰余金合計
繰延資産合計	株主資本合計
	II　評価・換算差額等
	その他有価証券評価差額金
	評価・換算差額等合計
	III　新株予約権
	純資産合計
資産合計	負債・純資産合計

15 貸借対照表の構成

「資産の部」「負債の部」「純資産の部」で構成されている

貸借対照表の構成

貸借対照表は、「資産の部」「負債の部」「純資産の部」の3つの部から構成されます。その3つの構成を式で表わすと次のようになります。

「資産の部」＝「負債の部」＋「純資産の部」

貸借対照表の左側には、「資産の部」があり、会社の調達した資金がどのように運用されているかを表わしています。「資産の部」は大きく分けて「流動資産」「固定資産」「繰延資産」の3つから構成されており、「資産の部」の合計は、「総資産」とも呼びます。

貸借対照表の右側は、資金の調達源泉、つまりどこから調達したかを表しています。ここは「負債の部」と「純資産の部」から構成されています。会社を運営する資金を金融機関など他人から調達した資金（負債）と株式の発行により調達した資金（純資産）に分けて表示をしているのです。「負債の部」は、返済期限の長さを基準に「流動負債」と「固定負債」に分けて表示しています。「純資産の部」は、「株主資本」「評価・換算差額等」「新株予約権」「自己株式」に分けて表示しています（保有していないものは記載しません）。

貸借対照表の右側の読み方

ここは「負債の部」と「純資産の部」に分かれています。会社は、株主から集めた出資金だけでは足りない場合に、社債を発行して資金を集めたり、または銀行などの金融機関からお金を借りて事業を継続していきます。

また、商品の仕入れや備品などを現金ではなく「掛け」で仕入れ、購入したり、または手形を振り出して仕入れ、購入する場合もあります。

社債を発行して集めた資金、金融機関などから借り入れた資金は、当然のことながら、その返済期日までに返済しなければならない義務があります。掛仕入の金額についても同様で、決められた期日までに支払わなければなりません。

このような将来における返済義務や支払義務といった債務のことを負債と呼び、貸借対照表の「負債の部」に記載されます。

負債として記載された金額は、後日、決められた期日までに返済しなければなりません。負債が減少するということは現金などの財産が減少することを意味します。したがって、負債はマイナスの財産と呼ばれています。

次に、「純資産の部」は、株主が出

資した金額である資本と、今までの営業活動によって得られた利益部分などから構成されています。常に企業は、営業活動を通して利益をあげ、最初に投入した資本を増やすことを目標にしています。最初に投入した資本と営業活動結果としての利益の両方が純資産と呼ばれることになります。

◯ 貸借対照表の左側の読み方

会社は、株主や銀行などから調達した資金で、会社運営に必要なもの（事務所など）を購入し、かつ、販売しようとする商品などを仕入れます。

こうした営業用の財産をはじめとする建物、土地、備品などの財産を資産と呼び、貸借対照表の「資産の部」に記載されます。

貸借対照表の左側は、会社が調達した資金を何に使っているかを目的別に表示しています。前述の負債がマイナスの財産と呼ばれるのに対して、資産はプラスの財産と呼ばれています。

このように貸借対照表とは、企業の一定時点（決算日）における資産・負債・純資産の総括表です。貸借対照表は、これら資産・負債・純資産をひとつの表にまとめますから、資産の状態は良好か、負債は多すぎないのか、純資産は十分かなどを知ることができます。このような資産・負債・純資産の状態を財政状態といいます。プラスの財産である資産が多ければ多いほどよく、マイナスの財産である負債は少ないほどよいということです。資産よりも負債の方が大きく結果的に純資産がマイナスとなっている状態を債務超過といいます。

このような会社は要注意です。つまり、貸借対照表を見れば、その企業が優良企業か倒産寸前の企業かを見分けるヒントを得ることができます。

貸借対照表：左右の関係

資金運用方法
（何に使っているか）

資金調達源泉
（どこから集めたか）

資　産
（調達した資金の使途）

負　債
（返済義務のある資金源）

返済が必要 ← 債権者

純資産
（返済義務のない資金源）

返済が不要 ← 株　主

16 キャッシュ・フロー計算書

「お金の流れ」を見るための財務諸表である

●キャッシュの流れを見る

キャッシュ・フローとは、簡単に言うと「現金の流れ」のことです。いくら現金が入り、いくら出て行ったかを示すものです。

損益計算書に記載された利益＝現金であれば、キャッシュ・フロー計算書を作成する必要はありませんが、販売対価が現金ではなく信用取引に伴って生じた売掛金や受取手形の場合、利益＝現金とはなりません。売上が計上されてから実際に現金で入ってくるまでにタイムラグがあるからです。

損益計算書に計上された利益は、帳簿上の利益であって、利益相当額のキャッシュ（現金および現金同等物）が手元にあるとはいえないわけです。逆に言えば、たとえ帳簿上は赤字であっても、手元にキャッシュがあるという場合もあります。会社は赤字であってもすぐに倒産することはありませんが、資金が足りなければすぐに倒産してしまいます。

そこで、会社の支払能力を知るためには、貸借対照表や損益計算書の利益だけでは判断できないことから、キャッシュ・フロー計算書を作成する必要性が高まってきたわけです。キャッシュ・フロー計算書を見ることで、一定期間に、どのような理由でどれだけのキャッシュが会社から出入りしているかをつかむことができます。

キャッシュ・フロー計算書の必要性

貸借対照表 企業の財政状態を表す 資産 － 負債 ＝純資産	損益計算書 企業の利益による経営成績を表す 収益 － 費用 ＝利益

キャッシュ・フロー計算書
企業のキャッシュによる経営成績を表す
期首のキャッシュの残高＋期中のキャッシュの増減額
＝期末のキャッシュの残高

３つの決算書は互いに連動している

第 **4** 章

回収しやすい契約書・
公正証書の作成法

契約の締結

公序良俗違反にあたれば当事者同士の合意があっても無効になる

● 契約は自由にできる

契約とは、たとえば売買ですと、ある物を売りたいという人と買いたいという人の意思が合致したような場合に成立します。つまり、原則として、契約書を作成しなくても、契約は成立するわけです。

私達はふだん、誰とどんな契約をしても原則として自由です。契約については民法や商法などの法律がこれを規定しています。

民法や商法などの法律では、当事者が契約で特に定めなかった事項につき、契約当事者の意思を推測したり当事者間の公平を図る観点から、補充的にその穴を埋めるための規定を設けていると考えておいてください。ですから民法や商法などの法律の規定と異なる内容を定めることも、原則として許されています。

● 公序良俗違反は無効である

契約内容が社会の秩序や道徳に著しく反するものである場合、これを認めると社会秩序が混乱してしまうので、契約は無効となると民法90条で規定されています。これを公序良俗違反といいます。

このように、当事者間でどんな合意をしても、法令に反する合意は無効となるとする、その法令の規定のことを強行規定といいます。どのような規定が、強行規定にあたるのかは、各規定の趣旨にしたがって判断することになります。

● 解除や損害賠償請求ができる

契約は約束ごとです。当事者が約束を守らなかった場合、債務不履行責任を負います。つまり、契約を解除することができ、損害賠償を請求することもできます。

契約の成立

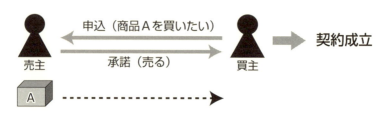

2 回収に有利な契約書の作成法
トラブルの防止に努める

● 基本契約書がある場合

得意先とのトラブルを避けるために最も有効な方法は、「商品取引基本契約書」をあらかじめ交わしておくことです。これは得意先と継続的な取引がある場合に作成される契約書のことです。万が一不払いなどの事態が起こったときに、基本契約書があればどのような対策をとればよいかをすぐに判断することができます。しかし、古くからの得意先に契約書にサインをしろとは強要できない、という場合もあります。このような場合には、注文書や注文請書を作成して、万が一トラブルが発生した際に備えることもあります。

● 注文書と注文請書のはたらき

取引が長くなってくると、商品の注文を電話や口頭ですませてしまうことが多いものです。しかし、これは後から「言った」「いや言わなかった」とトラブルに発展することが多いものですから、必ず注文書や注文請書など証拠の残る形にしておきます。

注文書には、以下の事項を明記する必要があります。

① 年月日
② 商品名
③ 数量
④ 商品単価
⑤ 合計金額
⑥ 商品の送付方法・送り先
⑦ 納期
⑧ 得意先担当者の署名・押印

また、せっかく注文書があっても「受け取っていない」と言われてしまっては元も子もないので、必ず得意先が商品を受け取ったことを証明する「商品送付記録」を保存しておく習慣をつけます。

注文請書は注文書とは若干性格が違い、「確かに契約を承諾した」という意味合いを持っています。商品取引基本契約書を交わしていない場合は、注文請書の裏面に取引約款を印刷するという方法があります。取引約款には必ず売り手の代金回収を保障する項目を明記しておきます。

さらに、注文請書の裏面に取引約款が印刷されていることを得意先にきちんと伝えておきます。こうしておけばトラブルがあった時に「読んでいない」と言われる危険がありません。「先代からお世話になっているし」などと油断したり遠慮したりせずに、作成しなければならない書類はその都度きちんと作成するようにしましょう。

3 公正証書①

金銭消費貸借契約でよく活用される

公正証書には強い証拠力がある

公正証書というのは、公証人という資格を与えられた者が、当事者の申立てに基づいて作成する文書で、一般の文書よりも強い法的な効力が認められています。

公証人は、裁判官・検察官・弁護士などの法律実務経験者や一定の資格者の中から、法務大臣によって任命されます。

公正証書には、強い証拠力があり、記載された日付には、その日に作られたという公証力（確定日付）が認められます。

公正証書を利用するメリット

公正証書を作成するメリットは以下の点にあります。

① 有力な証拠になる

公正証書は訴訟において説得力のある有力な証拠になります。原本が公証役場に保管されることになるので、債権者がうっかりして公正証書を紛失した場合にも、証拠を失うことにはなりません。

② 強制執行が可能になる

公正証書が利用される最大の理由は、公正証書に与えられる執行力です。債権回収をはじめとする法的な紛争では、さまざまな手を尽くしても効を奏さないときには、最終的に訴訟となり、判決を受けて、これに基づいて債務者の財産に対して強制執行（192ページ）をしますが、強制執行するためには、その根拠となるものが必要です。それを債務名義と呼びます。

債務名義には、判決の他に、調停調書や和解調書などがありますが、公正証書も一定の要件を備えれば、債務名義となり得るのです。ですから、公正証書に基づいて強制執行を行うことが可能になります。

ただし、どんな契約書でも公正証書にすれば債務名義となり得るわけではありません。これには以下のような2つの条件が必要です。

1つは、請求内容が、一定額の金銭の支払いであるか、有価証券の一定の数量の給付を目的とする場合です。

もう1つは、債務者が「債務を履行しない場合にはすぐに（直ちに）強制執行を受けても文句は言わない」旨の記載がなされていることです。この記載を、執行受諾文言（執行認諾約款）といいます。

どのくらい費用がかかるのか

気になるのが公正証書作成のための

費用ですが、公証人の手数料ということで、公正証書完成時に現金で支払います。この価格は、公証人手数料令によって一律に規定されています。

基本的には、依頼した契約が目的とする金額、たとえば、金銭消費貸借契約なら借金の額が、手数料算出時の基礎となります。目的の価額が100万円までであれば5000円となっています。

●公正証書の作成手続

公正証書を作成するには、公証役場へ行きます。わからない場合には、日本公証人連合会（03-3502-8050）に電話をすれば教えてもらえます。

債権者と債務者が一緒に公証役場へ出向いて、公証人に公正証書を作成することをお願いします（これを嘱託といいます）。事前の相談や連絡は、当事者の一方だけでもできますが、契約書を公正証書にする場合には、契約当事者双方が出向く必要があります。

ただし、本人ではなく代理人に行ってもらうことは可能です。

会社の場合、持っていく必要があるのは、代表資格を証明する商業登記事項証明書または資格証明書、届出代表者印、印鑑証明書（発行日から3か月以内のもの）です。

個人の場合は、印鑑登録証明書、実印などが必要になります。当事者本人がこれらを持参して公証役場に出頭し、公証人に公正証書の作成を依頼します。

また、代理人に行ってもらうためには、本人が発行した委任状と本人の印鑑登録証明書、さらに代理人の実印と印鑑登録証明書が必要です。

公正証書の作成方法

申請前に公正証書の作成について当事者の合意が必要

▼

申請書類を再チェック

・公正証書にしたい文面
・法人の場合には代表者の資格証明書や
　商業登記事項証明書、代表者印、印鑑証明書
・個人の場合は印鑑登録証明書、実印など

▼

最寄りの公証役場へ行く

▼

公証人が文書を作成

4 公正証書②

債務を特定させる

● 万が一に備える

通常の金銭の貸し借りの場合は金銭消費貸借、売掛金債権や損害賠償請求権を金銭債務に引き直す場合は準消費貸借契約について、それぞれ公正証書を作成します。

また、製造業者などが販売店などに卸した代金債権などについて、その返済方法を改めて決めるような契約を債務弁済契約といいます。この場合も、万が一に備えて、この契約を公正証書にしておきます。

● 執行証書を作成する際の注意点

執行認諾約款が記載されている公正証書を「執行証書」といいます。執行証書の作成にあたっては以下の点に気をつけることになります。

① 債務の特定

公正証書は、当事者間の契約内容を明らかにするものですから、その記載上、債務が特定されていなければなりません。具体的には、貸金債務については、ⓐ当事者（貸主と借主）、ⓑ貸し借りをした日付（平成○○年○月○日）、ⓒ金額（金○○○○円）が記載されていれば、債務の特定は認められるでしょう。

② 債務額が一定していること

債務者が債務を履行しない場合、有効な執行証書があれば、申立てをしてすぐに強制執行の手続に入ることができます。債務額についても債務の特定の場合と同様に、公正証書の記載だけから、金額がいくらになるのかが判断できなければなりません。公正証書に記載された以外の要素を加味してはじめて、金額が定まるのでは要件が満たされないのです。

③ 将来の債権について

債務の特定性が要求されますから、将来発生する債権には、一定の場合を除いて原則として、執行認諾約款をつけることができません。

④ 執行認諾約款の記載が必要

債務名義を取得するためには、執行認諾約款が記載されていなければなりません。せっかく、お金を貸したり、品物を売ったときに、強制執行を受け入れてくれると約束したとしても、そのことを公正証書に記載しなければ、法律的には意味がなくなってしまうのです。公正証書作成の段階では「債務を履行しないときはすぐに強制執行を受けても異議のないことを認諾する」旨の記載をしましょう。

5 公正証書③

金銭の授受や返還約束など要件をしっかりおさえておく

●公正証書作成時に気をつけること

　お金の貸し借り（金銭消費貸借契約）には、以下のような特徴があるので、これらの点には十分に留意しつつ、公正証書を作成してください。

① 契約が成立する要件について

　消費貸借契約は、債務者（借主）が債権者（貸主）から交付された物を消費し、これと同種・同等・同量の物を返還する契約です。

　契約が成立するためには、ⓐ借主が貸主から受け取った物と同種・同等・同量の物を返還するという内容の当事者の合意と、ⓑ目的物を実際に交付することが必要です。つまり、金銭の交付が契約の成立要件とされています。しかし、実際のところ、合意が成立したとしても、公正証書を作成する前に金銭を交付することはほぼないため、改正後の民法では、書面を作成する場合は金銭を交付していなくても、当事者間の合意だけで金銭消費貸借契約が成立すると規定しています。

　ただ、金銭の交付が遅れると、トラブルの元になりかねませんから、公正証書が完成したらできる限り早く、債務者に対して金銭を交付すべきでしょう。

② 期限の利益喪失約款について

　借金は分割で返済されることが、むしろ通常といえます。ただ、何回目かの支払いで債務者が支払を怠るケースもあります。債務者が支払を怠ると、期限を与えていた債権者の債務者に対する信頼が、裏切られた形になります。

　その場合に備えて、公正証書に期限の利益喪失約款を記載しておくとよいでしょう。期限の利益とは、返済期限がくるまでは返済しなくてもよいという債務者の利益のことです。期限の利益喪失約款は、債務者が支払いを怠るなど一定の事項があったときは、債権者は残額すべてをすぐに請求することができるようになるという約束です。

　この他に利息と遅延損害金についても公正証書に記載をしておく必要があります。遅延損害金とは借金が期限通りに返済されなかった場合の賠償金のことです。

③ 委任状を作成する

　本人の代わりに代理人が公証役場で公正証書作成の手続きをする場合には本人から委任状を受け取っておき、契約内容を記載した書面とともに公証役場に持参します。ただし、債権者が債務者の代理人となったり、同一人物が債権者・債務者双方の代理人となったりすることは認められていませんので注意しなければなりません。

契約が履行されない場合

債務者の責任で債務が履行されない場合が債務不履行

●3つの形態の債務不履行がある

契約が履行されない場合を債務不履行といいます。債務不履行には、①履行遅滞、②履行不能、③不完全履行と3つの形態があります。

① 履行遅滞

約束の期日（履行期）が来ても、債務の履行がされない場合を履行遅滞といいます。契約書などに〇月〇日と期限が記載されているときは、その日が履行期です。履行遅滞では、「履行期」がいつ来るのかが重要になります。

改正後の民法では、①確定期限がある場合はその期限が来た時、②不確定期限がある場合は、その期限の到来を知った時またはその期限の到来後に履行の請求を受けた時のいずれか早いとき、③期限の定めがない場合は、債権者から履行の請求を受けた時、に「履行期」が到来して、債務の履行がなければ履行遅滞になると規定しています。

② 履行不能

履行ができなくなった場合が履行不能です。改正後の民法においては、「債務の履行が契約その他の債務の発生原因及び取引上の社会通念に照らして不能である」場合が履行不能であると定義付けられています。

たとえば、不動産の二重譲渡の事例

で買主の一方への移転登記を済ませた場合、他方の買主の債務は履行不能になります。履行不能は履行期が来なくても起こり得ます。なお、改正後の民法では、契約締結時に債務が実現不可能な場合（原始的不能）でも当然に無効ではなく、債権者は契約解除や損害賠償請求ができる余地があることを明示しています。

③ 不完全履行

履行は一応行われたが、足りない部分がある場合が不完全履行です。履行遅滞と履行不能以外で「債務の本旨に従った履行をしない」（完全履行でない）場合がすべて含まれます。

給付された物が不完全な場合は、それを完全なものにできるならば、債権者としてはまず、債務者に追完（履行を追加して完全履行とすること）を請求すればよいでしょう。追完が不能であれば、履行不能に準じて損害賠償請求や契約解除をするしかありません。

●債務不履行の効果

たとえば、オーダーメイドの洋服の製作を依頼する請負契約が締結され、4月1日が納期とされていたにもかかわらず、納品が間に合わず、納期が3日遅れたという場合を考えてみましょう。

請負人は元々の契約で定めた期日を守っていないため、契約に違反したことになり、債務不履行に陥っているといえます。特に本来の納期より遅れて納品をしているため、履行遅滞に該当します。債務不履行があった場合、債務不履行を受けた当事者（債権者）は、契約を解除するとともに、債務者に対して損害賠償を請求することが可能です。

◯ 損害賠償請求のための要件

債務不履行に基づく損害賠償請求をするための要件として、債務不履行の事実（履行遅滞、履行不能、不完全履行の事実）の存在が必要になります。

加えて、債務者に帰責事由（責めに帰すべき事由）があることも要件のひとつとなりますが、損害賠償を請求する側（債権者）が帰責事由を立証する必要はありません。債務者が損害賠償責任を免れる事由（免責事由）として、債務不履行が「契約その他の債務の発生原因及び取引上の社会通念に照らして債務者の責めに帰することができない事由」による旨を立証すべきことになっています。債務不履行の事実は債務者が発生させたものなので、債務者に対し帰責事由がない旨の立証責任を負わせるのが当事者の公平に資するからです。

以上を踏まえて、改正後の民法では、債務不履行に基づく損害賠償請求を行うための要件は、基本的に債務不履行の事実の存在のみで足り、債務者の帰責事由は、債務者が自らに帰責事由がないと証明した場合に責任を免れるものと位置付けられます。ただし、金銭債務の不履行は、不可抗力（天災など人力では防げないもの）だとしても、債務不履行責任が免除されないことに注意すべきです。債務者が金銭債務の不履行について帰責事由がない旨を立証しても、債務不履行責任を負うことになります。

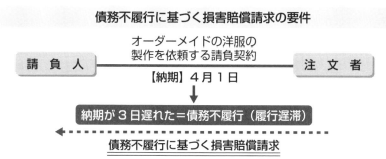

債務不履行に基づく損害賠償請求の要件

オーダーメイドの洋服の製作を依頼する請負契約

請　負　人　　【納期】4月1日　　注　文　者

納期が3日遅れた＝債務不履行（履行遅滞）

債務不履行に基づく損害賠償請求

【要件】① 債務不履行の事実の存在
　　　　② 債務者の帰責事由は証明不要（債務者が帰責事由がないことを証明したときは免責される余地がある）

7 金銭消費貸借契約

利息を加えた額を返済する

● 金銭消費貸借契約とは

　消費貸借契約とは、金銭その他の物を借り受け、後にこれと同種、同等、同量の物を返還する契約です。契約を結ぶ際には、通常「金銭消費貸借契約書」「借用証書」「念書」などの書類を差し入れてもらうことになります。

　返済期限を定めているときは、借主は期限に返済しなければなりません。期限の定めがないときは、借主はいつでも返還できますが、貸主の方は相当の期間を定めて返還を請求できるだけです。

　また、利息を支払う旨の約定があれば、借主は利息も支払う義務を負います。法律に反しない範囲で利率も約定に従いますが（約定利率）、利率を決めていないときは法定利率（改正後の民法では年３％）に従います（平成29年民法改正の施行前は、商事法定利率が年６％、民事法定利率が年５％、89ページ）。

　貸金を返還期限までに返還しない場合には、借主は利息を支払う旨の約定の有無とは関係なく、債務不履行に基づく損害賠償として遅延損害金を支払う義務が生じます。損害金の定めは、契約を遵守させる強い力をもちます。なお、当事者間で債務不履行の場合の損害賠償額を定めたときは、それに従います。

金銭借用証書サンプル

金銭借用証書

借用金　金八拾萬円也　　　　　殿

上記の金額を株式会社□□□□□は、本日確かに次の約定により借り受け、受領しました。

一　上記の借用金の返済期日を平成○○年○○月○○日とします。

一　利息は年□□％とします。

一　借用金およびその利息とも上記の借用金の返済期日までに貸主の住所に持参するか、または送付して支払います。

一　万一当方が本約定に違反した場合は、貸主からの通知催告がなくても当然に期限の利益を失い、直ちに元利金を支払います。

一　連帯保証人△△△△△は、借主の本件債務について保証し、借主と連帯して履行の責を負うものとします。

一　（特約事項）

後日のための本証書を差し入れます。

平成○○年○○月○○日

東京都○○区○○町○丁目○番○号

借主　株式会社□□□□

代表取締役　□□□□□　印

8 準消費貸借契約

準消費貸借に切り替えると時効期間を延長することができる

●未払代金を貸したことにする

支払ってもらえない売掛金債権は、準消費貸借に切り換えるという手があります。消費貸借、特に金銭消費貸借というのは、お金の貸し借りのことですが、準消費貸借は、簡単に言えば、支払ってもらえない代金を貸したことにしてしまうこと、つまり元々はお金の貸し借りではなかったものをお金の貸し借りをしたことにする、という契約です。

準消費貸借契約は、数多くある小口の売掛金債権を一つにまとめる場合や、支払いの滞っている商品の代金債権を「借金」に切り換える場合などに、よく利用されます。

また、債権は、そのまま放置していると消滅時効にかかってしまいますが（原則として権利行使ができるのを知った時から5年、50ページ）、準消費貸借に切り換えることで、時効期間を振り出しに戻す（ゼロにする）ことができます。つまり消滅時効が完成するまでの期間を引き延ばすことができるわけです。

準消費貸借契約への切り換えの際には、債務者との交渉を通じて、それまでの利息分を元本に含め、保証人や抵当権などの担保の提供を受け、切り換え前の契約にはなかった遅延損害金の取り決めをします。この機会をとらえて債権を補強しておくわけです。

●準消費貸借契約に切り換える

せっかく準消費貸借契約に切り換えても、基礎とされた債務が存在しなかった場合には、準消費貸借契約も効力を生じません。

たとえば、基礎とされた売買代金債務が全額の支払いが終了しており、その債務が消滅していた（すでに存在しない状態になっていた）場合などです。債権者としては、基礎とされた債務に関する書類などは、捨てずに保存しておく必要があります。

また、準消費貸借契約は、当事者が合意して債務原因を変更するものなので、当事者が反対していない限り、旧債務の抗弁などが新債務に引き継がれます。たとえば、売買代金債務についている同時履行の抗弁権は、準消費貸借にした後の新債務についても、特別の事情がない限り主張できます。

さらに、基礎とされた債務に伴っていた抵当権や保証人などは、原則として存続するとされています。

9 貸金業法

債務者の年収の３分の１を超える貸付けは禁止

総量規制について

貸金業者からの借入れを原因とする深刻な多重債務が問題化したことから、貸金業法において、債務者の支払能力を超える貸付けを防止するため、債務者の年収の３分の１を超える貸付け（個人向けの貸付け）が禁止されています。これを総量規制といいます。

たとえば、借入申込者の年収が450万円であるとして、その人がすでに他社から100万円を借りている場合には、年収の３分の１が150万円であるため、申込者に対しては50万円しか貸し付けることができなくなります。ただし、この規制は貸金業者による貸付けを禁止するものであり、銀行など貸金業者ではないところからの借入れは含まれません。

また、すべての貸付行為が総量規制の対象になるわけではなく、不動産を担保とする貸付けや健康保険法の定める高額療養費の貸付けなど、総量規制から除外・例外とされている契約もあるので、債務者にも契約内容を確認してもらう必要があるでしょう。

債務者の返済能力を調査する

債務者に対する過剰な貸付けを防止するためには、貸し手である貸金業者が債務者の返済能力やこれまでの返済状況を正確に把握することが必要です。そのため、貸付けにあたっては内閣総理大臣が指定した信用調査機関が保有する情報を使用して返済能力などの調査を行った上で、貸付けを行う必要があります。

返済能力の調査は、債務者が個人であっても法人であっても、また、契約が貸付契約であっても保証契約であっても行わなければなりません（契約形態によっては信用調査機関を利用しなくてもよい調査あり）。

特に、個人に対する貸付け（個人向けの貸付け）については、返済能力の調査の結果、貸付けが債務者の年収の３分の１を超えるような顧客の返済能力を超える貸付けと判明した場合には、総量規制に反することになるため、貸金業者は貸付けの契約を結ぶことはできません。

また、貸付契約を結んだ場合、貸金業者は返済能力調査の記録を作成し、最終の返済期日まで保存することが義務付けられています。

書面の交付義務

貸金業法は、債務者や保証人に対して交付される貸付契約や保証契約の書

面の交付義務について、規定を置いています。

① 契約締結に際する書面の交付

貸金業者は、貸付契約を行う場合には、契約を結ぶ前に、債務者となる相手方に対して、所定の事項を記載した書面を交付することが義務付けられています。債務者（借り手）としては、借入れ前に書面を確認して返済条件や借入額などを確認することができます。

この結果、貸金業者が個人に対して貸付けを行う場合には、事前締結前の事前書面だけでなく、契約を結んだ時にも書面（17条書面）を交付することが必要です。また、契約内容の重要事項を変更した場合には、改めて書面を交付することが必要です。

また、貸付契約の保証人となる者に対しても、貸金業者は同様に、事前書面と契約時の書面、契約内容の重要事項を変更した場合の書面を交付しなければなりません。

そして契約締結後、貸金業者が貸付けの全部または一部の返済を受けた場合には、その都度、直ちに弁済者に対し書面（18条書面）を交付しなければなりません。

② 書面の電子化

書面というと紙媒体の文書を意味しますが、貸金業法は、契約締結の際に受け取る書面の一部をメールなどで交付することも認められています。ただし、債務者が同意しない場合には、メールによる交付は認められませんので、紙文書での交付の方が安心だという場合には、その旨を伝えるのがよいでしょう。

信用調査機関の情報利用と過剰貸付の抑制

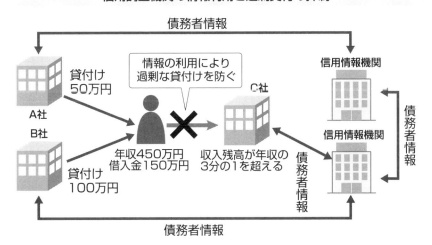

深夜・早朝の取立てと注意点
深夜・早朝の訪問も効果的だが貸金業者は法律の規制に注意

● 夜や早朝に訪問することも必要

債務者をつかまえるためには、夜遅く、あるいは朝早く相手方を訪問することも必要です。

もし債務者が会社であれば、朝一番に行ってみましょう。始業時に債権者に押しかけられて、今日も一日中粘るぞという態度をとられると、債務者も参ってしまいます。何か譲歩案でもという話になるかもしれません。

夜間に債権者が訪問するのは、周囲に迷惑をかけるおそれはありますが、債務者の業種、所在地によっては問題がない場合もあります。

● 取立行為の規制には注意する

貸金業者である場合は、取立行為に関して下図のような規制があるので注意しなければなりません。正当な理由もなく午後9時から午前8時までの間に取立てをするのは、原則として禁止です。その他親族の冠婚葬祭時や罹災時など不適切な時期に取立てをすることも規制されています。

債務者の勤務先を訪問して、債務者自身または保証人などを困らせたり、不利益を被らせる行為は、刑事告訴の対象になる可能性があり、監督行政庁から業務停止の行政処分を受けることもあります。

さらに、保証人ではない債務者の妻子・親・兄弟など、法的に支払義務のない人に対して、貸金業者が支払請求することは禁止されています。

貸金業者がしてはならない行為

- ● 暴力的な態度をとること
- ● 大声をあげたり、乱暴な言葉を使ったりすること
- ● 正当な理由なく、不適当な時間帯に、債務者宅に電話で連絡したりファックスを送達し、または訪問すること
- ● 貼り紙、落書き、その他いかなる手段であるかを問わず、借主の借入れに関する事実その他プライバシーに関する事項等をあからさまにすること
- ● 正当な理由がないのに勤務先を訪問したり、電話連絡や電報、ファックスを送信したりすること
- ● 借金の処理に関する権限を弁護士に委任した旨の通知、または調停その他裁判手続きをとったことの通知を受けた後に、正当な理由なく支払請求をすること
- ● 法律上支払義務のない者に対し、支払請求をしたり、必要以上に取立てへの協力を要求すること

11 法定利率の変動制の採用

法定利率について3年ごとの変動制が採用される

● 法定利率の変動制

法定利率とは、利息を生ずる債権（利息債権）や遅延損害金（遅延利息）について、当事者が利率を定めずに契約した場合に適用される利率のことです。改正後の民法では、民事・商事に関係なく法定利率を施行時に年3％へ引き下げ、その後は市場金利の変動を踏まえ、3年ごとに1％刻みで見直す変動制を採用しています。

ただ、実際の取引では契約時に利率を定めるのが通常で（約定利率）、その場合は法定利率が適用されません。

● 基準時の利率で固定する

改正民法の施行後は3年ごとに法定利率が変わりますが、利息債権や遅延損害金は基準時の利率で固定されます。つまり、①利息債権にはそれが生じた最初の時点における法定利率が、②遅延損害金には債務者が遅滞の責任を負った最初の時点における法定利率が、それぞれ基準時の利率となります。

たとえば、4月1日に交通事故にあい、損害賠償金150万円が支払われたのが翌年4月1日であった場合、4月1日時点の法定利率が3％で、翌年1月1日に2％へ見直されたとします。交通事故などの不法行為の場合、事故発生時に遅延損害金が発生しますので、交通事故発生時の法定利率3％に固定され、その後変更があっても影響を受けません。

このケースでは、150万円に対し150万円×3％の法定利率＝4万5000円の遅延損害金を付加した154万5000円を加害者は支払う必要があります。

法定利率に関する民法改正

┌ **民事・商事の法定利率の一本化**

　➡ 商事法定利率に関する商法の規定を削除

├ **法定利率を民法施行時は年3％に引き下げ**

　➡ 施行後は3年ごとに利率を見直し（変動制の採用）

└ **利息債権や遅延損害金が基準時の利率で固定される**

　➡ 利息を支払う義務が生じた最初の時点の利率で固定される

12 利息制限法と出資法

年利には制限があることを知っておく

● 利息と遅延損害金の上限

お金の貸し借りについては、利息制限法という法律が、以下のように、貸主がつけてもよい利息の上限を定めています（1条1項）。

・元本が10万円未満の場合は、年利20％まで
・元本が10万円以上100万円未満の場合は、年利18％まで
・元本が100万円以上の場合は、年利15％まで

利息制限法は、これらの制限に違反する部分（制限を超える部分）については無効である、としているので、利息制限法に定められた上限利率を超える利息を定めることはできません。

さらに、債務者が借りたお金を期限までに返せない場合には、利息に加えて遅延損害金を請求することもできます。遅延損害金の年率については、上記の利息についての制限の1.46倍まで有効とされています。

● グレーゾーン金利と出資法の改正

改正前の出資法では、貸金業者が債務者から年29.2％（閏年は年29.28％）を超える利息をとった場合に刑罰に処されるという規定を置いていました。そこで、貸金業者などは、利息制限法の利率を超えるものの、出資法で刑罰をもって規制された年29.2％の利率以下の利息を設定することで、刑罰を受けることなく莫大な利益を上げていました。俗に「グレーゾーン」「グレーゾーン金利」などと呼ばれていたのは、利息制限法の利率を超え、年29.2％以下で設定されている利率のことです。

しかし、利息制限法・貸金業法・出資法の改正で、2010年6月以降は、貸金業者などが業務で金銭を貸し付ける場合、出資法の定める上限金利が年20％まで引き下げられています。これにより、グレーゾーン金利もほぼ廃止されています。

貸金業者に所属する者（役員や従業員など）が、年20％を超える割合の利息を受け取る契約をすると、5年以下の懲役または1,000万円以下の罰金（併科もあります）に処せられます（この場合は貸金業者にも3,000万円以下の罰金が科せられます）。

なお、元本が10万円以上の貸付けについては、一部グレーゾーン金利が残っていますが、刑罰の対象とはならなくても、超過分は無効とされ、業務停止などの行政処分となるため、法令を遵守して貸付行為を行わなければなりません。

手形・担保・保証・弁済の知識

手形と小切手

信用で支払いを先に延ばすしくみ

手形には2種類ある

手形とは商取引における決裁手段であり、一定の金額の支払を約束したり、委託する有価証券です。手形法では、手形は約束手形と為替手形の2種類に分けられています。

約束手形とは、手形の振出人が一定の期日に一定の金額を受取人に対して支払うことを約束した有価証券です。約束手形の作成に関わっているのは振出人と受取人の二者です。

一方、為替手形とは、振出人が手形に記載されている金額の支払いを第三者（支払人）に委託し、受取人に対して支払ってもらうというものです。為替手形の作成には振出人、支払人、受取人の三者が関わっています。

手形取引には、すぐに現金が用意できなくても商品の購入が可能となることで、商機を逃さずにすむというメリットがありますが、当座預金の残高不足などの理由で手形金の支払が滞ると、不渡りというペナルティがあります。手形の受取人は、他人に手形を譲渡することも可能です。

当座勘定取引契約が必要

手形を振り出すためには、まず銀行などの金融機関と当座勘定取引契約を結び、統一手形用紙の交付を受ける必要があります。手形を振り出す際には、必ずこの用紙を用います。当座勘定取引契約とは当座預金契約と支払委託契約とが合わさったものです。

もっとも、手形は誰でも振り出せるわけではありません。当座勘定取引契約を結ぶ際には本人確認や資産状況などの信用調査があり、信用できると判断された場合にのみ手形の振出しが可能になります。

小切手との違いは何か

小切手とは振出人（小切手の作成者）が支払人（銀行）に一定の金額の支払いを委託している有価証券のことです。手形と小切手はともに有価証券ですが、両者の特徴は異なります。手形が「一定の期日」に支払いを約束した有価証券であり、決済手段として用いられるのに対し、小切手は現金の代用物として用いられます。

手形の特徴は、単に支払手段として機能しているのではなく、現時点で資金を保有していなくても、手形を振り出す者の信用力で支払時期の延期を可能にするという点にあるといえるでしょう。

2 手形のしくみ①

振出し→裏書→呈示→支払いという流れ

● 裏書人に請求できる

　手形は売買契約などが原因となって振り出されます。その後手形の受取人から譲受人へ裏書譲渡され、何度かの裏書を繰り返した後、支払期日に振出人に対して請求（取立て）が行われます（下図）。債権者が手形の振出しを受けた後に、手形の裏面に署名（記名・押印）するだけで譲渡が可能になります。譲渡によって自分の抱えている債務の支払いに充てることができます。裏書人とは手形を譲る人、被裏書人とは手形を受け取る人を指します。譲渡人が手元にある手形の裏側に署名して譲渡するため、裏書（裏書譲渡）と呼ばれます。そして手形を受け取った人（譲受人）は、さらに手形を第三者に譲渡できるのです。

　手形金額10万円以上の手形には、印紙を貼らなければなりません。印紙の金額は、手形金額に応じて印紙税法によって決められています。

　振出人が何らかの理由で支払えなかったときは、所持人は裏書をした裏書人に手形金請求をすることができます。これを遡求といいます。

　裏書人が手形金を支払った場合には、手形金と引き換えにその手形を受け取り、振出人や自分より前の裏書人（裏書が繰り返されている場合）に対して手形を呈示し、手形金の支払いを求めることになります。

　手形の裏書をするときは、自分も手形債務を支払う危険があるというリスクを十分承知しておく必要があります。

手形取引の流れ

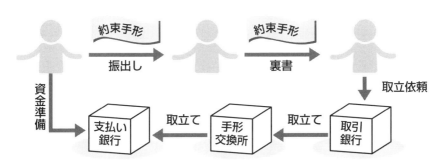

3 手形のしくみ②

手形交換所を通して決済が行われる

● 手形交換所とは何か

手形の手形金を支払ってもらうためには、自分の取引金融機関に対して、支払金融機関に手形を呈示してもらうように依頼する方法をとります（前ページ図）。

金融機関としては、支払金融機関に手形所持人も口座を開設しているのであれば、口座間の金銭残高移動ですませることができますが、実際には他の金融機関とのやりとりになることが多いため、個々の手形に対して一つひとつ手続きをとっていくのは煩雑で、効率の悪い業務といえます。そのため手形交換所が設けられています。

手形交換所は、全国の主要都市にあり、銀行や信用金庫、農協などの信用のある金融機関が加盟しています。この加盟金融機関が一斉に手形を持ち寄って受け渡しをします。法律上も、このような手形交換所での呈示を適法としています。

なお、手形交換所では手形、小切手だけでなく一般の証券も扱っています。手形交換所を通すことには金融機関の業務負担の軽減、個別の金銭の移動リスクの軽減、必要人員の削減など多くの利点があります。

● 決済が行われる

手形の決済は、実務上は金融機関同士が手形交換所に手形を持ち寄って決済する方法がとられます。

この際、取立て依頼されている総額と、取り立てられる総額を決済して差額を出します。その差額は「交換尻」と呼ばれ、各金融機関の日銀当座預金を経由して加盟金融機関同士の交換尻を互いに決済するしくみになっています。

交換尻の決済が終了すると、金融機関は呈示された手形について、振出人の当座預金口座から手形金を引き落とします。このときに振出人の口座の残高が不足していて、引き落としが不可能であれば手形の不渡り（102ページ）ということになります。

不渡りが生じた場合は、支払金融機関と取立金融機関から手形交換所に連絡され、手形交換所を通じて加盟しているすべての金融機関に不渡りの事実が連絡されます。さらに、6か月以内に2回目の不渡りを出すと、銀行取引停止処分というペナルティを課されることになります。この処分を受けると銀行を通じた決済ができなくなるため、事実上の倒産状態に追い込まれることになります。

手形の記載事項①

手形要件と記入方法を理解すること

● どのような項目を記載するのか

手形には、法律によって定められた「記載しなければいけない事項」があります。これを絶対的記載事項、あるいは手形要件といいます。手形要件に不備があると手形が有効なものとはみなされません。なお、裏書による手形の譲渡を禁止する「指図禁止文句」「裏書禁止文句」などを記載することがあります。記載がなくても手形の有効性に影響を与えず、これを有益的記載事項といいます。

約束手形の絶対的記載事項は、①手形文句（当該証券が手形であることを示すもの）、②支払文句（満期日に手形金額が支払われることを示すもの）、③手形金額（満期日に支払われる金額）、④支払期日（満期日）、⑤支払地（取引銀行の所在する市区町村）、⑥受取人（通称などでも可。特定できればよい）、⑦振出日（振出人が手形を振り出した日）、⑧振出地（振出人の住所）、⑨振出人の署名（署名または記名・押印）の9つです。

現実的には、支払期日、振出日や受取人などの記載がない手形も流通していますが（これを白地手形といいます）、本来は記入の必要があります。

約束手形サンプル

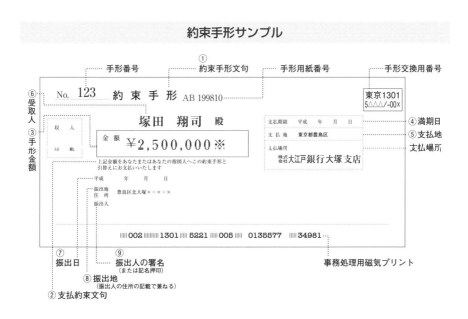

5 手形の記載事項②

各欄を記入する上でのポイントを知っておく

● 金額を記載するときのポイント

　金額を記載するときには、支払いを約束した「一定の金額」をはっきり記載します。算用数字（算用数字。1、2、3…など）で記入するときは手書きではなくチェックライター（印字機）で記入し、金額の頭に「¥」、後ろに「※」や「★」などの符号を書きます。

● 満期日を記入する際のポイント

　満期日（支払期日）の記載方法は4つあります。通常は支払いがなされる特定の日を記入する確定日払いの方法をとります。他に、振出から一定期間後を満期とする日付後定期払い、手形呈示日を満期とする一覧払い、手形呈示日から一定期間経過後を満期とする一覧後定期払いがあります。実在する日を書くのが通常ですが、もし間違って6月31日などの実在しない日を記入してあった場合は、6月末日として扱われます。

● 受取人の名前の書き方

　受取人欄には、手形金を受け取る人を記入します。小切手と異なり、法律上は、受取人の記入が必要とされています。具体的には個人名、会社名、商号を記入することになります。受取人が会社などの法人であれば法人名称だけでよく、代表者の氏名を書く必要はありません。

● 振出日は手形要件である

　振出日とは手形が振り出された日のことです。

　振出日の記載は、日付後定期払いのときには、満期を定めるために必要になります。一覧払い式や一覧後定期払い式では、呈示期間を定めるのに振出日の記載が必要となります（振出日後1年以内に呈示するという原則があります）。

　また、利息の発生時期を決める基準としても振出日が用いられます。

● 振出地の記載はどうする

　通常、振出地は手形が実際に振り出された場所を記載するものです。統一手形用紙では、振出地欄は振出人の住所・所在地欄と同じであるため、振出地の記入は特に必要ありません。

　また、振出地を記入する場合でも、番地まで書く必要はありませんので、たとえば「東京都千代田区」などと記入することになります。

6 裏書人への請求

所持人は遡求権を行使できる

●振出人が支払えない場合

　手形が不渡りとなった場合、手形所持人は振出人だけでなく、裏書人に対しても手形金の支払いを求めることができます。

　まず、手形所持人は手形金を支払ってもらうために、満期日とその後の2取引日の間に手形を呈示します。手形が不渡りになると、呈示した手形に不渡りになった旨及びその理由が記載された付せん（不渡付せん）がついて戻ってきます。

　手形所持人の側に問題があって手形が不渡りになることもありますが、振出人の資金不足が原因の不渡りの場合で、手形に裏書人がいるとき、所持人は裏書人に対して手形金の支払を請求することができます。手形所持人が裏書人に対して手形金の支払いを請求する権利を遡求権といいます。

　遡求権を行使するためには、手形を呈示した日とそれに続く4取引日以内に、裏書人にそのことを通知することが必要です。この通知を不渡通知といいます。不渡通知をしなくても遡求権の行使は認められますが、通知をしなかったために裏書人が不利益を被った場合に、請求金額が減額する可能性があります。

　不渡通知を行う裏書人は手形所持人の直接の裏書人（手形所持人が手形の交付を受けた相手）です。不渡通知を行った手形所持人は、裏書人に対して手形金の支払請求をします。裏書人が複数いるときには、自分の直前の裏書人に対して請求してもかまいませんし、それより前の裏書人に対して請求してもかまいません。

　手形金支払の請求を受けた裏書人は、手形所持人に対して手形金を支払わなければなりません。このとき裏書人が手形所持人に対して支払う金額は、手形金の金額だけでなく、満期日以降に生じた利息、不渡通知にかかった費用なども加えたものとなります。

　裏書人が支払いを拒んだ場合には手形訴訟（180ページ）の提起を検討することになります。

●再遡求権の行使

　手形所持人の遡求に応じた裏書人は、今度は自分より前の裏書人や振出人に対して、支払請求をしていくことになります。この請求を再遡求権の行使といいます。このように、手形が不渡りになると、順次遡って手形金の請求が行われていき、最終的には振出人が手形金の請求を受けることになります。

7 手形割引と手形貸付
手形所持人や振出人の信用が影響する

● 満期前に現金がほしいとき

手形は、基本的には満期になって振出人が手形金の支払いをするものですが、満期前に手形所持人が、急に現金が必要となったというようなことがあったときに、それを譲渡して現金に替えることができます。

一番よく利用されるのは、満期前に銀行などの金融機関に手形を譲渡して、現金に替える方法です。このように、手形の所持人が手形を銀行に裏書譲渡し、その日から支払期日までの金利などを差し引いた金額を受け取ることを手形割引といいます。

手形割引は、通常は手形の所持人と銀行との間の手形の売買契約だと考えられています。

なお、手形割引をする場合、振出人や割引依頼人の信用度が銀行などの金融機関によって厳正に調査されます。手形割引は、事業者にとっては資金調達の便利な手段なので、ビジネスの現場ではよく利用されています。

● 手形貸付とは

手形割引とよく似ている制度に手形貸付けというものがあります。手形貸付とは、金銭を借りるにあたって、借用紙の代わりに担保として手形を差し入れることです。

手形を差し入れた債務者は、返済期限（支払期日）に手形金額を支払わなければなりません。

その際、貸付金額が利息を加えても手形金額未満の場合には、手形金額から貸付金額と利息を差し引いた金額が債務者に返還されることになります。

なお、利息制限法上、金利の上限は、元本が10万円未満は年20％、10万円以上100万円未満は年18％、100万円以上は年15％と定められており、この制限を上回る利率の契約をしても超過部分は無効です。

● 商業手形担保貸付とは

銀行が、多数の小口商業手形を割引く手間を省く意味で行っているのが商業手形担保貸付です。商業手形担保貸付は、通称「商担手貸」と呼ばれており、銀行が小口の商業手形をまとめて担保とし、現金の貸付けを行うことです。

商業手形担保貸付では、担保に出す手形の他に、銀行を受取人とする約束手形を振り出さなければなりません。銀行は、担保した手形の決済で入金した分を貸付金の回収に充てます。そして、全額が返済された時点で約束手形を戻します。

8 融通手形

お金を融通するために振り出される手形のこと

● 融通手形とは

　融通手形とは、文字通り、お金を融通するために振り出される手形のことです。たとえば、資金繰りに困っているものの、自分には信用がないため手形を振り出すことが困難なBにお金を貸すための手段として、AがBに対して手形を振り出すような場合、このようにして振り出された手形を融通手形といいます。手形の交付を受けたBは、その手形を誰かに譲渡したり、銀行で割り引いてもらうことで現金を得ることができるのです（下図）。

　その後、融通手形の受取人は、振出人に損をさせないように満期までに振出人にお金を返済するのですが、そもそも自分に信用がないため他人に手形を振り出してもらっている人が、きち

んと資金を返済できるとは限りません。そのため、銀行では融通手形だと判明すると、手形割引には応じないことも多いようです。

　資金繰りに苦しくなった債務者が、知り合いの業者と手を組んで融通手形を振り出してもらう可能性があるので、債権者としては、呈示された手形が融通手形かどうかを見抜かなければなりません。融通手形かどうかを判断するポイントとしては、まず振出人と受取人の間に手形を振り出すような取引関係があることが考えにくい場合には注意が必要です。また、債務者の資金状況から考えて手形金額が大きすぎる場合にも注意すべきです。振出日や支払期日、支払銀行に不審な点があるときにも気をつける必要があります。

第5章　手形・担保・保証・弁済の知識

融通手形のしくみ

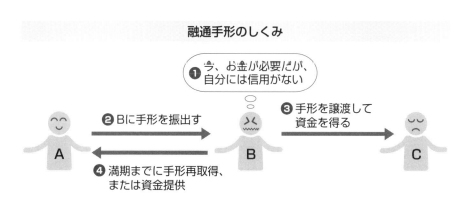

❶ 今、お金が必要だが、自分には信用がない

❷ Bに手形を振出す

❸ 手形を譲渡して資金を得る

❹ 満期までに手形再取得、または資金提供

A　B　C

9 手形債権の回収とジャンプ①

ジャンプと引き換えに遅延利息・保証・裏書を要求する

● 手形のジャンプとは

親しい取引先や、大口の取引先が、すでに発行している手形の支払期日の延期（いわゆるジャンプ）を求めてくることがあります。

手形のジャンプとは満期日（支払期日）を延ばしてもらうことで、手形所持人が手形を呈示する前に行われます。これには2つの方法があります。

1つは手形に書かれている満期日を訂正する方法です。もう1つは新しい満期日を記載した手形を新たに振り出す方法で、手形の書換えと呼ばれています。ただし、支払いを延期するために、満期日を訂正する場合には振出人・所持人だけでなく、中間裏書人の訂正印が必要です。

● ジャンプの依頼の意味

手形のジャンプの依頼というのは、手形債務者の危険な兆候を表していると考えてよいでしょう。というよりむしろ、倒産一歩手前といってもよいぐらいです。

こういうことが行われるのは、次の手形を決済するための資金繰りがつかないためで、この取引先は1か月以内には倒産する危険が高いといえます。

その場合には、こちらの取引額が少

額であれば、ジャンプには応じずに、あえて手形の取立てを強行すると、うまく決済できることもあります。

これは、他の大口の債権者に手形のジャンプを依頼して、ジャンプに応じてくれたために、小口の手形が決済されるためです。冷静な判断が必要になる場面といえるでしょう。

● あらかじめ情報を入手する

債権者である手形の所持人としては、振出人の経営状態についての情報をあらかじめ入手することが大切です。

たとえば、何らかの理由で取引先の支払手形について発行残高の推移が判明すれば、危険な兆候をキャッチできます。

現金決済が可能な企業であれば、支払手形残高はゼロになっているはずですが、資金繰りが苦しくなると、支払手形の決済期間を延長してきます。そこで当然に支払手形の残高は多くなります。

また、売上規模に比較して、不相当に多額な支払手形残高があるときは、融通手形を交換して、資金繰りをしのいでいる可能性が高いといえます。

事前にどれだけ確実な情報を収集できるかがポイントといえるでしょう。

10 手形債権の回収とジャンプ②

相手方の状況を分析する必要がある

●ジャンプの原因の把握

　手形のジャンプを依頼された場合、手形債権者としては、ジャンプの原因を把握しなければなりません。

　まずは、手形債務者である振出人に支払う意思の有無や支払える日時を問う必要があります。

　振出人の資産状況を確認し、回収できる方法を探しておきます。振出人に支払いを約束させ、それを公正証書（78ページ）にしておくなどの準備も怠らないようにします。

　また、保証人をつけるか担保を提供するように求めることも重要です。公正証書の作成もさらに、新たに約束した支払を守らなかった場合に強制執行などの手続きがとれるように準備します。

●今後の対応

　ジャンプの要請は原則として断るべきでしょう。

　ジャンプの原因が一時的なものであればジャンプに応じても問題はないかもしれません。むしろ、今後の付き合いも考えて、支援することにより恩を売ることもできます。

　ただ、経営の実態が赤字続きで将来的にも改善の見込みがないということになれば、今後の取引停止も含めて検討しなければなりません。というのも、手形のジャンプを依頼する振出人は、一般に倒産等の直前の状況にある場合が少なくありません。特にジャンプの依頼を繰り返す場合、資金調達が困難であると推測可能です。

　その際には、手形債務者との関係、手形債務者を支援する銀行の存在などを考慮するとよいでしょう。

第5章　手形・担保・保証・弁済の知識

ジャンプのしくみ

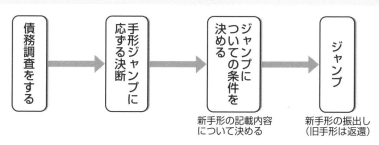

手形の不渡り

不渡りは事実上の倒産を意味する

手形の不渡りとは

不渡りとは、簡単に言うと手形の呈示がなされたにもかかわらず、手形金が支払われないことです。

手形の所持人は支払呈示期間（満期日とそれに続く2取引日のこと）になると、手形所持人の取引銀行に手形を呈示することによって、手形金の取立てを依頼することができます。

しかし、手形の最終の所持人から手形債権の取立てを依頼された銀行が、手形交換所で手形を呈示したにもかかわらず、支払いが拒絶されることがあります。支払いが行われなかった原因が振出人の当座預金口座の残高が不足している場合には、その手形は不渡り

となります。

もし、一度不渡りを出してから6か月以内に再び同じ振出人が不渡りを出してしまうと、その振出人は銀行取引停止処分（不渡処分）を受けます。

この処分を受けると、2年間銀行との間で当座勘定取引と貸出取引を行うことができなくなります。つまり、不渡処分を受けるということは、その会社の倒産を意味するも同然なのです。

振出人である手形債務者が不渡処分を受けた場合、手形所持人は、自分の直接の裏書人に対して支払いの拒絶があったことを通知し、裏書人に対する遡求権を確保します。その上で他の債権回収手段を検討することになります。

手形の呈示から不渡りまでの流れ（振出人の残高不足の場合）

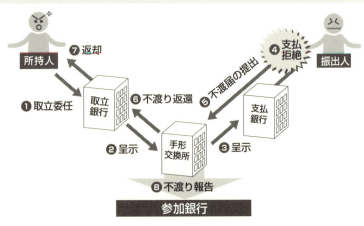

12 売掛金・未収金の手形化

手形には4つの利便性がある

●売掛金・未収金の手形化

売掛金や未収金を手形で受け取るのは、債権を管理、回収する上で便利な面があります。具体的には、以下の4点が挙げられます。

① 支払いの確実性が増す

手形を決済できないと不渡りとなり、2回続くと、銀行取引が停止されます。二度の不渡りで銀行取引を停止されたとなると、その企業の信用はほぼ皆無になったに等しい状態となり、事実上の倒産に追い込まれます。このような状況にならないため、債務者は支払おうと努力することになります。

② 取立が簡単な手続ですむ

手形であれば、債権回収は取引銀行に取立を依頼するだけでよいので、取立手続が簡単です。

③ 訴訟手続も簡単にできる

手形が不渡りになり、訴訟になった場合も、手形訴訟（180ページ）という簡単な手続で解決できます。早ければ、提訴から3か月程度で判決を得ることもできます。

④ 簡単に譲渡できる

手形は、裏書することによって他人に譲渡できます。また、支払期日前であっても、金融機関に割引を頼めば、現金化することもできます。ただし、譲渡や割引後に手形が不渡りになった場合は、裏書人がすべて買い取らなければならないという点に注意が必要です。

●単名ではなく回り手形に

手形の利便性として、「簡単に譲渡できる」点があります。これを利用して、より確実に手形の決済ができるようにすることも可能です。回り手形にしてもらうのです。回り手形とは、第三者が振り出し、取引先が裏書きした手形のことです。これに対する言葉として単名手形があります。単名手形は、取引先が振り出した手形です。

回り手形にしてもらうことで、仮に裏書人である取引先が倒産しても、振出人である第三者に決済を要求できます。

また、取引先が振り出した手形であっても、第三者から手形保証をしてもらったり、裏書してもらう方法があります。これも、第三者が支払いの責任を負うという意味で回り手形と同じ効果が得られます。

回り手形を振り出してもらうときの注意点は、手形の決済を保証してくれる役割を担う第三者が決済をするだけの資力があるかを確認しておくことです。保証してくれる立場の人が無資力では保証の意味がないからです。

第5章　手形・担保・保証・弁済の知識

13 小切手金の回収

小切手は受け取ったらすぐに現金に換えることができる

● 振出しから支払までの流れ

小切手を振り出して受取人に渡すときは、小切手用紙の金額欄と振出日欄に、それぞれ支払う金額と振出日を記入し、振出人欄に署名します。小切手を受け取った受取人は、銀行に小切手を呈示します。一般によくとられる方法は、受取人が自分の取引銀行に持ち込んで取立てを依頼する方法です。取引銀行は、手形交換所を通して支払銀行から取り立て、その後、支払銀行から取引銀行へ小切手に記載されている金額が支払われます。仮に、取引銀行が支払銀行の加盟している手形交換所に属しているのであれば、すぐに口座への入金の処理がなされます。

銀行と当座勘定取引契約を結んで受け取った小切手帳の統一小切手用紙には、法律で決められた8つの事項が記入されていなければ効力を持ちません。この8つの事項は、小切手要件と呼ばれています。小切手要件は、次の8つのものを指します。①小切手であることを示す文字（小切手文句と呼ばれています）、②小切手金額、③「上記の金額をこの小切手と引き替えに持参人にお支払いください」などという支払委託文句、④支払地、⑤支払人の名称（支払人は銀行などの金融機関でなけ

ればなりません）、⑥振出日、⑦振出地、⑧振出人の署名（記名・押印）です。通常、小切手金額と振出日、振出人の署名以外の記載部分は印刷されています。

手形と違い、小切手には受取人が表示されていません。これは、小切手が持参人に対して現金で支払われることを原則としているからです。ただし、「持参人にお支払いください」という支払委託文句の部分を記名式に変更して、小切手の受取人（支払先）を記入しておくことができます。このような小切手は、手形の場合同様、裏書譲渡することもできます。

● 当座預金の残高以上に振りだしたら

口座に残っている資金以上の金額を記入し、振り出したその日に受取人が小切手を銀行に呈示したら、銀行から資金が不足している旨の連絡が入ります。この時点で資金を入れないと、最終的には不渡りとなって銀行取引停止の処分が下ることもあります。

何枚も小切手を振り出してしまったり、他で振り出したことを忘れて新たに振り出してしまうなど、ミスによって当座預金口座の残高が不足してしまうことはありがちです。

日頃振り出すごとに必要事項を台帳に控えておくのと同時に、こうしたときのために、当座貸越契約というものが用意されています。この契約をあらかじめ結んでおくと、当座預金口座に資金不足が生じても、一定金額までは銀行が一時的に立替え払いをしてくれます。

◯支払呈示があっても口座に残高がない場合（過振り）

小切手を振り出すときは、振出人の当座預金口座には小切手に記載する金額以上の資金が残っていなければなりません。そうでなければ、小切手は不渡りとなってしまいます。不渡りになると、振出人は不渡処分（銀行取引停止処分）を受けることもあります。銀行にとっても、取引先が不渡りを出すことは体裁のよいことではなく、信用問題につながります。そこで、銀行は一時的に小切手による支払金の不足分を立て替えて支払うことがあります。これを過振りと呼んでいます。過振り

とは、銀行が不渡りを出さないようにするための一時的な手段といえます。

小切手が支払銀行に呈示されても、振出人の当座預金口座の残高不足で支払いできない場合、銀行は直ちに振出人に資金不足であることを通知します。同時に、振出人にすぐに入金できるか確認します。もし入金できないとなれば、不渡りは決定的となり、振出人への不渡処分が下されるでしょう。しかし、すぐに入金できるようなら、銀行は一時的にその小切手の分は立て替えて、過振りとして支払うのです。

過振りした後、銀行は振出人に対して立替金とその利息を請求します。もし銀行が振出人の了解なくして過振りしたときは、利息分の請求ができるかは、状況しだいなので議論の余地があります。

銀行との取引が他にもあって、その配慮で過振りしてくれることもあるかもしれませんが、当座貸越契約を結んでおくと、一定の金額までは銀行が立て替えてくれるので安心です。

小切手の不渡事由

種　類	原　因	不渡処分の有無
0号不渡事由	形式不備、期日未到来など	対象にならない
1号不渡事由	支払能力の欠如など	対象になる
2号不渡事由	詐取・盗難された小切手が呈示された場合など	対象になる

担保の特徴
人的担保と物的担保の違いを知っておく

● 担保とは何か

　銀行などの金融機関が多額の融資をする場合は、相手方から確実に代金を回収できるようにするため、融資に際して何らかの担保をとるのが取引社会の常識です。

　仮に、相手方が倒産（232ページ）などした場合には、「一般債権者」（担保をとっていない債権者のこと）よりも、抵当権（108ページ）などをもつ担保権者が優先して債権を回収できるからです。

　このように契約の相手方が倒産するなどして、返済が困難になった場合のリスクを回避する手段として、担保制度が活用されるのです。なお、担保をつけられた債権のことを被担保債権と呼びます。被担保債権は、売買代金・請負報酬・貸金債権などの金銭債権であるのが通常です。

● 保証とは

　貸金などを担保するための制度として、「保証」というものがあります。

　たとえば、金を貸している債権者は、債務者本人の財産に加えて、保証人という第三者の財産も引き当てとすることができます。債務者の資力に不安がある場合に、資力がある人を保証人とすることで、債権の回収を確実にします。

　保証は、保証人という「人」の財産を担保とする制度であることから、人的担保と呼ばれています。

● 物的担保とは

　債務者以外の第三者（保証人）の財産が担保となる保証に対して、債務者本人または第三者のもつ特定の財産を担保とする制度があります。代表的なのは、土地や建物を担保とする抵当権です。その他に、質権や譲渡担保、仮登記担保などがあります。

　これらは、債務者または第三者の「特定の財産」つまり物を担保とすることから、物的担保と呼ばれます。

　物の価値はある程度一定していますので、担保としては確実性・堅実性があるといえます。

　物的担保は、留置権（115ページ）や先取特権のように法律上当然に発生する「法定担保物権」と、抵当権や質権のように当事者間の合意（契約）によって担保権が発生する「約定担保物権」に分けられます。さらに、譲渡担保など法律に規定のない「非典型担保物権」もあります。

人的担保（保証）の長所と短所

人的担保は、物的担保と比べると簡単に設定できるため、債権者としては、主たる債務者の資力に不安がある場合は保証人を複数人立てさせることにより、債権回収を確実にすることができます。

もっとも、保証人に資力があるかどうかによって確実に債権を回収できるかどうかが決まることから、物的担保と比べて担保としては不確実であるというデメリットがあります。

物的担保の長所と短所

物的担保の長所は、他の債権者に優先して債権の回収を実現できるという点にあります。

たとえば、抵当権が土地に設定されている場合、他に一般債権者が多数存在したとしても、抵当権者が優先して配当を受け、一般債権者はその残額から債権額に応じて配当を受けることになります。

ただ、物的担保を主張するためには、原則としてその存在を登記などで世間一般に公示する必要があります。

また、強制執行（国家が債権者の権利を強制的に実現する手続）の場面においても、差押え・競売などの法的な手続きが要求されます。

このように、物的担保は強い効力がある反面、煩雑な手続きが要求されており、これが短所といえます。もっとも、手続きさえ踏んでいれば一般債権者に優先する効力が得られるのですから、債権者としては債権回収を確実に図るためには物的担保を設定することが望ましいといえるでしょう。

物的担保と人的担保

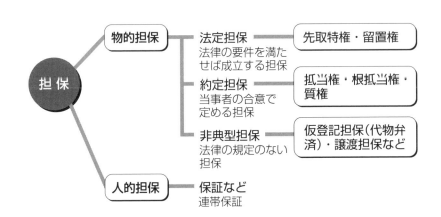

15 抵当権
物的担保の代表格

抵当権とは何か

抵当権とは、貸金などの債権を担保するために、債務者（第三者も含む）の土地や建物に設定される権利です。債務者が債務を返済しない場合には、抵当権者（＝債権者）は、抵当権設定者（＝債務者または第三者）の土地・建物を競売し、その売却代金から債権の回収を図ります。

抵当権には、抵当権設定後も債務者が従来通りに目的物を使用・収益することができ、そこから債務の弁済資金を得ることができるという利点があります。抵当権は、「担保の女王」などと呼ばれ、実務上多く利用される担保物権です。

なお、抵当権には、大きく分けて通常の抵当権と根抵当権の２種類があります。一般に抵当権という場合には、通常の抵当権のことを指します。

抵当権の効力

まず、抵当権の一番重要な効力が優先弁済権です。これは、債務者が返済しないときに、抵当権の設定された不動産を換価処分（＝競売）して、その代金から他の債権者に優先して債権の弁済を受けられるという効力です。

さらに、抵当権の登記がなされてい

るのであれば、抵当権の設定された不動産を債務者が第三者に売却しても、その不動産に対する抵当権の効力は第三者のもとにも及びます。

また、抵当権には物上代位という効力も認められています。これは、抵当権の目的物に代わる金銭にも抵当権の効力が及ぶというものです。

たとえば、抵当権の目的物である建物が火災により滅失したために、火災保険金が債務者に支払われるとします。このとき、抵当権者は債務者に支払われる前に、その火災保険金を差し押さえて、自己の債権への優先的な弁済に充てることができます。

抵当権を設定する

抵当権は、貸金債権などを担保するために設定されます。抵当権によって担保される債権のことを被担保債権といいます。

たとえば、AがBに5000万円の貸金債権を持っていたとします。これについて、抵当権を設定するには、AとBが抵当権設定契約を締結して、抵当権の登記をします。その結果Aは5000万円を被担保債権とする抵当権をBに対してもつことになります。

その後、Bが5000万円を弁済した場

合には、Aがもっていた抵当権は消滅することになります。

●物上保証と共同抵当

原則的ではない抵当権の設定として物上保証と共同抵当があります。

① 物上保証

物上保証とは、債務者以外の第三者が所有する目的物に抵当権を設定することです。たとえば、AがBに対して5000万円の貸金債権をもっている例で借り手であるB所有の不動産に抵当権を設定するのではなく、第三者CがC所有の土地にAのために抵当権を設定することもできます。

Cのように他人の債務を担保するために自己の不動産に抵当権を設定させる者を物上保証人といいます。もし、Bが貸金債務を弁済しない場合には、AはCの土地を競売して、その売却代金から自己の債権を回収することができます。

② 共同抵当

共同抵当とは、1つの債権を担保するために複数の不動産に抵当権を設定することをいいます。債務者の1つの土地だけでは、債権額を担保するのに不十分な場合や、土地とその上の建物の両方に抵当権を設定する場合などに利用します。

たとえば、AがBに5000万円の貸金債権をもっているとします。

このとき、Bが所有する甲地の評価額が3000万円で、乙地の評価額が2000万円だとすれば、甲地・乙地は単独では債権の担保として金額が不足しています。

しかし、甲地と乙地とに「共同抵当」を設定すれば、あわせて5000万円の評価額となり、被担保債権を担保するのに十分な金額になります。

このような共同抵当では、もし、Bが貸金債権を返済しない場合には、Aは甲地と乙地の両方を競売することができます。

抵当権とは

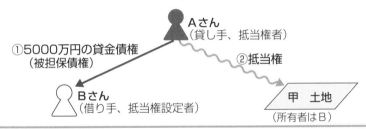

①5000万円の貸金債権
（被担保債権）

Aさん
（貸し手、抵当権者）

②抵当権

Bさん
（借り手、抵当権設定者）

甲 土地
（所有者はB）

AはBと①貸金契約（金銭消費貸借契約）と②抵当権設定契約を結ぶ。Aさんを「抵当権者」、Bさんを「抵当権設定者」、5000万円の貸金債権を「被担保債権」という。

16 根抵当権

土地や建物に根抵当権を設定したら登記する

● 根抵当権について

　根抵当権とは、一定の範囲にある不特定の債権を、限度額（極度額）まで担保する形式の抵当権です。

　通常の抵当権とは、次のような違いがあります。通常の抵当権は、被担保債権が個別に特定されており、その債権を担保するために設定され、その債権が弁済などで消滅すれば抵当権も消滅します。

　これに対して、根抵当権では、一定の範囲に属する債権であれば、個々の債権を特定することなく複数の債権を極度額に至るまで担保することができます。

　さらに、通常の抵当権と異なり、被担保債権の金額がゼロになっても根抵当権は消滅しません。

　つまり、根抵当権は極度額という「枠」を設定して、その枠の内部であれば、被担保債権が増減したり入れ換わったりすることのできる権利なのです。根抵当権は、継続的な取引をしている債権者が債務者に対する債権を一括して担保するのに有益な制度です。

● 根抵当権を設定する

　根抵当権は、債務者に対する債権であれば何でも担保できるわけではあ

りません。一切の債権を担保するなどという包括的な定めはできません。ですが、ある「範囲」を決めて、その範囲に属する債権であれば、増減したり入れ換わったりしても担保されます。

　たとえば、A社とB社が継続的に取引をしており、A社がB社に対して常に売掛金債権をもっているとします。そして、個々の売掛金債権が増減したり入れ換わるような場合には、根抵当権の被担保債権の範囲（債権の範囲）を「平成○年○月○日商取引契約」というように決定し、その契約から生じる債権を被担保債権とする旨を根抵当権設定登記の内容とします。

　また、根抵当権は、債務者の不動産に一定の担保「枠」を設定するものですから、その金額（極度額）も根抵当権の設定に際して決めなければならず、極度額も根抵当権設定登記の内容となります。

　根抵当権には、極度額という枠が設定されますが、実際の被担保債権は常に変動しており、担保される債権は一定の範囲のものに限定されます。

　ですから、根抵当権の設定に際しても、被担保債権の「範囲」と「極度額」を定めることが必要となり、それらが登記事項とされているのです。

また、被担保債権を特定するためには債務者が誰かがわからなければなりません。そのため、債務者も登記事項とされています。

この極度額、債権の範囲、債務者は必ず根抵当権を設定する登記に記載しなければならない事項となります。

○元本を確定する

根抵当権は元本の他、利息・遅延損害金をすべて極度額まで担保します。元本は一定の事由があると確定します。

元本が確定すると、その額の債権を被担保債権とする通常の抵当権とほぼ同様に扱うことができます。

たとえば、極度額が6000万円の根抵当権について元本が5500万円と確定されたのであれば、その後は5500万円の債権を担保する通常の抵当権とほぼ同じように考えればよいのです。

このような元本の確定が生じる原因には、いくつかありますが、おもな原因を挙げると、まず、根抵当権設定時に根抵当権者と根抵当権設定者があらかじめ定めておいた「確定期日の到来」が挙げられます。

また、確定期日を定めていないときは、根抵当権者や根抵当権設定者が「元本確定請求」をした場合にも根抵当権の被担保債権は確定します。

根抵当権者は、いつでも元本確定請求をすることができ、根抵当権設定者は根抵当権を設定した日から3年を過ぎたときに元本確定の請求をすることができます。ただ、根抵当権設定者の場合、元本が確定するのは、請求時から2週間後になります。

なお、根抵当権者や根抵当権設定者による「元本確定請求」は、確定期日を定めている場合にはできません。

根抵当権とは

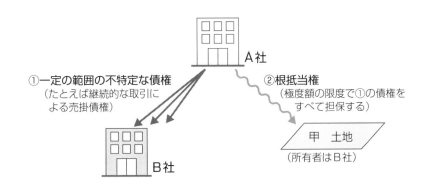

①一定の範囲の不特定な債権
（たとえば継続的な取引による売掛債権）

A社

②根抵当権
（極度額の限度で①の債権をすべて担保する）

甲 土地
（所有者はB社）

B社

17 抵当権の処分

抵当権を他の債権の担保にすることもできる

転抵当とは

抵当権者が、その抵当権をさらに他の債権の担保とすることを転抵当といいます。転抵当は、抵当権者と転抵当権者との合意によって設定されます。そのため、元の抵当権の設定者の同意は不要です。抵当権の被担保債権は、弁済期まで長期間あるのが通常です。そこで、その間に抵当権者は転抵当を設定することによって、他から融資を受けることが可能になります。

抵当権の譲渡・放棄

これは、抵当権者が、同一の債務者に対する一般債権者（担当権を確定していない債権者）のために、抵当権を譲渡または放棄することです。

たとえば、Aに対して、Bが1000万円（1番抵当権者）、Cが800万円（2番抵当権者）、Dが1000万円（一般債権者）の貸金債権をもっている場合に、抵当権が実行され、A所有地が1500万円で落札されたとします。この場合の債権回収額は、Bが1000万円、Cが500万円、Dは0円です。このとき、BがDのために抵当権を譲渡すると、Bの回収分1000万円がDへ回ります。また、BがDのために抵当権を放棄すると、BとDは債権額に応じて按分比例するので、各々500万円を回収します。

抵当権の順位の譲渡・放棄

抵当権をもっている債権者が、債務者の資金調達をしやすくするため、新たに融資をした後順位抵当権者に対して、自分の優先弁済権を譲るものです。

先ほどの例で、BがCのために順位を譲渡すると、BとCが本来受け取るべき額の合計1500万円のうち、Cが優先的に800万円を回収し、残り700万円をBが回収します。また、BがCのために順位を放棄すると、BはCに対してだけ優先権を失い、1500万円をBとCが債権額に応じて按分比例して回収します。

抵当権の順位の変更

これは、各抵当権者の合意によって、抵当権の順位を変更することです。「A→B→C」の順位を「C→A→B」などと変更することです。

このように、1～3番の順位がすべて入れ替わるようなケースでは、順位変更の登記について、登記の目的は「1番、2番、3番順位変更」となります。

18 根抵当権の譲渡
元本の確定前と確定後で譲渡のルールが異なる

◯根抵当権の譲渡

　根抵当権は抵当権とは性質が異なることから、抵当権で認められている譲渡・放棄や順位の譲渡・放棄は認められず、処分について特別な制度が用意されています。

　元本確定前の根抵当権については、以下の一部譲渡・全部譲渡・分割譲渡という方法が認められています。一方、元本確定後の根抵当権については、通常の抵当権と同様に処分することが可能です。

◯根抵当権の一部譲渡

　元本確定前の根抵当権の一部を、他の者に譲渡することです。一部譲渡することにより、譲渡人と譲受人が1つの根抵当権を共有することになります。したがって、譲渡人、譲受人の両方の債務者に対する債権が、根抵当権で担保されることになります。根抵当権を分割しない点で根抵当権の分割譲渡とは異なります。

　弁済を受ける際には、譲渡人と譲受人はそれぞれの債権額の割合に応じて弁済を受けることになります。

◯根抵当権の全部譲渡

　元本確定前の根抵当権を他の者に譲り渡すことです。

　根抵当権を全部譲渡すると、譲渡人が債務者に対して有していた債権は、根抵当権で担保されなくなり、譲受人が債務者に対して有する債権が、根抵当権で担保されるようになります。

◯根抵当権の分割譲渡

　元本確定前の根抵当権は、根抵当権設定者の承諾を得て譲渡することができますが、その際に根抵当権を2つに分割して譲渡することもできます。これを根抵当権の分割譲渡といいます。

　分割した根抵当権はそれぞれが独立した根抵当権として扱われるようになります。そして、分割された個々の根抵当権は、それぞれの間では同順位の根抵当権となります。分割については2つに分割することはできますが、いきなり3つに分割できるわけではありません。なお、根抵当権の分割譲渡においては、根抵当権設定者の承諾の他に、その根抵当権を目的として権利を有する者がいる場合、その者の承諾も必要になります。

　分割譲渡をする場合、登記申請書の登記の目的は「◯番根抵当権分割譲渡」と記載します。

19 質権

質権には３種類がある

●動産質では物の引渡しが必要

質権は、債権者が自己の債権を担保するために債務者の所有物を預かる形式の担保物権です。債務の弁済がなされないときには、債権者（＝質権者）は債務者（＝質権設定者）の目的物を競売して債権を回収します。

質権は、その目的となるものの種類によって、動産質・不動産質・権利質に分けられます。

質権の多くは、動産質です。動産質を主張するためには、質権設定の合意とともに、債権者が債務者から目的物（質物ともいう）を実際に預かることが必要です。

●債権質には取立権がある

権利質とは、債権や株式などの財産権を目的としたものですが、おもなものは債権質です。

債権質は、債務者が第三者に対してもつ債権を質権の目的とする場合です。

たとえば、ＡがＢに対して債権をもっていて、ＢはＣ（第三債務者という）に対して債権をもっているとします。このとき、ＡがＢのＣに対する債権を目的としてＢとの間で質権の設定を受けるような場合です。

債権質の利点は、質権者が質権の目的である債権を直接取り立てることができることにあります。

債権質は、質権設定の合意の他、債権の譲渡に証書の交付が必要なものを質権の目的とする場合には、証書の交付を受けることによって成立します。

不動産質は、不動産を目的として質権を設定するものですが、ほとんど利用されていません。

債権質

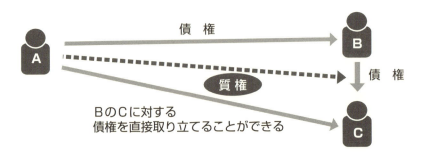

債権

債権

質権

BのCに対する
債権を直接取り立てることができる

20 留置権

合意がなくても留置権は発生する

●弁済されるまで留置できる

たとえば、あなたが腕時計を販売店に修理に出した場合、修理代金が5000円であるとしましょう。

この場合、販売店は、代金が支払われるまで修理のため預かった時計の返還を拒むことができる（留置することができる）のです。

このように販売店が時計の返還を拒める権利のことを留置権といいます。留置権は、債務の支払いがすむまでは目的物を返還しないとすることで債務の支払いを促そうとするものであり、債権回収を間接的に実現するものといえます。

このような留置権は、当事者間で時計について担保を設定するという合意がなくても、所定の要件を満たすことで当然に発生します。また、留置権とよく似たものとして同時履行の抗弁権があります。

これは簡単に言えば、売買の当事者間で「商品は代金と引き換えでなければ渡さない」という主張のことです。留置権も同時履行の抗弁権も、当事者間の公平を考えてできた制度ですが、同時履行の抗弁権は契約当事者間でしか主張できないのに対して、留置権は、物権という強い効力が認められる権利なので第三者にも主張できるという点で違いがあります。

もっとも、留置権は目的物を占有（留置）することで債権の支払いを確保する制度なので、いったん目的物の占有を失ってしまうと留置権も消滅してしまう点には注意が必要です。

第5章 手形・担保・保証・弁済の知識

留置権

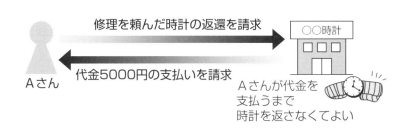

修理を頼んだ時計の返還を請求

代金5000円の支払いを請求

Aさん

○○時計

Aさんが代金を支払うまで時計を返さなくてよい

21 先取特権
優先的な回収が認められている債権

● 先取特権の種類はたくさんある

先取特権とは、法律で定めた債権を有する債権者が、他の債権者に優先して債権回収をするのを認める制度です。本来債権の回収は平等であるべきですが、優先的に弁済させる必要性が高い債権が成立した場合、その弁済を確保するため、法律上当然に一定の目的物に担保権が成立することを認めたのです。

先取特権が成立する債権は、民法で規定されています。たとえば、雇用契約における給料は、労働者の生活を支える重要な債権ですので、使用者が破産した場合でも、他の債権者に優先して配当を受けることが認められます。

先取特権は、①債務者の総財産を担保とする一般先取特権（給料のケースはこれにあたります）、②債務者の特定動産を担保とする動産先取特権、③債務者の特定不動産の保存・工事・売買から生じた債権を担保するため、そ

の不動産を担保とする不動産先取特権、の3つに分類されます。

動産先取特権は、おもに動産売買の先取特権が取引で活用されています。これは動産の売主が、売り渡した動産の上に先取特権を有するものです（次ページ）。

一方、③の不動産先取特権は、不動産に担保権を取得するのに登記が必要とされるため、手続きが面倒なので、あまり活用されていないようです。

● 物上代位

先取特権は、目的物が第三者に譲渡された場合、または滅失した場合は行使できなくなります。しかし、目的物が滅失した結果、債務者が火災保険金を取得する場合には、債務者への支払前に差押えをすることで、その保険金から優先的に弁済を受けることができます。

先取特権とは

先取特権 ─┬─ 一般先取特権 …… 債務者の総財産を対象とする

　　　　　├─ 動産先取特権 …… 債務者の特定動産を対象とする

　　　　　└─ 不動産先取特権 …… 債務者の特定不動産を対象とする

22 動産の先取特権

商品が買主の手元にあるか転売されているかで対応は異なる

動産売買の先取特権

売掛金を回収する場合に、まず検討すべきなのは動産売買の先取特権です。動産売買の先取特権とは、動産を売り渡したが、代金の支払を受けていない場合に、その動産から優先的に代金を回収することができる権利です。

原則として、動産を競売にかける際には、債権者が執行官に対して動産を提出するか、または債権者が執行官に対して文書（動産占有者が差押えを承認する旨を記載した文書）を提出することが必要です。将来、動産売買の先取特権を行使しようと債権者が思うならば、あらかじめ差押えを承諾する旨を記載した文書を受領するなど、手を打っておく必要があります。

なお、動産競売開始許可決定書の謄本を債権者が提出した場合も、動産を競売にかけることができます。動産競売開始許可決定書とは、債権者が執行裁判所に対し動産売買の担保権があることを証明する書面を提出し、執行裁判所から競売開始の許可を得たことを内容とする書面です。

買主が商品を転売した場合

買主（債務者）が商品を第三者に転売したのですが、商品をその第三者に引き渡しておらず、かつ、その第三者からは代金の支払を受けていない、という場合はどうなるのでしょうか。

この場合、買主は第三者に対して代金債権を有していることになりますから、売主（債権者）は、その代金債権を動産売買の先取特権に基づいて差し押さえ、そこから自身の代金債権を回収することになります。

一方、買主（債務者）が商品を第三者に転売し、第三者から代金の支払いを受けてしまった場合は、残念ですが代金債権の差押えができません。買主が受領した代金は、すでに買主の他の財産に混入してしまって、特定できなくなっているからです。

動産先取特権は動産から優先弁済を受けることができる権利ですから、その動産の姿が変わっても、なお特定できるなら、効力は持続しますが、そうでない場合には消滅してしまうのです。

さらに、動産売買の先取特権は、転売により動産（商品）が第三者に引き渡されてしまった後は、その動産自体から優先弁済を受けることができなくなりますので、動産売買の先取特権も行使できなくなってしまいます。

23 譲渡担保①

法定されていない非典型担保物権

● 譲渡担保について

　債権者にも債務者にも便利な担保権は抵当権なのですが、その規制は法律で厳格に定められています。そこで、抵当権の利便性をいかしながらも、もう少し制約の緩やかな担保の手段が取引の世界では要請されてきました。そこから生まれたのが、譲渡担保という担保方法です。

　これは、担保目的物の所有権を債権者に移転して、それを債務者が引き続き借りておくという形のものです。譲渡担保は、工場に備えつけの機械や、倉庫に保管してある在庫商品など、担保化のための明確な規定がない財産を担保にとる場合に、広く利用されています。

　この場合、担保目的物の担保価値の査定は、慎重に行うことが必要です。担保価値の査定が甘いと不良債権を作り出すことになってしまいます。

● 集合債権譲渡担保とは

　担保目的物の所有権ではなく、債権を譲渡担保の目的にする方法もあります。

　継続的な取引関係にある者の間では、実務上、集合債権譲渡担保という方法がとられています。これは、継続的取引によって現に発生している債権、または将来発生するであろう売掛債権をまとめて譲渡担保の目的とするものです。

　なお、担保の対象となる債権は将来発生するものでもかまいません。

譲渡担保とは

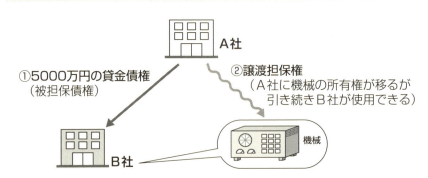

A社

①5000万円の貸金債権
　（被担保債権）

②譲渡担保権
　（A社に機械の所有権が移るが
　　引き続きB社が使用できる）

B社

機械

24 譲渡担保②
帰属清算型と処分清算型の２つの方法で担保権を実行する

● 抵当権の利便性をいかした制度

　譲渡担保とは、担保目的物の所有権を債権者に移転して、それを債務者が引き続き借りておくというものです。客観的には、一般の売買契約を結んでいるように見えます。しかし、契約当事者は、所有権の移転を目的としていないということが最大の特徴です。

　譲渡担保は、抵当権の利便性を生かしたよい担保方法なのですが、質権のように手元に引き取るものではないので、表面からは担保が設定されているかどうかわかりません。そのため、ネームプレートなどを貼って第三者から見ても債権者の所有物であることがわかるように表示する必要があります。

　しかし、債務者にしてみれば、自分の企業が借金をしていることを公示するようなものです。ただ、債務者の資金状態が悪化している場合には、担保目的物を第三者に譲渡することもあるので、ネームプレートは貼っておいた方がよいでしょう。

● 帰属清算型と処分清算型がある

　譲渡担保権については明文の規定はないのですが、期限まで債務を弁済できないときは、担保目的物の所有権は完全に債権者のものとなります。その実行形態としては、当該目的物の所有権を譲渡担保権者が確定的に取得する方法による場合（帰属清算型）と、当該目的物を譲渡担保権者が第三者に売却しその代金をもって弁済に充当する場合（処分清算型）とがあります。

　いずれの場合にも、目的物の価額を被担保債権額（担保されている債権の額）が下回る場合には、譲渡担保権者は設定者にその差額を支払って清算しなければなりません。

譲渡担保の実行形態

譲渡担保の実行

帰属清算型 ― 目的物の所有権を譲渡担保権者が確定的に取得する

処分清算型 ― 目的物の譲渡担保権者が第三者に売却しその代金をもって弁済にあてる

25 債務者が複数いる場合の法律関係

債権回収の確実性を高める制度

● 多数当事者の債権債務とは

契約などによって発生する債権や債務においては、債権者1人かつ債務者1人ということが多いですが、債権者または債務者が複数となる場合もあります。このような場合を多数当事者の債権関係（多数当事者の債権債務）といいます。債権関係と言っていますが、もちろん債務関係でもあります。

多数当事者の債権関係において、特に債権回収の観点から重要なのは、数人でお金を借りるなどの場合が挙げられます。民法は、多数当事者の債権関係については、分割債権・分割債務を原則としています。

債権者は、それぞれの債務者の負担割合だけしか請求できませんし、債務者の方も、自分の負担割合だけを支払えばよいというのが分割債権・分割債務です。負担割合が不明なときだけ均等な割合となります。

また後述するように、ＡＢ（連帯債務者）が同一内容の債務を負うが、Ａが支払った分だけＡＢ全体の債務額が減る場合を連帯債務といいます。債権者からすれば、連帯債務者ＡＢのうち誰かが払ってくれればよく、払った分だけ他方の債務額も減り、ＡＢ間の調整（求償）は自分たちでしてほしいというものです。

改正後の民法は、①債権・債務の目的が性質上可分なものが分割債権・分割債務、②債権・債務の目的が「性質上不可分」なものが不可分債権・不可分債務、③債権・債務の目的が「性質上可分であるが法令の規定や当事者の意思表示により連帯して債権・債務を有する」のが連帯債権・連帯債務、という形で多数当事者の債権関係を整理しています。

多数当事者の債権・債務関係は、当事者を複数おくことによって達成できる機能があります。たとえば、債務者が1人だけのときには、その債務者が無資力になってしまうと債権を回収できなくなります。もしその場合に、同じ債権について同じように義務を負う債務者がもう1人いれば、債権者はその債務者から債権回収が可能です。

● 連帯債務とは

連帯債務とは、債務の目的が性質上可分である場合に、法令の規定または当事者の意思表示によって、数人（連帯債務者）が連帯して債務を負担することをいいます。たとえば、2人で100万円借金をしたときに、2人とも同一内容の債務（100万円の返済債務）

を負うが、一方が支払った分だけ債務額が減るような場合（一方の者が70万円返済すれば、2人ともに残金の30万円を支払えばよい）が連帯債務の例として挙げられます。

改正後の民法は、連帯債務となり得る債務を「債務の目的が性質上可分である場合」に限定しているため、性質上不可分な債務はすべて不可分債務となります。ある債務が連帯債務である場合、債権者は、①連帯債務者の1人に対し、全部または一部の履行を請求してもよく、②同時または順次にすべての連帯債務者に対し、全部または一部の履行を請求できます（436条）。

たとえば、AがBCに対し100万円を貸し付けた際、BCがAに対して連帯して返済義務を負担する旨を合意した場合、Aは、Bだけに対し100万円の返済請求ができますし、BCに対し同時に100万円の返済請求もできます

（Aが受領権限を有するのは100万円だけです）。そして、連帯債務者の負担部分は、連帯債務者間の特約がある場合を除き「等しい割合」です。

●連帯債務の絶対的効力の範囲

多数当事者の債権債務において、絶対的効力（絶対効）とは、債権者・債務者の1人に生じた事由が、他の債権者・債務者にその効力が及ぶことをいいます。

改正前の民法は、連帯債務者の1人に生じた事由について、①履行の請求、②更改、③相殺等、④免除、⑤混同、⑥時効の完成に絶対的効力を認めていました。しかし、絶対的効力は債権者に不利益となる場面が多いため、改正後の民法では、②更改、③相殺等、⑤混同に絶対的効力が限定されています。特に履行の請求に絶対効がないことは要注意です。

債務者が複数いる場合

◇ 分割債務 ⇒ 各債務者に負担割合のみ請求できる

| 債権者A | → | 債務者B | 負担割合 50 万円 |
| 100 万円金銭債権 | → | 債務者C | 負担割合 50 万円 |

B・Cに対して各 50 万円ずつ請求できる

- -

◇ 連帯債務 ⇒ 各債務者に全額または一部の支払いを請求できる

| 債権者A | → | 債務者B | 負担割合 50 万円 |
| 100 万円金銭債権 | → | 債務者C | 負担割合 50 万円 |

B・Cに対して 100 万円を請求することができる

26 保証①
債務者が弁済できないときに支払うのが原則となる

● 保証とは

保証とは、債務者（主たる債務者または主債務者）が債務（主たる債務または主債務）が返済されない場合に、債権者が保証人に保証債務（債務者に代わって返済するという債務）の履行を請求することで債権の回収を実現するものです。保証には普通の保証と、普通の保証よりも保証人の責任が重い連帯保証があります。

たとえば、AがBから借金をする場合に、Cが保証人になれば、Aが借りたお金を返せなくなったら、代わりにCが返さなければなりません。Cの負う債務が保証債務であり、Aの負う債務が主たる債務です。

保証は、保証人という「人」の財産を担保とする制度であることから「人的担保」とも呼ばれ、金融機関が融資を行う場合や、マンションなどの賃貸借契約、住宅ローンや奨学金の借り入れなどに際して広く利用されています。

ただ、保証制度は、保証人の全財産を債務の引き当てとすることができる一方、債務者が義務を履行しない場合には、保証人が多額の借金を肩代わりしなければならず、保証人に過大な負担を強いることになります。

● 保証債務の性質

① 主たる債務とは別個の債務

保証をする場合には、債権者と保証人の間で契約を結ぶ必要があります（これを保証契約と呼びます）。保証契約は書面で締結する必要があります。

債務者と保証人が保証契約を結ぶわけではありません。

② 付従性

保証債務は主たる債務を担保することが目的ですから、主たる債務がなければ成立しませんし、主たる債務が消滅すれば保証債務も消滅します。これを保証債務の付従性といいます。

なお、保証契約締結後に主たる債務が加重された場合、保証債務はその影響を受けず、保証債務が伴って加重されることはありません。

③ 随伴性

保証債務は主たる債務の担保ですから、主たる債務が移転するときは、保証債務もこれとともに移転します。これを随伴性といいます。

④ 補充性

保証人は、主たる債務者がその債務を履行しない場合に初めて、その債務を履行すればいいのです。これを保証債務の補充性といいます。このことから保証人は、債権者からの請求に対し

て、まず主たる債務者に請求せよという催告の抗弁権と、まず主たる債務者の財産に執行せよという検索の抗弁権をもっています。

⑤　書面性

保証債務の効力が生じるためには書面の作成が必要です。口約束だけでは効力が生じません。

●連帯保証の特徴

普通の保証には、催告の抗弁権や検索の抗弁権があり、債権者にとっては必ずしも便利なものではありません。つまり、一般の保証においては、あくまでも第一次的に責任を負うのは債務者であって、保証人の責任は副次的なものです。そこで、債権者は債権を確実に回収するために、これらの抗弁権がない保証債務を利用しています。これを連帯保証債務といいます。

連帯保証を利用した場合において、たとえば、①債務者が債権者に対して有する債権で主債務を相殺した場合、②債権者AのBに対する債権を消滅させ、新たに第三者CのBに対する債権を発生させる場合（更改）、③債権者が主債務を免除した場合（免除）などは、主債務は消滅し、これに伴い保証債務も消滅します。これら主債務者に生じた事由は、連帯保証人にも影響を及ぼします。これを絶対的効力（絶対効）といいます。

その一方で、連帯保証人に生じた事由について、改正後の民法は、訴訟提起などの履行の請求については相対的効力（相対効）にとどまると規定しています。つまり、連帯保証人が履行の請求を受けても、主債務の時効の完成猶予や更新の効力は生じません。したがって、連帯保証人に生じた事由のうち、更改、相殺、混同のみが主債務者に影響を及ぼし（絶対的効力）、それ以外の事由については影響を及ぼしません（相対的効力）。

保証と連帯保証の違い

	普通保証	連帯保証
主債務が消滅した場合	保証債務も消滅する	連帯保証債務も消滅する
主債務の時効更新	保証債務の時効も更新する	連帯保証債務の時効も更新する
催告の抗弁権の有無	ある	ない
検索の抗弁権の有無	ある	ない
保証人に対する請求	主債務の時効は更新しない	主債務の時効も更新しない
保証人の分別の利益	あり	なし（判例）

＊　分別の利益とは、保証人が数人いる場合、各保証人は、債務額を平等に分割した額についてだけ、保証債務を負担すること

27 保証②
債務者と保証人との間の法律関係

●保証人に取消権が認められる場合

債務者と保証人との法律関係についての規定を見ていきましょう。

まず、保証人の側から保証契約を取消すことが認められる場合があります。保証契約は、債権者と保証人との間で結ぶ契約ですので、債権者としても取消権について、知っておく必要があります。かつては詐欺や強迫などにより保証契約を締結させられた場合や、保証人が未成年者の場合など、保証人が保証契約を取り消すことができる場面は限られていました。

改正後の民法の下では、保証契約の締結に際し、債務者は、自らの財産や収支の状況、主債務以外に負担している債務の有無や債務額など、債務者自身の返済資力を証明する事項を保証人に説明する義務があります。その上で、説明をしなかった場合や、説明をしてもそれが虚偽の内容だった場合、これらの事項を誤認して保証契約を締結した保証人は、保証契約の取消しを主張することができます。

ただし、上記の保証人の取消権が認められるのは債務者の「委託を受けて」「個人」が保証人となる場合のうち、「事業のために負担する債務を主債務とする保証」をするとき、あるいは「事業のために負担する債務が含まれる根保証」をするときに限られます。

●求償権について

保証人が債務者に代わって債務を弁済したときは、債務者に対し、その肩代わりした金銭の償還を求めることができます。これを求償権といいます。

求償権には、①保証人が債務者に代わって弁済する等して債務を消滅させた場合に発生する事後求償権と、②委託を受けた保証人に限り、債務を弁済する前でも一定の事由が生じた場合に認められる事前求償権があります。

また、委託を受けた保証人が自己の財産により債務を消滅させた場合、債務者に求償できる額は、改正後の民法では「支出した財産の額」（主債務の額を上限とする）であると規定しています。

これに対し、委託を受けない保証人が求償できる額については、一定の制限が設けられています。債務者の意思に反しない保証の場合は「債務者が債務の消滅行為の当時利益を受けた限度」で求償が可能ですが、債務者の意思に反する保証の場合は、「債務者が現に利益を受けている限度」でのみ求償権の行使が可能です。

● 保証人の通知義務について

保証人が、債権者から弁済を請求された場合は、必ず債務者にその旨を通知する義務があります。これは債務者自身が債権者に対して弁済を行う機会を不当に奪うことを防止するためのものです。たとえば、債務者が債権者である金融機関に100万円の借入債務がある一方で、200万円の預金債権を有していた場合、債務者は、借入債務と預金債権とを相殺することで借入債務を消滅させることができます。

しかし、保証人が債務者に通知せず100万円を弁済した場合は、債務者が債務の消滅行為をする（相殺により債務を消滅させようとする）機会が奪われてしまいます。そうならないためにも、保証人は債務を弁済する前に債務者にその旨を通知する義務があります（事前通知義務）。もし事前通知義務を怠って保証人が弁済した場合には、債務者は、債権者に対抗できる事由を

もって保証人に対抗できます。前述の事例では、債務者は、預金債権と借入債務とを相殺して債権者に対抗できることを主張し、事前通知義務を怠った保証人による求償権の行使を拒絶できます。なお、事前通知義務については、前述のように、委託を受けない保証人は求償権の行使が制限されているため、委託を受けた保証人だけに事前通知義務を課しています。

また、保証人が弁済した後も債務者に通知する義務があります（事後通知義務）。これは債権者が保証人の弁済を知らずに、債権者に弁済するのを防ぐためです。もし保証人が弁済後に事後通知義務を怠った場合には、その後に保証人の弁済を知らずに（善意で）弁済した債務者は、その弁済を有効とみなすことができます。なお、事後通知義務は委託の有無を問わず、すべての保証人に課されています。

保証人の事前通知義務

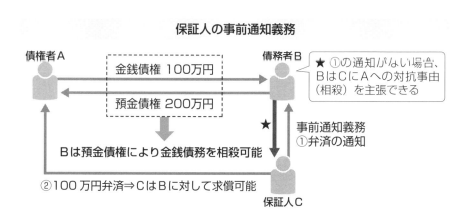

債権者A ← 金銭債権 100万円 → 債務者B

預金債権 200万円

★ ①の通知がない場合、BはCにAへの対抗事由（相殺）を主張できる

Bは預金債権により金銭債務を相殺可能

★ 事前通知義務 ①弁済の通知

②100万円弁済⇒CはBに対して求償可能

保証人C

28 保証と個人保証の制限
個人保証には公正証書の作成が必要

● 個人保証とは

　個人保証とは、企業が金融機関から融資を受ける場合に、経営者やその家族、知人などの個人が、企業の融資を保証する制度のことです。会社の財産は少なくても、社長個人には財産があるという場合によく利用されます。債務者が破たんした場合には、保証人である経営者などが、個人の資力では到底支払ができない高額な保証債務を負担させられます。ただ、個人保証を全面的に禁止すると、金融機関の貸し渋りや債務者の負担増大（融資利息の上昇）が懸念されることから、個人保証を原則禁止としながら、例外的に事業のための貸金等債務に関する保証契約等において、個人保証を認めつつ、保証人を保護する規定を置いています。

● 契約前に公正証書の作成が必要

　①個人が「事業のために負担した貸金等債務」を保証する場合、②個人が「事業のために負担した貸金等債務」を含む根保証をする場合、③「事業のために負担した貸金等債務」の保証または根保証の保証人が取得した主たる債務者に対する求償権に係る債務を個人が保証する場合（求償権の保証）には、保証契約や根保証契約に先立ち、保証債務を履行する意思（保証意思）を確認するため、公正証書の作成が義務付けられています。これは保証契約や根保証契約そのものを公正証書で作成することを要求するものではなく、保証意思を確認するための公正証書です。そのため、公正証書においては、保証意思を確認できるよう、以下の事項を口述しなければなりません。

ⓐ　主たる債務の債権者と債務者

ⓑ　主たる債務の元本や利息

ⓒ　違約金や損害賠償などの定めの有無

ⓓ　債務者が債務を履行しないときには、当該債務の全額について履行する意思を有していること

　ただし、根保証の場合は、ⓑⓒに代えて「主債務の範囲、極度額、元本確定期日の有無やその内容、利息」が、ⓓに代えて「債務者が債務を履行しないときには、極度額の限度で、元本確定期日または元本確定事由が生ずる時までに発生した債務の全額について履行する意思を有していること」が、それぞれ口述すべき事項となります。

　そして、保証意思を確認する公正証書は、保証契約や根保証契約の締結日前1か月以内に作成しなければならず、公正証書を作成せずにした保証契約等は無効になります。

ただし、個人保証に加えられる制限は、経営とは無関係の第三者である個人を保護する趣旨ですので、債務者と一定の関係にある個人が保証人となる場合（経営者保証）には、公正証書の作成は不要です。たとえば債務者が法人の場合は、その取締役、理事、執行役、過半数の株式保有者（総株主の議決権の過半数を有する者）など、債務者が個人事業主の場合は、その共同事業者、債務者の事業に現に従事する配偶者などが保証人になる場合は、公正証書による保証意思の確認は不要です。

● 債務者が情報提供義務を負う場合

保証契約や根保証契約に先立ち、公正証書により保証意思の確認がなされても、保証契約や根保証契約を締結する段階で、債務者が情報提供義務に違反して、保証人に自らの返済資力についての事項（財産や収支の状況など）を説明せず、あるいは不実の説明を行うことがあります。このとき、債務者から保証や根保証の委託を受けた個人は、債務者の情報提供義務違反により誤認して契約の申込みや承諾をした場合には、債権者が悪意または有過失である限り、保証契約や根保証契約を取り消すことができます。

債務者が保証契約締結時に情報提供義務を負う相手方は、債務者が保証を委託した個人（委託を受けた保証人となろうとしている個人）のみであって、法人を含みません。しかし、貸金等債務（融資に関する債務）を個人が委託を受けて保証・根保証する場合に限らず、広く事業のために負担する債務を個人が委託を受けて保証・根保証する場合に、債務者が情報提供義務を負います。

個人保証の契約締結時の公正証書と情報提供義務

	債務者の委託を受けない場合	債務者の委託を受ける場合
①事業のために負担した貸金等債務を個人が保証・根保証	公正証書必要 情報提供義務なし	公正証書必要 情報提供義務あり
②事業のために負担した貸金等債務の保証・根保証の保証人の債務者に対する求償権に係る債務を個人が保証	公正証書必要 情報提供義務なし	公正証書必要 情報提供義務あり
③事業のために負担した債務を個人が保証・根保証（①②を除く）	公正証書不要 情報提供義務なし	公正証書不要 情報提供義務あり

公正証書：保証人が契約締結日前1か月以内に保証意思を確認する公正証書を作成する義務
情報提供義務：債務者が保証契約締結時に自己の返済資力について保証人に説明する義務

29 保証と情報提供義務

保証人に適切な情報提供が必要である

● 情報提供義務は保証人の保護が目的

知人に頼まれ保証人を引き受けた方の中には、将来自分が負担しなければならない債務の総額を知らず、債務者が破たんして初めて、返済不能な高額の債務を負担させられていたことに気づき、破産や自殺などに追い込まれるケースがあります。

そのため、将来自分が負担することになる債務の総額や、保証しようとする債務者の資力を知ることは、保証人を引き受けるか否かを判断する際の材料となり、安易な保証の引き受けを防止することができます。

改正後の民法は、①保証契約締結時、②保証人から請求を受けた場合、③債務者が期限の利益を喪失した場合に、保証人に対し、債務者の財産状況や履行状況などの情報の提供を義務付ける規定を新たに設けています。

保証契約締結時の情報提供義務が課せられるのは「債務者（主たる債務者）」です。そして、情報提供の相手は、債務者から頼まれて保証人になった（委託を受けた保証）「個人」のうち、事業のために負担する債務を主債務とする保証をする場合、または事業のために負担する債務が主債務に含まれる根保証をする場合に限定されます。

これに対して、保証人からの請求があった場合の情報提供義務や、期限の利益喪失についての情報提供義務は「債権者」に課せられていることに注意が必要です。また、主債務の種類を問わないため（主債務が事業のため以外である場合も情報提供義務が課されます）、特に債権者が留意しておく制度といえます。

● 保証契約締結時の情報提供義務

債務者は、事業のために負担する債務の保証、あるいは事業のために負担する債務を含む根保証を委託する場合、委託を受けて保証人になろうとする個人に対し、自らの返済資力に関する情報を提供しなければなりません。

前述のように、情報提供義務の相手となるのは、債務者から委託を受けて、かつ個人である保証人となろうとする者に限定されます。また、具体的に提供すべき情報は以下の3つです。

① 債務者の財産および収支の状況

② 主たる債務以外に負担している債務の有無、その額、および履行の状況

③ 主たる債務の担保として他に提供し、または提供しようとするものがあるときは、その旨およびその内容

さらに、保証契約締結時の情報提供

義務に違反して、債務者が情報の提供を怠ったり、不実の情報を提供した場合、これにより誤認して契約の申込みや承諾をした保証人は、債権者が悪意または有過失である限り、保証契約を取り消すことができます（127ページ）。

● 主たる債務の履行状況の情報提供義務

委託を受けた保証人からの請求があれば、債権者は遅滞なく、債務者の履行状況についての情報を提供しなければなりません。履行状況の情報提供を請求できるのは委託を受けた保証人に限られますが、保証人が個人か法人かは問いません。

具体的に提供すべき情報は、「主たる債務の元本」や「主たる債務の利息、違約金、損害賠償その他主たる債務に付従するすべてのもの」について、不履行の有無、残額、履行期限が過ぎているものの額に関する情報です。

● 期限の利益喪失についての情報提供義務

分割払いなどのように、決められた期限が到来するまでは返済をしなくてもよいことを「期限の利益」といいます。通常、分割払いや割賦払いを認める契約では、約束された期日に返済しなかった場合には、債権者は債務者に対し、債務の残額を一括して返済するよう請求できる旨の特約が付されています。この特約を「期限の利益喪失約款」といいます。

改正後の民法は、債務者が支払いを怠り、期限の利益を喪失した場合には、債権者は、債務者が期限の利益を喪失したことを知った時から2か月以内に、個人である保証人に対し、その旨を通知しなければならないと規定しています。期間内の通知を怠ると、債権者は、期限の利益喪失から現に通知するまでの間に発生した遅延損害金について、保証人に対して請求できなくなります。

保証人に対する情報提供義務

提供義務者		個人保証		法人保証	
		委託を受けた保証人	委託を受けない保証人	委託を受けた保証人	委託を受けない保証人
保証契約締結時の情報提供義務	債務者	○	×	×	×
主たる債務の履行状況の情報提供義務	債権者	○	×	○	×
期限の利益喪失についての情報提供義務	債権者	○	○	×	×

○：情報提供義務が発生する ／ ×：情報提供義務が発生しない

30 根保証
継続的取引による債務を保証する制度

● 根保証とは

　根保証とは、特定の債権者との継続的な取引関係から生じる、一定の範囲に属する不特定の債務を保証する契約のことです。

　たとえば、会社を経営する知人Xから頼まれ、A銀行からの融資金100万円の保証人を引き受けた場合、通常の保証であれば、Xが100万円を完済した時点で、保証人の責任も消滅します。しかし、保証契約書に「極度額1000万円、元本確定期日を3年後」と記されていた場合は、Xが100万円を返済しても保証人の責任は消滅せず、極度額の範囲内で、元本確定期日までにXが借り入れた別の債務についても保証責任を負わなければならなくなります。しかも、新たな融資について保証人には通知されないので、保証人が債務者などに問合せをしない限り、元本確定期日が到来するまで、保証人は借入金の総額を知ることはできません。

　つまり、3年後に借入金が1000万円に膨れ上がっていたとしても、それを保証する責任を負わされるのが根保証なのです。

　同一の債権者と債務者との間でも、原則的には、一つひとつの債権が発生するごとに保証契約を結び、債権の消滅後、新たな債権が発生したら同じ作業を繰り返すという煩雑な作業が必要になります。そこで継続的な取引において、日々変動する取引上の債務（一定の範囲に属する不特定の債務）をまとめて保証することが、取引において有用であり、この場合の保証が根保証です。

● 個人根保証契約は極度額が必須

　根保証は、一度の契約で将来にわたる複数の契約（複数の貸し借り）を保証することから、保証される債権者側には使い勝手のよい契約である一方で、保証人側は過酷な負担を強いられます。

　そのため、平成17年の民法改正により、極度額（保証の限度額）と保証期間を定めない保証契約は「包括根保証」として禁止していました。ただし、包括根保証の禁止が及ぶのは、貸金等債務が含まれる個人を保証人とする根保証契約に限定されていました。

　そこで、改正後の民法の下では、貸金等債務の保証に限定されず、個人が保証人となる根保証契約を「個人根保証契約」と名づけて、書面により極度額を定めない個人根保証契約は無効とする規定が設けられています。これにより、平成17年の民法改正で適用除外

とされた不動産の賃貸借における賃借人の債務や、継続的な売買取引から生じる代金債務を保証する契約などが個人根保証契約に含まれ、書面により極度額を定める必要が生じます。

●賃借人の債務を保証する場合

たとえば、マンションの賃貸借契約に際して、賃借人の債務を保証したとします。賃借人の債務は、未払賃料だけでなく、遅延損害金や原状回復に関する債務、故意・過失による損壊などが生じた場合の損害賠償債務など多岐にわたりますから、これを保証する債務も特定が困難です。そのため、賃借人の債務の保証は「根保証」（個人が保証人の場合は個人根保証）に該当し、保証人は想定を超える金額を請求される危険性があります。

改正後の民法では、個人根保証の場合は、保証契約の締結時において「極度額」（保証人が負担する上限の金額）

を定めなければなりません。さらに、極度額の定めを書面（電磁的記録でも可能です）によってしなければ、個人根保証契約が無効となります。

この他、個人根保証は、保証人の破産手続開始の決定が元本確定事由のひとつとされています。つまり、保証人が破産手続開始の決定を受けた時点で元本が確定し、以降は未払賃料が発生しても、保証人はその責任を負わないことになります。他方、債務者（賃借人）の破産手続開始の決定は元本確定事由とされていません。

これに対し、個人根保証のうち融資に関するもの（個人貸金等根保証）については、保証人の破産手続開始の決定だけでなく、債務者の破産手続開始の決定も元本確定事由とされています。

元本の確定に関しては、個人根保証（個人貸金等根保証を除く）と個人貸金等根保証とで取扱いが区別されています。

個人根保証に関する規律

┌ 一定の範囲に属する不特定の債務を主たる債務とする
│ 保証契約であって個人が保証人となるものが個人根保証である
│ （例）賃借人の債務を個人が保証する契約
│ 個人根保証は極度額を書面または電磁的記録で定める
│ ⇒ 定めていない個人根保証は無効となる
└ 個人根保証は保証人の破産手続開始の決定が元本確定事由の１つとなる
　⇒ 個人貸金等根保証は債務者の破産手続開始の決定も元本確定事由になる

31 連帯保証

債権者は主たる債務者や連帯保証人のいずれに対しても、直ちに履行の請求ができる

● 連帯保証とは

連帯保証は、債権者に対して保証人になった者が、主たる債務者と連帯して債務を負担するという内容の合意を行った保証の類型のひとつです。普通の保証にも債権を担保するという効力がないわけではありません。しかし、保証人には催告の抗弁権や検索の抗弁権があるため、債権者は、まず主たる債務者に対して債務の履行を請求しなければならないなど、所定の手段を経た後に、はじめて保証人に対して債務の履行を請求することができます。このように普通の保証は、お金を貸した方（債権者）としては必ずしも便利なものでないため、連帯保証が有用と言われています。

連帯保証を利用するためには、債権者が保証人との間で締結する保証契約において、書面（電磁的記録でも可能）により連帯保証であることを特約として合意しておく必要があります。

なお、保証契約が商行為である場合、または主たる債務が商行為として成立している場合は、当然に連帯保証として扱われます。特に企業が保証人である場合、または企業が融資を受けた場合などにおいて、債権者は、債権回収の手段として当然に連帯保証を利用できます。

また、連帯保証人が数人いる場合でも、1人の連帯保証人が債務全額を支払う義務を負います。債権者にとっては、複数人の連帯保証人が設定されているということは、債権回収の確実性が高い債務であり、より強固な債権回収手段を手に入れることを意味します。

● 連帯保証人について生じた事由の効力

①主たる債務者が債権者に対して有する債権で主たる債務を相殺した場合、②主たる債務者たる会社と債権者たる会社が合併した場合（混同）、③債権者AのBに対する債権を消滅させ、新たに第三者CのBに対する債権を発生させる場合（更改）、④債権者が主たる債務を免除した場合（免除）などは、主たる債務は消滅し、これに伴い保証債務も消滅します。

また、⑤債権者が主たる債務者に訴訟を提起すれば、履行の請求として時効の完成猶予や更新の効力が生じますので、これにより保証債務の時効も完成猶予や更新の効力が生じます。他方、⑥主たる債務の時効が完成すれば、主たる債務は時効消滅しますので、保証人は、主たる債務の時効を主張（援用）して自らの保証債務も消滅させる

ことができます。

　このように主たる債務者に生じた事由（履行の請求、更改、相殺、免除、混同、時効の完成）は、連帯保証人にも影響を及ぼします。これを絶対的効力（絶対効）といいます。

　問題は連帯保証人に生じた事由が、主たる債務者に影響を及ぼすかどうかです。改正前の民法では、連帯保証人が債権者に対して有する債権をもって相殺した場合、あるいは連帯保証人が債権者を相続した場合（混同）には、保証債務は消滅し、主たる債務も消滅するとしていました。また、連帯保証人が訴訟を提起された場合は、履行の請求によって保証債務の時効は中断され、履行の請求の絶対的効力によって主たる債務の時効も中断するとしていました。

　改正後の民法は、訴訟提起などの履行の請求は、相対的効力（相対効）にとどまると改めています。つまり、連帯保証人が履行の請求を受けても、主たる債務の時効の完成猶予や更新の効力は生じないというわけです。改正前は、債権者は、連帯保証人に対して支払請求をしておけば、債権者は、自らの主たる債務者に対する債権が時効消滅するのを防ぐことができました。しかし、改正後の民法の下では、主たる債務者に対して履行の請求を行わなければ、主たる債務に関する時効の更新や完成猶予の効果を得ることができません。この点は、改正前の制度の方が債権者にとって有利な制度であったといえます。改正後の民法の下で債権回収を確実に行うためには、主たる債務者に履行請求を行い、債権が消滅時効にかからないよう注意する必要があります。

　改正後民法では、連帯保証人に生じた事由のうち、更改、相殺、混同のみが主たる債務者に影響を及ぼし（絶対的効力）、それ以外の事由は影響を及ぼさない（相対的効力）とされます。

連帯保証

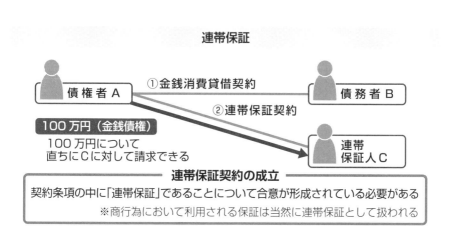

連帯保証契約の成立

契約条項の中に「連帯保証」であることについて合意が形成されている必要がある

※商行為において利用される保証は当然に連帯保証として扱われる

32 弁済

債務の給付内容を実現させる行為

弁済は債権消滅原因である

弁済とは、借金の返済や物品の引渡しなど、債務者または第三者が債務の給付を実現して債権を消滅させることです。民法は、弁済が、「債務者が債権者に対して債務の弁済をしたときは、その債権は、消滅する」と規定し、債権消滅事由のひとつである旨を明確にしています。

金銭消費貸借契約等において、債務者が金銭を支払うことが典型的ですが、契約内容に従った給付が実現されることを指す概念ですので、注文に応じて作品を製作するというような事実行為でも弁済にあたる場合があります。

なお、債権の内容を実現する行為として、「履行」という言葉も用いられることがありますが、弁済は履行と同義です。ただし、履行は、債権の内容を実現する債務者側の行為に重点を置いた言葉であるのに対して、弁済は行われることによって、債権が消滅するということに着目した概念だといえるため、一応両者は区別を行うことが可能です。

第三者も弁済ができるのが原則

債務者以外の第三者が債務を弁済することを第三者弁済といいます。まず、第三者弁済は原則として有効ですが、①債務の性質が第三者弁済を許さないとき、または②当事者が第三者の弁済を禁止・制限する旨の意思表示をしたときは、第三者弁済が無効となります。

次に、上記①②のいずれにも該当しないとしても、弁済について「正当な利益を有する者」（140ページ）でない第三者は、債務者の意思に反する弁済をすると無効ですが、債務者の意思に反することを債権者（弁済の受領者）が知らなかった場合は例外的に有効な弁済と扱われます。この趣旨は、従来から債務者が他者からの施しを受けることを良しとしないと考える場合に、その意思は尊重するべきであると考えられていること、および、債務者が望まない正当な利益のない第三者が弁済を行うことによって、その後、債務者に対して過度な求償権の行使を行うことを防ぐ必要があることが挙げられています。

また、弁済について「正当な利益を有する者」でない第三者は、債権者の意思に反する弁済をしても無効ですが、債務者の委託を受けて弁済していることを債権者が知っていた場合は、例外的に有効な弁済と扱われます。

●受領権限のない者に対する弁済

原則として、弁済により債権を消滅させるためには、債務者等は債権者に対して弁済を行わなければなりません。しかし、民法は、例外として債権者以外の者に対して、債務者が弁済を行った場合に、債権の消滅を認める規定を置いています。

たとえば、銀行取引において、預金の払い戻しを求めてきた者が、預金通帳や銀行届出印を持参して現れた場合に、実際にその者が債権者ではなかったとしても、債権者であると思われるような外観を整えていることから、その外観を信じて払い戻しに応じた銀行の弁済が有効になるか否かという問題

があります。

改正前の民法では「債権の準占有者に対する弁済」として規定されていましたが、改正後の民法では、「受領権者(債権者及び法令の規定又は当事者の意思表示によって弁済を受領する権限を付与された第三者)以外の者であって取引上の社会通念に照らして受領権者と認められる外観を有するもの」と、より詳しく規定されています。その上で、受領権限のない者に対する弁済は、弁済者が、受領権限がないことについて、過失なく知らなかった場合(善意かつ無過失のとき)に有効になる旨を明記しています。

第三者弁済・受領権者以外の者に対する弁済

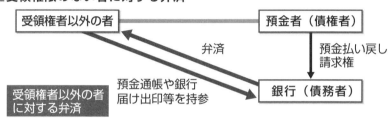

■第三者弁済

| 債 権 者 A | ← 金銭消費貸借契約 ─ | 債 務 者 B |

第三者弁済 ← 弁済 ─ 第 三 者 C

第三者弁済
○ 原則有効
○ 弁済について「正当な利益を有する者でない第三者」は、債権者や債務者の意思に反する弁済をすると無効になる場合がある

■受領権限のない者に対する弁済

受領権者以外の者 ← 弁済 ─ 預金者(債権者)
預金通帳や銀行届け出印等を持参 → 銀行(債務者)
預金払い戻し請求権

受領権者以外の者に対する弁済
○ 弁済者が受領権限がないことについて善意かつ無過失のときに有効になる

33 弁済の方法
原則として現実の提供が必要である

● 弁済の方法

弁済の方法に関しては、弁済者が弁済と引換えに、受領者に対して受取証書（領収証）の交付を請求できます。

その他にも、以下の点に注意する必要があります。

① 特定物の現状引渡しができる場合

債権の目的が特定物（その物の個性に着目したもの）の引渡しである場合は、引渡し時点での現状において引渡し（現状引渡し）を行えば足りるのが基本的立場です。つまり、特定物が債権の目的である場合は、契約締結時点ではなく、引渡し時点での現状で引き渡すことで、債務者は責任を果たしたことになり、引渡し時点までの特定物のさまざまな変化は債権者が負担するという建前です。ただし、改正後の民法では、特定物の現状引渡しができるのは、債権の目的が特定物の引渡しである場合において、「契約その他の債権の発生原因及び取引上の社会通念に照らしてその引渡しをすべき時の品質を定めることができない」ときに限るとの立場を明確にしています。

これにより、契約や取引上の社会通念などで引渡し時の品質を定めることができる場合は、それに従うべき（定められた品質の特定物を引き渡すべ

き）ことになります。契約などで目的物の品質を定めることも多いため、改正後の民法の下では、特定物の引渡しが現状引渡しで足りる場面は少ないといえるでしょう。

② 預貯金口座への振込みによる弁済

改正後の民法は、「債権者の預金又は貯金の口座に対する払込みによってする弁済は、債権者がその預金又は貯金に係る債権の債務者に対してその払込みに係る金額の払戻しを請求する権利を取得した時に、その効力を生ずる」と規定しています。銀行取引が一般化している現代において、口座への払込み（振込み）による金銭債務の弁済の効力が生じる時期を明らかにする趣旨です。

③ 弁済の場所・時間

改正後の民法は、弁済の場所に関して、「弁済をすべき場所について別段の意思表示がないときは、特定物の引渡しは債権発生の時にその物が存在した場所において、その他の弁済は債権者の現在の住所において、それぞれしなければならない」と規定しています。

もっとも、弁済の場所を契約であらかじめ決定している場合や、弁済の場所に関する取引上の慣習がある場合は、それらに従って弁済が行われます。あ

くまでも民法の規定は、これらの取り決めや慣習がない場合に適用されます。

　また、改正後の民法は、弁済の時間に関して、「法令又は慣習により取引時間の定めがあるときは、その取引時間内に限り、弁済をし、又は弁済の請求をすることができる」と規定しています。これは商法の規定を民法に取り入れたと言われています（弁済の時間に関する旧商法520条は削除）。

④　弁済の提供

　弁済の提供とは、債務者として必要な行為をして、債権者の協力を求めることです。弁済の提供の方法は「現実の提供」が原則です。現実の提供とは、債務の内容に従って、債権者が弁済を受領さえすればよい状態に置くことであると考えられています。

　たとえば、金銭債務について見てみましょう。まず、債務者は弁済をするべき金額について、全額の提供を行う

のが原則です。つまり、一部の金額による弁済の提供は、債権者が特に承諾を与えている（分割払いとしている場合など）のでない限り、弁済の提供とは認められません。また、履行期を過ぎて債務者が弁済の提供を行った場合、原則としては遅延損害金を合わせて弁済の提供を行わなければなりません。

　また、金銭債務については、弁済を行う場所において、債務者が債権者に金額を提示した上で受領の催告をすれば、現実の提供と認められることに注意が必要です。つまり、実際のお札などを債権者の面前に提示しなくても、現実の提供を行ったことになります。

　そして、改正後の民法は、弁済の提供の効果として「債務を履行しないことによって生ずべき責任を免れる」と規定しています。つまり、弁済の提供により履行遅滞責任を免れることを明確にしています。

弁済の方法に関する規律

特定物の現状引渡しができる場合が限定される
➡ 契約などの発生原因や取引上の社会通念に照らして品質を定めることができない場合に限定

預貯金口座への振込みによる弁済の効力発生時を明文化
➡ 払込みに係る金額の払戻しを請求する権利の取得時に弁済の効力発生

弁済の場所・時間に関する規律の追加
➡ 法令・慣習で取引時間の定めがある場合は、取引時間内に限り弁済または弁済請求ができる

弁済の提供で免れるのは履行遅滞責任であるのを明文化
➡ 従来からの通説の解釈を明文化した

34 弁済の充当

どの債務への弁済かを決定する方法

● 弁済の充当とは

債権者は、債務の本旨に従った弁済の提供を受ける権利を持っており、原則として、債務者は債務の全部を提供する必要があります。したがって、債務の一部のみを債務者が提供した場合、債権者は受領を拒むことができるのが原則です。

しかし、同一の債権者と債務者との間で、複数の債権を持っている場合に、債務者がそれらの一部に関する弁済を行った場合、債権者がそれを受領したとすると、どの債権に対する給付としてこれを認めるのかを決定する必要があります。これが弁済の充当が問題になる場面です。つまり、弁済の充当とは、弁済者が1個または数個の債務の全部を消滅させるのに足りない給付をしたときに、いずれの債務の給付に充てるべきかという問題です。

なお、数個の債務の場合は、同一の債権者に対して同種の給付を目的とする数個の債務を負担するときに限り、弁済の充当が問題となります。たとえば、売買代金債務と貸金債務という同じ金銭債務の履行として、弁済者が金銭の支払い（同種の給付）をした場合に、弁済の充当が問題となります。

● 弁済の充当の方法

まず、①当事者の合意（充当すべき債務の指定）があれば、その合意に従います（合意充当）。特に合意による充当は、継続的に行われる複数の貸付けでそのいずれかの貸付金の支払いにおいて、過払い金が発生した場合などに、その過払い金について他の貸付金の弁済として充当するか否かという場面で問題になることがあります。

次に、当事者の合意がなければ、②弁済者が給付時に指定を行うことができます。一方、弁済者の指定がなければ、③受領者が受領時に指定を行うことができます。②③は指定充当といいます。

そして、当事者の合意も指定もなければ、④民法の規定に従って充当を行います（法定充当）。たとえば、債務の中に弁済期にあるものとないものがあるときは、弁済期にあるものに先に充当します。一方、すべての債務が弁済期にあるときには、債務者の利益が多いものに先に充当し、利益に差がない場合には、債務の額に応じて充当することになります。また、債務について元本の他に利息や費用を支払うべき場合は「費用→利息→元本」の順に充当します。

35 弁済目的物の供託
債務者が責任を免れるための制度

● 弁済目的物の供託（弁済供託）とは

　弁済目的物の供託（弁済供託）とは、単に「供託」と呼ばれることが多く、弁済者が債権者のために弁済の目的物を供託所（法務局や地方法務局など）に預けて、その債務を免れる（債権者の債権を消滅させる）とする制度です。たとえば、AがBに対する100万円の貸金債務を弁済しようとしてもBが受領を拒絶した場合、Aは供託所に100万円を預けることで、Bの貸金債権を消滅させることができます。

● 弁済供託が可能な場合（弁済供託の要件）

　弁済者は、以下の①～③のいずれかに該当する場合に、債権者のために弁済目的物の供託ができます。前述のケースはBが受領を拒絶しているので、①に該当します。
① 弁済の提供をしたが、債権者が受領を拒んだとき（受領拒否）。
② 債権者が弁済を受領することができないとき（受領不能）。
③ 弁済者が債権者を確知することができないとき（債権者不確知）。

● 自助売却とは

　自助売却とは、弁済者が裁判所の許可を得て、弁済目的物を競売に付して、その代金の供託ができる制度です。弁済者は、以下の①～④のいずれかに該当する場合に、自助売却を行うことができます。

　たとえば、弁済目的物が生鮮食品のときは①または②に該当し、自助売却が認められると考えられます。
① 弁済目的物が供託に適しないとき。
② 弁済目的物に滅失、損傷その他の事由による価格の低落のおそれがあるとき。
③ 弁済目的物の保存に過分の費用を要するとき。
④ ①～③に掲げる場合の他、弁済目的物を供託することが困難な事情があるとき。

● 弁済供託の効果

　弁済者が弁済目的物または自助売却による代金を供託した時に、債権者の債権が消滅するという効果が発生します。それとともに、債権者には供託物還付請求権が発生します。ただし、「債務者が債権者の給付に対して弁済をすべき場合には、債権者は、その給付をしなければ、供託物を受け取ることができない」という制約があります。

36 弁済による代位

求償権を確保するための制度

● 弁済による代位とは

弁済による代位とは、債務者の債務について、第三者または債務者とともに弁済の義務を負う者が、債務者の代わりに弁済（第三者弁済）を行った場合に、債務者に対する求償権を確保するため、債権の効力や担保として債権者が有していた一切の権利を行使できるとする制度です。つまり、第三者弁済を行うことで債権者は必要な給付を受けることができる一方で、元の債権は消滅せず、弁済者に移転します。さらに、元の債権に抵当権等をはじめ担保権が設定されていれば、それらも元の債権と同様に、弁済者に移転することになります。弁済者は、移転した債権を行使することはもちろん、担保権を実行することも可能になり、債務者に対する求償権の実現を確保する手段を手に入れることができます。

たとえば、AがBに対して100万円の貸金債務を負担し、貸金債務の担保としてA所有の建物に抵当権を設定していた際に、第三者Cが貸金債務をすべてBに弁済したとします。この場合、Cは、Aに対して100万円の求償権を取得しますので、この求償権を確保するため、建物の抵当権を実行して競売代金から100万円の回収ができます。

● 弁済による代位の要件

弁済による代位には、①保証人、物上保証人、抵当不動産（抵当権が設定されている不動産）を買い受けた第三取得者などのように「弁済をするについて正当な利益を有する者」が弁済したときに債権者に代位する法定代位と、②その他の者（正当な利益を有しない者）が弁済したときに債権者に代位する任意代位があります。

法定代位と任意代位に共通する要件として、第三者弁済を行うことにより、債務者に対して求償権を取得すること、および債権者が有していた元の債権については、第三者等の給付により不足なく実現することが必要です。

次に、それぞれの弁済による代位に関する特有の要件を見ていきましょう。

まず、①法定代位の場合は、特段の手続きを経なくても、弁済によって当然に債権者に代位します。債権者や債務者の意思に反してでも第三者弁済ができる「正当な利益を有する者」が弁済したときに、その弁済者が法定代位者となります。

ここで「正当な利益を有する者」には、おもに弁済を行わなければ、強制執行等を受けて自己の財産を失うおそれがある者が挙げられます。たとえば、

保証人や連帯保証人の他、債務の弁済義務は負わないものの、弁済を行わないと自己の財産が強制執行等を受けるおそれがある物上保証人も含まれます。

また、担保権が設定されている同一の債権について担保権を持たない一般債権者も、弁済を行わなければ、担保権者が担保権を実行することによって債務者の財産が減少してしまい、自己の債権回収の妨げになるおそれがあるため、弁済を行う「正当な利益を有する者」に該当します。

②任意代位の場合も、弁済によって当然に債権者に代位します。

法定代位と任意代位の相違点は、任意代位の場合に限り、債権譲渡の対抗要件を備えなければ、債権者に代位した事実を債務者や第三者に対抗できないことです。もっとも、任意代位については、債権者の同意に変わる形で、正当な利益を有する者でない第三者が債権者の意思に反する弁済をしても、原則として無効とする規定が置かれています。

●弁済による代位の効果

債権者に代位した者（法定代位者・任意代位者）は、「債権の効力及び担保として債権者が有していた一切の権利」を行使することが可能です。具体的には、債権の担保として設定していた抵当権・質権や、履行遅滞による損害賠償請求権を行使できます。

ただし、この場合の「一切の権利」の行使は、債権者に代位した者が「自己の権利に基づいて債務者に対して求償をすることができる範囲内」（求償権の範囲内）に限定されます。前述のケースでCが100万円の回収ができるとするのは、CのAに対する求償権が100万円であるからです。

また、共同保証人間の弁済による代位の効果について条文が置かれています。具体的には、保証人の1人が他の保証人に対して、債権者に代位する場合は、債権全体について代位権を行使するのではなく、自己の権利に基づき他の保証人に対して求償ができる範囲内で代位権を行使できるということです。

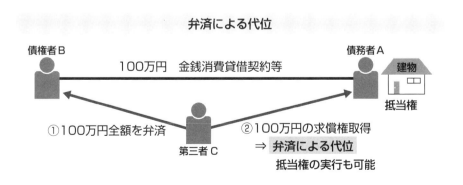

弁済による代位

債権者B　　100万円　金銭消費貸借契約等　　債務者A

建物

抵当権

①100万円全額を弁済

第三者C

②100万円の求償権取得
⇒ **弁済による代位**
抵当権の実行も可能

37 法定代位者相互間の関係

法定代位者相互に等しく負担分配する

● 法定代位者が競合する場合の関係

法定代位ができる者、つまり「弁済をするについて正当な利益を有する者」が複数いる場合は、先に弁済を行って代位権を行使することで、優先的に求償権を保全できます。そこで、法定代位をすることが可能な者が複数いる場合について、各自の負担が不公平とならないように調整する制度が設けられています。

① 第三取得者と保証人・物上保証人との関係

弁済をした第三取得者（担保権のついた財産を譲り受けた者）は、保証人や物上保証人に対して債権者に代位しませんので、第三取得者は、保証人に保証債務の履行を請求したり、物上保証人の担保を行使できません（次ページ図）。

一方、保証人や物上保証人は、第三取得者に対して債権者に代位しますので、保証人や物上保証人は、第三取得者の担保権を実行し、競売代金から優先弁済を受けます。さらに、改正後の民法では、第三取得者に対して代位する際に、抵当権などの登記に代位を付記しておくこと（付記登記）は不要とされています。

② 第三取得者同士の関係

弁済をした第三取得者の1人は、各財産（担保目的の財産）の価格に応じて、他の第三取得者に対して債権者に代位します。

③ 物上保証人同士の関係

弁済をした物上保証人の1人は、各財産の価格に応じて、他の物上保証人に対して債権者に代位します。

④ 保証人と物上保証人との関係

保証人と物上保証人との間では、その数に応じて、債権者に代位します。ただし、物上保証人が数人あるときは、保証人の負担部分を除いた残額につき、各財産の価格に応じて、債権者に代位します。

⑤ 第三取得者や物上保証人の譲受人への適用

第三取得者から担保目的の財産を譲り受けた者は、第三取得者とみなして①②を適用します。一方、物上保証人から担保目的の財産を譲り受けた者は、物上保証人とみなして①③④を適用します。

● 一部弁済による代位について

改正後の民法は、債権の一部の弁済があった場合の代位（一部弁済による代位）について、代位者による単独での権利行使を認めていません。「債権

者の同意を得て、その弁済をした価額に応じて、債権者とともにその権利を行使することができる」とともに、「債権者は、単独でその権利を行使することができる」と規定しています。

また、債権者が行使する権利は、「その債権の担保の目的となっている財産の売却代金その他の当該権利の行使によって得られる金銭」について、代位者の行使する権利に優先します。

● 債権者による担保の喪失・減少

債権者は、法定代位ができる者の利益を侵害しないように、債務者との間で設定していた担保を保存する義務を負います。具体的には、法定代位権者（弁済をするについて正当な利益を有する者）がある場合に、債権者が故意または過失によって担保を喪失・減少させたときは、法定代位権者は、代

位するにあたって担保の喪失・減少によって償還を受けられなくなる限度で、その責任を免れます。

たとえば、前述のケース（140ページ）で、債権者Bの過失により抵当権のついた建物が損傷して価値が100万円から80万円に減少した場合、保証人Cは、100万円のうち20万円分の償還を建物から受けられなくなるため、この20万円分について責任を免れます。

また、法定代位権者が物上保証人である場合において、物上保証人から担保目的の財産を譲り受けた第三者やその特定承継人も、責任減免の効果を主張できます。

ただし、債権者が担保を喪失・減少させたことにつき「取引上の社会通念に照らして合理的な理由がある」ときは、法定代位権者の責任減免の効果が生じないとの例外があります。

第三取得者と保証人との関係

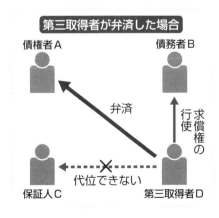

第三取得者が弁済した場合

債権者A　債務者B

弁済　求償権の行使

代位できない　×

保証人C　第三取得者D

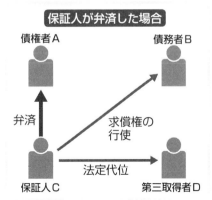

保証人が弁済した場合

債権者A　債務者B

弁済　求償権の行使

法定代位

保証人C　第三取得者D

仮登記担保
比較的簡単な債権回収法

● 仮登記担保とは何か

仮登記担保というのは、金銭債務を担保するために、その不履行があったときには、債務者または第三者に属する所有権その他の権利を移転させることを約束し、これに基づいて仮登記などをすることをいいます。

たとえば、債務者が債務を履行できなくなった場合には、代わりに債務者所有の不動産を債権者所有に移転するとのとりきめをすることがあります。

これらのとりきめにも、以下のようないくつかの型があります。

① 期限までに債務が履行されない場合には、債務の履行に代えて、目的財産を代物弁済する旨の停止条件付代物弁済

② 債務が履行されない場合には、債権者は目的財産を代物弁済として取得できる旨の代物弁済の予約

これらの担保方法は、金銭債務を担保するための契約でなければなりません。また、仮登記などができる権利の移転または設定を目的としてなされた契約でなければなりません。

● 競売をする必要がない

債務者が、返済を怠った場合には、債権者は、仮登記を本登記にすることで、仮登記担保の目的とした不動産などを取得することができます。本登記にするだけですから、競売を行わなければならない抵当権と比べて、簡単な債権回収方法といえます。

ただし、不動産価格が債権額より多い場合ですと、債務者が損をしますので、清算手続が必要になります（189ページ）。

仮登記担保

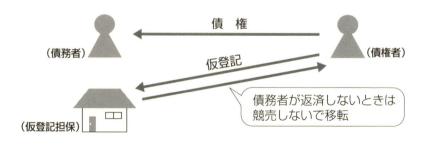

（債務者）　← 債　権 　（債権者）

仮登記

（仮登記担保）

債務者が返済しないときは競売しないで移転

39 代物弁済と代物弁済予約

代物弁済は諾成契約

● 代物弁済による債権回収

代物弁済とは、50万円の借金がある場合に、現金がないから代わりに店舗の中の商品を代金の支払いにあてるような場合をいいます。

代物弁済が債権回収の手段としてなされる場面としては、まず融資を受けた商店が倒産しそうなケースで、債権者が店にかけつけて商品を融資金の支払いに代えて持ち出す場合があります。

● 代物弁済予約

あらかじめ借金を支払えなかった場合は、債務者の土地を代物弁済としてもらい受けるというような約束(これを代物弁済予約と呼びます)を事前に当事者間で結んでおく方法もあります。

代物弁済予約は、仮登記という方法で行うため、競売のような面倒な手続きをすることなく債権の回収ができますが、債務者からすれば借金の額と不釣合いな土地などの財産を債権者に丸取りされるという問題点もあります。そこで、法律(仮登記担保法)は債権者による丸取りを防止するために、債権者に清算の義務を課しています。

● 代物弁済は諾成契約である

代物弁済の後に「弁済者が当該他の給付」をすることが「弁済と同一の効力を有する」ため、これにより債権が消滅します。

たとえば、Aが借金を返済する代わりに、自己所有の不動産をBに引き渡して借金を消滅させる旨の契約をAB間で行うことです。その後にAが当該不動産をBに引き渡すことで、Aの借金が消滅します。

代物弁済契約が諾成契約(合意だけで成立する契約)であるか、または要物契約であるかについて、改正後の民法は、代物弁済契約が「諾成契約」である旨を明確にして、契約を結んだ後に本来の弁済に代わる他の給付がなされた時に、債権が消滅するというしくみを採用しています。さらに、改正後の民法では、代物弁済の一方当事者を「弁済者」と表現していますので、第三者弁済をする第三者(134ページ)についても、代物弁済の当事者となります。

なお、未成年者などの制限行為能力者が弁済(代物弁済)として物の引渡しをした場合、その弁済を取り消したときは、その制限行為能力者は、さらに有効な弁済をしなければ、その物を取り戻せないとする改正前民法の規定は削除されました。

● 債権譲渡とは

　債権譲渡とは、債権の同一性を保ったまま、債権者（譲渡人）の意思に基づいて、第三者（譲受人）に債権を移転させることです。債権譲渡は特に企業間取引で広く活用されています。たとえば、債権を売却して資金を得る、債権を担保に供して融資を受ける（ABL：流動資産担保融資）などの目的で活用されています。

　また、債権を回収方法する方法として債権譲渡が用いられることもあります。たとえば、AがBにお金を貸していて、Bにもお金を貸している相手Cがいるとします。このときCから返済があった場合に、Bがそのお金をAへの返済に充てるとは限りません。他への返済に回してしまうかもしれません。こうしたときに、Bから債権譲渡を受けておくと、Cから直接返済を受けることができます。

　債権譲渡は、譲受人と譲渡人の当事者双方の合意で成立しますが、債務者（第三債務者）に債権譲渡の事実を主張するためには譲渡人からの通知や債務者の承諾が必要になります。

　債権譲渡は原則として自由にできますが、例外として、性質上譲渡を許さない債権の譲渡は、その効力が認められません。

　また、債権者と債務者との間で、債権譲渡を禁止または制限する特約を結ぶ場合があります。改正前民法の下では、当事者が債権の譲渡を禁止する特約（譲渡禁止特約）を結んだ場合、譲渡禁止特約に違反する債権譲渡は絶対的に無効であるが、善意かつ無重過失の譲受人に対してのみ譲渡禁止特約を対抗できないと解していました。つまり、債権者は原則として「譲渡人」のままであるが、譲受人が善意かつ無重過失の場合に「譲受人」に移転するということです（物権的効力）。

　しかし、改正後の民法の下では、「当事者が債権の譲渡を禁止し、又はまたは制限する旨の特約」（譲渡制限特約）に違反する債権譲渡であっても、「その効力を妨げられない」と規定しています。これにより、譲渡制限特約違反の債権譲渡は、当事者間では無効ですが、譲受人との関係では「有効」であって、債権者は「譲受人」に移転します（債権的効力、次ページ図）。なお、譲渡の禁止だけでなく譲渡の「制限」も条文化されているため、名称も「譲渡制限特約」と呼んでいます。

　ただし、預貯金債権についての譲渡制限特約は、例外的に「物権的効力」

が生じ、悪意または重過失の譲受人には譲渡制限特約を対抗できると規定しています。

●債務者と譲受人の関係

前述したように、譲渡制限特約違反の債権譲渡の効力は、当事者間では無効であるのに対し、譲受人との関係では有効となって、債権者は譲渡人から譲受人に移転します。ただし、譲渡制限特約の存在を知り、または重大な過失により知らなかった譲受人に対して、債務者は、民法466条3項に基づき、①譲渡制限特約を主張して債務の履行を拒むことができ、かつ、②譲渡人に対する債務消滅事由(譲渡人に対する弁済・相殺など)をもって対抗することもできます。この規定は、譲受人が悪意または重過失の場合は、弁済の相手方が譲渡人になることを示しただけで、債権者自体は譲受人であると

解されています。

そのため、債務者が前述した①を理由に債務を履行しない場合、悪意または重過失の譲受人は譲渡制限特約の制約を受け、譲渡人は債権譲渡で債権を失って、双方とも債権回収ができないという閉塞状態(デッドロック状態)に陥ります。この状態を脱するため、悪意または重過失の譲受人が、債務者に対して、相当期間を定めて「譲渡人への履行の催告」を行ったのに、当該期間内に債務者による履行がないときは、債務者は、①を理由に悪意または重過失の譲受人からの履行請求を拒絶できません。

一方、譲受人が悪意または重過失の場合でも、あくまでも債権者は譲受人ですから、債務者は自らの選択によって、譲受人に債務を履行することができます。

譲渡制限特約違反の債権譲渡(債権的効力)

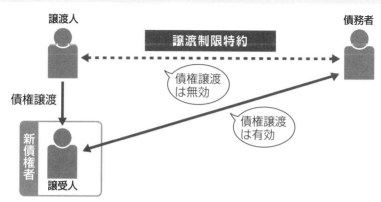

41 債権譲渡と将来債権の譲渡

将来債権の譲渡も可能である

● 将来債権の譲渡は有効である

　将来債権とは、現在は発生していないが、将来に発生する予定がある債権のことです。たとえば、賃貸人（譲渡人）が、賃借人（債務者）から毎月支払われる予定の賃料債権を、第三者（譲受人）に譲渡することが挙げられます。

　改正前の民法では、将来債権の譲渡について条文がなく、判例においてのみ、これを有効であると解していました。改正後の民法の下では、「債権の譲渡は、その意思表示の時に債権が現に発生していることを要しない」と規定して、将来債権の譲渡が有効であることを明確にしています。

● 法的性質は解釈に委ねられる

　将来債権が譲渡された場合、「譲受人は、発生した債権を当然に取得する」と規定されています。これにより、少なくとも将来債権の発生後に、当該債権が譲受人の元にあることは明確です。

　しかし、将来債権の譲渡は、譲渡人から譲受人の元に移転するものと考えるのか（さらに、いつ移転したと考えるのか）、それとも譲受人の元で債権が発生するものと考えるのか、という法的性質は明確ではないため、解釈に委ねられることになります。

● 将来債権の譲渡後に付された譲渡制限特約

　将来債権の譲渡について、譲渡人が債務者に通知をし、または債務者が承諾をする時（対抗要件具備時）までに譲渡制限特約がされた場合は、これによって債権者を固定するという債務者の利益を優先し、譲受人が譲渡制限特約の事実を知っていた（悪意）とみなして、民法466条3項を適用することにしています。つまり、悪意とみなされた譲受人に対して、債務者は、譲渡制限特約を主張して債務の履行を拒むことができ、かつ、譲渡人に対する債務消滅事由をもって対抗することもできます（前ページ）。

　なお、将来債権の譲渡の対抗要件については、譲渡人から債務者に対する通知または債務者による承諾が必要になります（第三者対抗要件は確定日付のある証書によることになります）。法人の場合は、「動産及び債権の譲渡の対抗要件に関する民法の特例等に関する法律」（動産・債権譲渡特例法）に基づき、債権譲渡ファイルへの記録によって第三者対抗要件を備えることができます。

42 債権譲渡と対抗要件等
債権譲渡についての通知・承諾が必要

対抗要件が問題となるケース

　たとえば、賃貸人A（譲渡人）が、賃借人B（債務者）に対する未払賃料債権を、CとDに譲渡したとします。CとDがBに対して賃料支払請求をしてきた際に、Bがどちらに未払賃料を支払うべきか、言い換えると、どちらが未払賃料の支払いを受けることができるか、というのが債権譲渡の対抗要件の問題です。

　債権譲渡の対抗要件として、債権譲渡があったことを債務者に対して主張するには、譲渡人から債務者に対して通知をしてもらうか、債務者（第三債務者）が承諾することが必要です。そして、譲渡人と譲受人間で債権譲渡があったことを、債務者（第三債務者）以外の第三者にも主張するには、債権譲渡の通知や承諾を確定日付のある証書ですることが必要です。

　特に、債権譲渡の通知を行う場合には、譲渡する債権の表示をすることが大切です。具体的には、金額、返済期日、利息などを記載します。

　また、債権譲渡の通知は、必ず譲渡人が行います。もし、譲受人による通知が認められるのであれば、通知するだけで誰でも債権を取得することができてしまうからです。「確定日付」というのは、証書が作成された日について、裁判上完全な証拠力が認められる場合の日付をいいます。公正証書の日付や、内容証明郵便の日付などがあります。一般的には、譲渡人から債務者へ内容証明郵便によって通知をしてもらうという方法がとられています。

　債務者が倒産も間近な債務者である場合には、他の債権者に対しても同じ債権を譲渡することもあります。債権が二重に譲渡された場合には、その譲渡の効力は、確定日付のある証書による通知が債務者の元へ届いた日時によります。つまり、早いもの勝ちというわけです。

債務者の抗弁に関して

　債権譲渡があった場合に、債務者が債権者に対して有していた抗弁について、債務者は、対抗要件具備時（通知または承諾の時）までに譲渡人に対して生じた事由をもって、譲受人に対抗できます。譲受人に対抗できる事由として、同時履行の抗弁、留置権の抗弁、無効・取消し・弁済による債権不存在の主張などが挙げられます。また、対抗要件具備時までに取得した譲渡人に対する債権による相殺をもって、譲受人に対抗できます。

43 債権譲渡と相殺

債権者の対抗要件具備時が基準になる

● 債権譲渡と相殺が問題となるケース

たとえば、A（譲渡人）がB（債務者）に100万円の甲債権を有し、BがAに100万円の乙債権を有する場合、Aが甲債権をC（譲受人）に譲渡した後、Bは乙債権を自働債権とし、甲債権を受働債権とする相殺ができるか、というのが「債権譲渡と相殺」の問題です（次ページ図）。

● 対抗要件具備時を基準とする

改正前の民法の下では、債権譲渡と相殺に関する規定がありませんでした。しかし、債権譲渡の通知を受ける前から債権者（譲渡人）に対して反対債権を有していた債務者は、両債権の弁済期の先後を問わず、相殺適状に達すれば、反対債権を自働債権とし、被譲渡債権（譲受人に譲渡された債権）を受働債権とする相殺ができるとした判例があります。この判例は、差押えと相殺の問題における無制限説（156ページ）と同じような論理を採用して、相殺によって自働債権を確実に回収する機能（担保的機能）を重視したと解されていました。

もっとも、判例の事案では、債権譲渡の通知が行われた時点では、債権者（譲渡人）の債務者に対する債権の弁済期も、債務者の債権者に対する反対債権の弁済期も未到来のケースにおいて、債権者の債務者に対する債権の弁済期が先に到来するという事例であったことや、債権譲渡における譲受人と債務者との関係が、全くの第三者ではない同一企業の内部問題に関する事例であったことから、一般論として弁済期の到来の有無にかかわらず債務者による相殺が認められるのか否かは不明確なままでした。

そこで、改正後の民法では、条文に明確化しており、判例の見解を基本として、「債務者は、対抗要件具備時より前に取得した譲渡人に対する債権による相殺をもって譲受人に対抗することができる」と規定しています。よって、対抗要件具備時を基準として、それより前に譲渡人に対する債権（反対債権）を取得した債務者は、弁済期の先後を問わず、相殺適状（155ページ）に達すれば、反対債権による相殺を譲受人に主張できることになります。

前述のケースにあてはめると、甲債権の譲渡通知を受ける前に、Bが乙債権（反対債権）を取得している場合には、Bは、両債権が相殺適状に達したときに、乙債権を自働債権とし、甲債権（被譲渡債権）を受働債権とする相

殺ができることになります。

　なお、注意が必要なのは、債権譲渡と相殺の問題は、債務者以外の第三者（二重譲渡の譲受人など）との関係は問題となりませんので、対抗要件といっても、債務者に対する対抗要件を備えていれば足り、第三者対抗要件まで備えている必要はありません（149ページ）。

● 対抗要件具備後に反対債権を取得した場合

　対抗要件具備時を基準にすると、債務者が対抗要件具備時より後に譲渡人に対して取得した債権によって、相殺をすることはできないということになるとも思われます。しかし、対抗要件具備時より後に債務者が取得した譲渡人に対する債権（反対債権）が、①対抗要件具備時より「前の原因」に基づいて生じた債権、または②「譲受人の取得した債権の発生原因である契約」

に基づいて生じた債権である場合は、反対債権による相殺をもって譲受人に対抗できる旨を規定しています。これは債務者による相殺の期待利益の保護を重視したものです。

　ただし、①または②に当てはまる反対債権であっても、その反対債権が対抗要件具備時より後に、他人から取得したものである場合は、反対債権による相殺によっても譲受人に対抗できません。①または②に当てはまらない場合は、もちろん対抗要件具備後に取得した反対債権による相殺を譲受人に対抗できません。

　たとえば、Aの債務者Bが、AC間の債権譲渡の対抗要件具備前の譲渡人Aの不法行為を原因として、対抗要件具備後にAに対する損害賠償債権（治療費など）を取得した場合、Aの不法行為が①の「前の原因」に該当するため、Bは損害賠償債権を自働債権とする相殺をC（譲受人）に対抗できます。

債権譲渡と相殺の関係

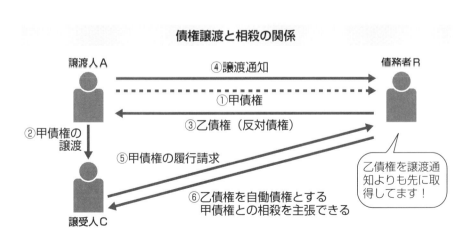

債務引受

第三者が債務者から債務を引受ける

● 債務引受とは

　債務引受とは、債務者の債務をその同一性を保ったまま第三者が引き受けて、第三者が債権者に対して債務を履行する義務を負うことをいいます。別個の債務を負担する保証とは異なります。

　たとえば、AがB銀行から1,000万円を借りた場合を考えてみましょう。AはB銀行との金銭消費貸借契約に基づき、借入金を返済する義務（債務）を負っています。Aが返済に窮していたところ、Aの兄Cがその金銭債務を引き受けたいと申し出ました。そこで、B銀行、A、Cの三者間で協議して債務引受を行うことになりました。

　債務引受により、CはAが負っていた債務と同一の債務を負います。ここで、Aも引き続き債務を負っている場合を併存的債務引受というのに対して、Aの債務が消滅して債権・債務関係から解放される場合を免責的債務引受といいます。そして、Aの債務の履行を引き受けたCのことを引受人といいます。

　改正前の民法では、債務引受に関する規定がありませんでしたが、判例がいずれの類型の債務引受も認めていました。そこで改正後の民法では、債務引受について、明文規定を設けています。

● 併存的債務引受とは

　併存的債務引受は、債権者と引受人との間で、引受人が債務者と同一の債務を引き受けることについて合意することで成立し、直ちにその効力も生じます。一方、債務者と引受人との間で同様の合意をすることによっても併存的債務引受は成立しますが、この場合は債権者から引受人に対して承諾があった時に効力が生じると規定されています。

　併存的債務引受が成立することによって、引受人は債務者と同一の債務を負い、引受人の債務と債務者の債務は連帯債務となります。したがって、債務者は債権関係から離脱するわけではありませんので、債権者にとっては、引受人と債務者のいずれに対しても債務の全部または一部の履行を請求することができるというメリットがあります。

　また、引受人の債務と債務者の債務は連帯債務であることから、引受人が債務を履行した場合、引受人は債務者に対して求償権を取得します。求償権の内容も連帯債務の規律に従うことになります。具体的には、引受人と債務者の債務負担割合に応じた求償権が発生します。なお、併存的債務引受の効力発生時に債務者が債権者に対して主

張できた抗弁をもって、引受人が債権者に対抗できる旨が明文化されています。ただし、債務者が有する取消権や解除権は行使できず、引受人はこれらを根拠として債務の履行を拒絶できるにとどまります。

●免責的債務引受とは

免責的債務引受は、債権者と引受人との間で、引受人が債務者の債務を引き受けることについて合意することで成立します。ただし、この場合は債権者から債務者への通知が行われた時に効力が発生します。

また、債務者と引受人との間で同様の合意をすることによっても成立します。この場合は、債務者が債権・債務関係から離脱することになりますので、債権者が関知しないまま債務者が交代して債権者の利益が害されるおそれがあります。そこで、債権者から引受人に対する承諾があった時に効力が発生するようなしくみを採っているのです。

免責的債務引受が成立することによって、引受人が債務者の債務を引き継ぐとともに、債務者は債務の履行を免れることになります。このように、免責的債務引受では債務者が債権・債務関係から解放されることが制度的に期待されているため、債務を履行した引受人から債務者への求償権は認められていません。

なお、免責的債務引受がされる前の債務に担保権や保証が設定されている場合、債権者は、免責的債務引受と同時にまたはそれより前に、引受人に対する意思表示によって、担保権や保証を引受人の債務を担保するものとして移転が可能です。ただし、保証を移転するときは保証人の書面（または電磁的記録）による承諾が必要です。

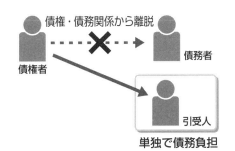

債務引受の類型

併存的債務引受

債権者 → 債務者
債権者 → 引受人
連帯債務

免責的債務引受

債権者 --✕--> 債務者　債権・債務関係から離脱
債権者 → 引受人
単独で債務負担

45 相殺による債権回収①

簡易な債権回収手段

● 相殺とは

　相殺とは、お互いの貸し借りや損得などを対当額で消し合う意思表示のことです。たとえば、AがBに100万円の貸金債権を有し、BがAに100万円の売買代金債権を有する場合に、お互いの債権を100万円（対当額）で消し合うというAまたはBの意思表示が相殺です。このとき、相殺の意思表示をする者の債権を自働債権、相殺の意思表示をする者の債務（相手方の債権）を受働債権といいます。

　相殺の制度は、後に見るように、簡易迅速な決済を可能にする機能と、実質的な債権回収を図る機能（相殺の担保的機能）があります。たとえば上記の事例で、Aが売買代金を支払った後に、Bが支払不能に陥る等の状態になったとしましょう。このとき、Aのみが金銭を支払ったにもかかわらず、Bから貸金債権について支払いを受けることはできず、あまりにも均衡を欠いている状態に陥ります。そこで、仮に当事者の一方が、債権の回収が困難な事態に陥っても、相殺により両当事者の債権を同額により消滅させることが可能になります。つまり、相殺によって両当事者のバランスをとることが可能になるといえます。意思表示のみによって、金銭などを供出せずに債務を免れる効果を得られるのが、相殺の大きな特徴です。

● 簡単でスピーディな決裁手段

　債務者に対して、こちらも買掛金（仕入代金）や手形債務などの債務を負担していれば、原則として双方別々に債務の履行を行わなければならず、非常に煩雑です。そこで相殺という手段により、売掛金債権（売上代金）や商品代金債権を、簡単に回収したのと同じ効果をあげることができます。

　AがBに対して100万円の貸金債権を有し、BがAに対して80万円の売買代金債権を有しているような場合に、AかBの一方から他方に対する意思表示によって、相互に重なり合う金額の分だけ債権債務を消滅させることができます。

　上の例では、これによって80万円分の債権債務が消滅し、AのBに対する20万円の貸金債権が残るだけとなります。

　このように、相殺の意思表示により、対当額において契約当事者の債権は消滅することになりますが、物理的な金銭の移動がないということが最大のメリットです。簡易迅速に決済可能であるとともに、一方の債務者が実際に金

銭等を所持していない場合であっても、決済を行うことができるのです。相殺をするには、自働債権が弁済期に達していなければなりませんが、受働債権は必ずしもその必要はありません。

当事者間の債権が相殺できる状態にあることを相殺適状といいますが、相殺の意思表示をすると両債権は、相殺適状を生じた当時において対当額で消滅します。相殺は、当事者の一方だけの意思表示によって効果が生じるものです。相殺をする際には、対象となる債権、金額、弁済期、相殺後に残存する債権の額等を明確にして通知するのがよいでしょう。

ただし、差押えを禁止された債権など、一定の債権は、相殺が許されないものがあります（次ページ）。

●簡易な債権回収方法

ＡＢ双方が、互いに相手に対して債権をもっていれば、相殺が利用できますが、そうではない場合でも相殺を利用して実質的な債権回収を図ることができます。

たとえば、ＡがＢに対して甲債権を有し、ＢがＣに対して乙債権を有する場合、Ａは本来であれば、Ｂから債務の弁済を受けなければ、自身の債権を消滅させることができません。しかし、甲債権をＣに売却（譲渡）し、Ｃに甲債権を自働債権とする乙債権との相殺をしてもらうことで、譲渡の時点でＡがＣから債権相当額に近い金額の回収を行うことが可能になり（甲債権の売買代金が当てはまります）、実質的に債権回収と同じ効果を上げることができます。

この方法で成功を収めるには、甲債権の譲渡の事実をＡからＢに通知するか、Ｂの承諾を得ることが必要です。通知や承諾は内容証明郵便などの確定日付のある証書で行っておくと安全です。

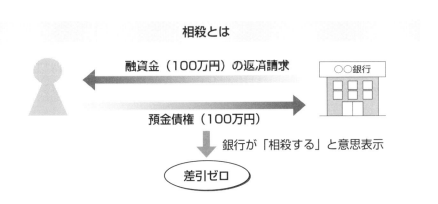

相殺とは

融資金（100万円）の返済請求

預金債権（100万円）

○○銀行

銀行が「相殺する」と意思表示

差引ゼロ

相殺による債権回収②

相殺適状にあることが要件である

相殺の要件（相殺適状）

相殺の意思表示を行うための要件は、①２人がお互いに同種の目的を有する債務を負担している、②双方の債務が弁済期にある、③債務の性質上相殺が許されない場合ではない、④相殺禁止に該当しない、の４つです。これらの要件を満たして相殺の意思表示ができる状態を相殺適状といいます。

要件①の「同種の目的を有する債務」は、双方の債務が物の給付を目的とするときに「同種」かどうかが問題となるのに対し、金銭を目的とするときは特に問題となりません。また、要件②について、受働債権は弁済期到来前でも期限の利益を放棄して相殺ができます。そして、要件③は、為す債務のように、履行に何らかの行為が必要な場合には、相殺を行うことはできません。

相殺禁止とは何か

次に要件④について、詳しく見ていきましょう。相殺禁止とは、債務の性質にかかわらず、当事者の意思表示または法令の規定によって、相殺が許されない場合のことで、以下の４つに分類されます。

ⓐ　相殺制限特約がある場合

相殺を禁止・制限する意思表示（相殺制限特約）は、これを知りまたは重大な過失で知らなかった第三者に対抗できます。

ⓑ　不法行為債権等を受働債権とする場合

改正後の民法は、不法行為により生じた債権を受働債権とする相殺は、損害賠償債権が人の生命・身体の侵害により生じたか否かにより区別しています。

まず、人の生命または身体の侵害（死亡または負傷）による損害賠償債権を受働債権とする相殺は、一律禁止されます。この場合は被害者に現実の給付を受けさせる必要性が高いからです。

一方、人の生命または身体の侵害以外の不法行為（名誉毀損、物損など）の場合は、現実給付の必要性が当然には高くないため、悪意による不法行為に基づく損害賠償債権を受働債権とする相殺のみが禁止されます。ここでの「悪意」とは、単に知っているだけでは足りず、積極的加害意図が必要であると解されています。

ⓒ　差押えを受けた債権を受働債権とする場合

差押えを受けた債権を受働債権とする相殺については、判例（無制限説）とその反対説（制限説）とで見解の対

立がありましたが、改正後の民法の条文は、基本的に無制限説を採用しています。つまり、差押えを受けた債権の第三債務者は、差押後に取得した債権による相殺をもって差押債権者に対抗できないのに対し、差押前に取得した債権による相殺をもって差押債権者に対抗できます。

たとえば、AがB（第三債務者）に100万円の甲債権を有し、BがAに100万円の乙債権を有する場合、その後にAの債権者（差押債権者）が甲債権を差し押さえても、乙債権は差押前に発生しているため、Bは甲債権を受働債権とする相殺が可能になります。

ⓓ　**差押禁止債権を受働債権とする相殺**

差押禁止債権を受働債権とする相殺は禁止されています。たとえば、生活扶助請求権や給与債権の一部などが挙げられます。

●相殺の効果

相殺の意思表示は、条件や期限を付することができず、相殺適状時に遡って効力を生じます。

また、自働債権・受働債権が複数ある場合に、相殺をする債権者の債権（自働債権）が、債務者に対して負担する債務（受働債権）の全部を消滅させるのに足りないときは、当事者の充当合意がある場合を除き、相殺適状が生じた時期の順序によって充当する旨が明確にされています。

不法行為債権等を受働債権とする場合の相殺禁止

【改正前の民法】

不法行為により生じた債権を受働債権とする相殺を一律禁止

損害賠償債権が人の生命・身体の侵害で生じたか否かで区別

【改正後の民法】

人の生命または身体の侵害（死亡または負傷）による損害賠償債権を受働債権とする相殺は一律禁止される

→ 被害者に現実の給付を受けさせる必要性が高い

人の生命または身体の侵害以外の不法行為の場合は、悪意（積極的加害意思）による不法行為に基づく損害賠償債権を受働債権とする相殺のみが禁止される

→ 名誉毀損・物損などは現実給付の必要性が当然には高くない

47 相殺契約
相殺とは似て非なるもの

● 相殺契約とは

相殺と似て非なるものとして、相殺契約があります。相殺契約というのは、当事者の一方から他方に対する意思表示ではなく、当事者双方の契約によって相互の債権債務を消滅させることです。つまり、当事者が合意することで内容を決めることができるわけです。

相殺契約は、互いに有する権利義務関係を簡易迅速に整理したい場合において、特に民法上の相殺ができない場合（たとえば、債権の目的たる給付の性質が異なる場合）に利用されています。金銭債務にとどまらず、物品の給付を目的とする債務と金銭債務との相殺契約なども可能です。

なお、相殺を行うために相手方へ相殺の意思を通知する書面が相殺通知です。通知書には、「債権債務を示し、右債権債務を対当額で相殺致します」と書きます。実際には内容証明郵便で行います。

相殺契約書サンプル

相殺契約書

　○○産業株式会社（以下「甲」という）と、△△商事有限会社（以下「乙」という）は、相互に有する債権債務の相殺に関し、次のとおり契約する。

〜〜〜〜〜〜〜〜〜〜〜〜〜〜〜〜〜〜〜〜〜〜〜〜〜〜〜〜〜〜

第3条（相殺合意） 甲および乙は、前2条に掲げる個々の債権債務につき、期限の利益を放棄した。

2　前項において、甲および乙は、本契約締結の日をもって対当額につき相殺することを合意した。

第4条（相殺通知書） 本契約は、甲乙双方が、相殺通知書を配達証明付き内容証明郵便で送付することにより、未然に紛争の予防をはかることとする。

第5条（免責） 第3条の相殺の結果、甲が乙に対し有する第1条の買掛金の残高の支払債務は、乙において、これを免除する。

　以上、相殺契約の成立を証するため、本書を2通作成し、各自記名押印の上、各1通を保有することとする。

48 所有権留保

おもに割賦販売で利用する

◉所有権留保とは

　所有権留保とは、売買契約において、売買代金が支払われるまで、売買目的物の所有権を売主に留保するという担保の方法です。買主の代金不払いのときには、売主は所有権に基づいて目的物を取り戻し、代金に充てることができますから、代金債権を担保することになります。

　所有権留保は、割賦販売（分割払いによる販売）などでよく使われます。

　たとえば、販売店Aが客Bに自動車、あるいは、パソコンを分割払いで売るという契約をする場合、通常、その自動車やパソコンの所有権は、売買代金の全額が支払い終わるまで、売主に留保されるという特約がつけられます。この特約が所有権留保です。これにより、売主である販売店Aは、客Bの支払が滞ったときは、売買契約を解除して、所有権に基づいて自動車あるいは

パソコンの返還を求めることができます。

　所有権留保は、割賦販売の場合につき、売買代金を売買商品そのもので担保するものだといえます。

◉所有権留保の実行

　債務者が代金を支払わない場合の実行の方法は目的物の引き揚げです。この場合、目的物は債務者が所持していますが、これを同意なく引き揚げることは許されません。

　同意なく債務者から引き揚げると窃盗罪となり、刑事罰を科せられるおそれもあります。そのため、所有権留保物の引き揚げという私的実行は債務者の同意がなければ実現できないという限界があります。

　この場合も強制的に実行するには裁判所に引渡しを求める訴訟を提起することが必要になります。

所有権留保のしくみ

割賦販売

売主 ←→ 買主

代金を全額回収するまで
所有権は売主にある

● 代理受領と振込指定

債務者が第三者に対してもっている債権が、譲渡を禁止または制限されているものである場合（譲渡制限債権）は、債権譲渡を受けないで、支払いだけを受ける代理受領や振込指定という方法があります。

どちらの方法も、譲渡が禁止されている債権についても可能な方法であることの他に、債務者や第三債務者（債務者の持っている債権の債務者）の協力が得やすいという特徴があります。

しかし、債権譲渡のように第三者に債権の存在を主張する方法（対抗要件）がありませんので、回収前に対象とする債権を譲り受けたり、差し押さえたりした債権者が現れると負けてしまうというデメリットもあります。

① 代理受領

債権者が債務者から、対象とする債権について取立てと支払いを受領する権限の委任を受けて、これによって第三債務者から受領した金銭を、自分の債権の支払いにあてるという方法です。

② 振込指定

第三債務者から債務者へする支払いを、債権者が指定する銀行口座にしてもらい、そこに振り込まれた金銭を自分の債権に充当しようという方法です。

代理受領のしくみ

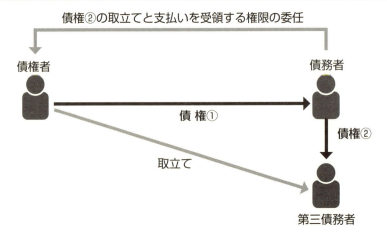

債権②の取立てと支払いを受領する権限の委任

債権者　　　　　　　　　債務者

債 権①

債権②

取立て

第三債務者

第 6 章

内容証明・支払督促
・訴訟の知識

1 債務者の態度に応じた回収方法

債務者の姿勢をみて選択する手段を考える

● 最も効果的な方法を選ぶ

　債権回収の最後の手段は訴訟ということになります。ただし、訴訟に持ち込むには、費用や時間という点、取引先との将来の関係などの点から考えて、それなりの覚悟は必要です。最初から訴訟一本でいくというのも1つの手段ではありますが、債務者の態度に応じて柔軟な対応ができることも大切です。

　もちろん、債権回収のための手段は訴訟に限るものではありません。

　後述するさまざまな債権回収の方法があります。たとえば、執行認諾約款がある公正証書（80ページ）があれば、これを利用して債権回収が図れます。和解や調停によって調書を得た場合も、同様です。債務者が支払いに積極的に協力しない場合には、支払督促（170ページ）という制度を利用するこ

とができます。

　債務者が争う姿勢を見せている場合には、仮差押を利用するということもあります。仮差押（185ページ）は、こちらが提出した証拠だけをもとに行いますから、債務者の資産隠しを防止するだけでなく、債務者に対する相当な圧力にもなります。この方法は、仮の形ではありながらも、いきなり強制執行の方法をとるようなものです。

　こうした方法を念頭に置きながら、実際に債務者と交渉にあたるわけですが、その際に注意しておくことが2つあります。1つは、少しでも多く取り立ててくるという観点です。もう1つは、後に法的手段をとることに備えて、立証のための資料を確保することです。後々の展開をにらみながら、布石を打っておくことは大切です。

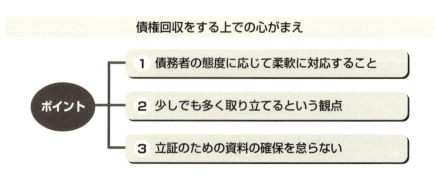

債権回収をする上での心がまえ

ポイント

1 債務者の態度に応じて柔軟に対応すること

2 少しでも多く取り立てるという観点

3 立証のための資料の確保を怠らない

2 法的手段の種類

訴訟以外にもさまざまな手段がある

◯訴訟以外の手段もある

債権回収の最後の手段は、訴訟ということになりますが、支払督促や調停など下図に掲げるさまざまな方法も用意されています。

したがって、債権回収を行うにあたっては、債務者の状況、費用や時間、取引先との将来の関係などの要素を考慮して適切な回収手段を選択することになります。

訴訟も辞さないという覚悟があれば、それを1つの圧力として、債務者と交渉にあたることができますが、債権回収を行う際には、1つの方法に固執せず大局的な観点からベストな方法を選択することが大切といえます。

さまざまな債権回収手段

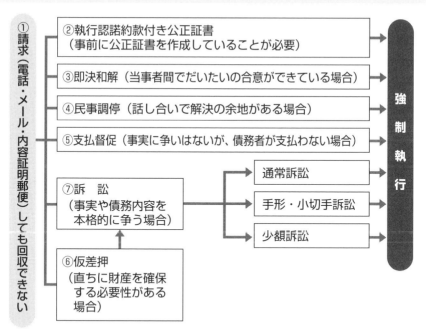

①請求（電話・メール・内容証明郵便）しても回収できない

- ②執行認諾約款付き公正証書（事前に公正証書を作成していることが必要）
- ③即決和解（当事者間でだいたいの合意ができている場合）
- ④民事調停（話し合いで解決の余地がある場合）
- ⑤支払督促（事実に争いはないが、債務者が支払わない場合）
- ⑦訴　訟（事実や債務内容を本格的に争う場合）
  - 通常訴訟
  - 手形・小切手訴訟
  - 少額訴訟
- ⑥仮差押（直ちに財産を確保する必要性がある場合）

強制執行

3 内容証明郵便のメリット・デメリット

債務者に心理的圧力をかけることができる

● 内容証明郵便とは

内容証明郵便は、誰が・いつ・どんな内容の郵便を・誰に送ったのか、を郵便局が証明してくれる特殊な郵便です。一般の郵便ですと、後々そんな郵便は受け取っていない、いや確かに送った、というようなトラブルが生じないとも限りませんが、内容証明郵便を利用しておくと、そうした事態は避けられます。

そのため、債権者が郵便で支払請求する場合にも、内容証明郵便を利用すれば郵便物を発信した事実から、その内容、さらには相手に配達されたことまで証明をしてもらえるので、後々訴訟になった場合に強力な武器となるでしょう。

また、法的な効果をもつ文書は、それが相手方に到達した時に効力を生じるというのが原則です。内容証明郵便に配達証明のサービスをつけて出せば、相手方に届いたことと、その年月日が証明されます。別途料金がかかりますが、内容証明郵便を出すときには、配達証明をつけて出すのがよいでしょう。

● 内容証明郵便のメリット

内容証明郵便には以下のようなメリットがあるので、うまく利用すればスムーズに債権回収を図ることも可能です。

① 心理的圧迫・事実上の強制

内容証明郵便は特殊な郵便物であるため、受け取った相手をいい意味で動揺させることができます。

特に、資格をもった法律家の名前で送られてきた内容証明郵便や、裁判所の中にある郵便局から発送された内容証明郵便は、受取人に強烈な心理的プレッシャーを与えるので、債権回収手段としてよく利用されます。

② 差出人の真剣さを伝える

通常の手紙ではなく、あえて内容証明郵便を送付したということから、相手方に対し、裁判も辞さないといった差出人の堅い決意・真剣な態度を示すことができます。

③ 今後の手続きのための布石

証拠が十分でないため、裁判などに訴えにくい場合、内容証明郵便を使うと、それまで何度請求してもなしのつぶてだったのに、受け取った側から分割払い・支払延期の申し出をしてくることがあります。

債権者は、それらの書面を債務者自身が債務の存在を認めた証拠として利用することができます。

●内容証明郵便のデメリット

内容証明郵便自体には、債務者に支払いを強制させる、財産を差し押さえられるといった特別な法的効力があるわけではありません。

債権者としては、それに対する債務者の反応しだいで、支払督促や訴訟といった次の手段を講じていくことになります。

また、電子文書の送達の場合などの例外を除いて、文書は相手方に届かなければ効力が生じないので、不送達の場合の対応を考えることも必要です。

たとえば、①受取人の家族や社員も含めて誰にも渡せないと、郵便局に郵便物が持ち帰られることになります。

この場合、内容証明郵便であっても、受取人に届かなかったことになるので注意が必要です。

また、②内容証明郵便は、受取りを強制するものではないので、受取りを拒否すること自体は特に問題はありません。受取りを拒否しても、通知があったことを知ったわけですから、通知は届いたものとして扱われます。

さらに、③受取人が、差出人の知らない間に転居・夜逃げしていた場合は郵便は到達しないので、内容証明郵便を差し出した効果としては何も発生しないことになります。

債権者はこのような内容証明郵便の性質をよく把握しておく必要があります。

内容証明郵便サンプル（貸金返還請求）

催告書

金50万円

当方は、平成○年○月○日、金50万円を、利息○年○割、弁済期を平成○年△月○日と定めて、貴殿に対し、お貸し致しました。

しかしながら、弁済期が徒過した現在に至るも、貴殿からは、弁済を頂いておりません。

つきましては、本書面をもって、右元本50万円並びにこれに対する平成○年○月○日から完済に至るまで年2割2分の割合による遅延損害金をお支払い頂きたく、ご請求申し上げます。

なお、右期間内にお支払いのない場合には、法的手続をとらせて頂く所存であることを念のため申し添えます。

平成×年×月×日

東京都世田谷区桜上水×丁目×番×号
株式会社五味クレジット
代表取締役　五味寿安　印

東京都杉並区南阿佐ヶ谷北×丁目×番×号
大島晋　殿

165

4 内容証明郵便の書き方

内容証明郵便の表現は明確かつ簡潔に

● 最低3通必要になる

内容証明郵便は、受取人が1人の場合でも、同じ内容の文面の手紙を最低3通用意する必要があります。

ただし、全部手書きである必要はなく、コピーでも大丈夫です。郵便局ではそのうち1通を受取人に送り、1通を局に保管し、もう1通は差出人に返してくれることになっています。同じ内容の文面を複数の相手方に送る場合には、「相手方の数＋2通」用意することになります。

用紙の指定は特にありません。手書きの場合は原稿用紙のようにマス目が印刷されている、市販のものを利用してもよいでしょう。入力ソフトで作成してもよいことになっています。

● 内容証明郵便で送る文書の中身

枚数に制限はないものの、主旨を簡潔に、一定の形でまとめた方が確実に相手に伝わります。

① 表題

「通知書」「督促状」など文書につけるタイトルです。内容証明郵便の主旨が一目でわかるようにつけておくと効果的です。

② 前文・後文

一般の手紙とは異なり、基本的には省略してかまいませんが、相手との関係、お願いなどが内容に含まれる場合は、仰々しい内容証明郵便であってもやや柔らかく相手に伝える効果が期待できるので記載します。

③ 本文

言うまでもなく必要事項を確実に、相手に伝わりやすい表現で記載します。原則として主観的な感情や背景事情は記載しない方がポイントが伝わりやすくなります。また、間違いがあるまま発送しても撤回できず、相手にスキを与えるので、書く前に事実確認を十分に行った上で作成することが望まれます。

④ 差出人・受取人

いずれも個人の場合は住所、氏名を記載し、会社などの法人の場合は所在地、名称とあわせ、代表者名を記載して（受取人の代表者名はわかればでよい）、差出人印を押印をします。代理人を立てた場合は代理人も同様に記載して押印します。この記載は、郵便局に持参する封筒の差出人や受取人と一致している必要があります。また、標題にあわせて「請求者」「被請求者」などの肩書をつけてもよいでしょう。

⑤ 差出年月日

差出日を明確にするため記載します。

字数などの制限がある

　内容証明郵便を出す場合には、若干注意すべきことがあります。

　まず、以下の表のように、1枚の用紙に書ける文字数と行数に制約があります。枚数に制限はありませんが、1枚増えるごとに料金が加算されます。

　使用できる文字は、ひらがな・カタカナ・漢字・数字です。英語は固有名詞に限り使用可能です。数字は算用数字でも漢数字でも使用できます。また、句読点や括弧なども1字と数えます。一般に記号として使用されている＋、－、％、＝なども使用できます。なお、①、⑵などの丸囲み、括弧つきの数字は、文中の順序を示す記号として使われている場合は1字、そうでない場合は各文字および枠（1字）の合計で計算します。

　用紙が2枚以上になる場合には、ホチキスやのりでとじて、そのページのつなぎ目に左右の用紙にまたがるように、差出人のハンコを押します。

郵便局へ持っていく

　こうしたできた同文の書面を3通（受取人が複数ある場合には、その数に2通を加えた数）と、差出人・受取人の住所、氏名などを書いた封筒を、受取人の数だけ持って郵便局の窓口へ提出します。郵便局は、近隣の大きな郵便局（集配を行う郵便局と地方郵便局長の指定した無集配郵便局）を選んでください。その際、字数計算に誤りがあったときなどのために、訂正用に印鑑を持っていくのがよいでしょう。

内容証明郵便の書き方

用　　紙	市販されているものもあるが、特に指定はない。 B4判、A4判、B5判が使用されている。
文　　字	日本語のみ。かな（ひらがな、カタカナ）、 漢字、数字（算用数字・漢数字）。 外国語不可。英字は不可（固有名詞に限り使用可）
文字数と 行数	縦書きの場合　　：20字以内×26行以内 横書きの場合①：20字以内×26行以内 横書きの場合②：26字以内×20行以内 横書きの場合③：13字以内×40行以内
料　　金	文書1枚（430円）＋郵送料（82円）＋書留料（430円） ＋配達証明料（差出時310円）＝1252円 文書が1枚増えるごとに260円加算

※平成29年9月1日消費税8％改訂時の料金

5 電子内容証明郵便制度

一度に複数の内容証明郵便が出せる

● 24時間いつでも出せる

インターネットの急速な普及とともに、情報処理の電子化の波は、内容証明郵便にも及んできました。2001年2月から、新東京郵便局を中心として電子内容証明サービスが始まりました。これは、現在の内容証明郵便を電子化して、インターネットを通じて24時間受付を行うサービスです。

郵便局から出す内容証明郵便では、内容証明郵便にする文書3通（受取人1名の場合）を、郵便局員が実際に読んで内容を確認し、記入にミスがないかを調べます。そのため、ある程度の時間がかかりますし、郵便局が開いている時間でなければ受け付けてもらえません。

しかし、電子内容証明サービスを利用すれば、受付はインターネットを通じて行われるため、24時間いつでも申込みをすることができます。文書データを送信すれば、自動的に3部作成し処理してくれますので、手続は短時間で終了します。したがって、簡易な手続きで利用することができる電子内容証明は、特に郵便窓口に行く時間のない人にとって、非常に便利な制度といえます。それ以外でも、たとえば、定期的に内容証明郵便を出す予定がある人には、簡易な手続きでさまざまな宛先に、一度で複数の内容証明郵便を差し出すことができるため、広く利用されています。

差出人から送信された電子内容証明文書のデータは、郵便局の電子内容証明システムで受け付けます。

その後、証明文と日付印が文書内に挿入されてプリントアウトされ、できあがった文書は封筒に入れられて発送されます。

● 電子内容証明サービスの利用準備

まず、利用者登録が必要となりますが、日本郵便の電子内容証明サービス（e内容証明）のホームページ（https://e-naiyo.post.japanpost.jp/）から行います。利用料の支払いはクレジットカードまたは料金後納を選択することができます。クレジットカードを選択すると登録はすぐに完了しますが、料金後納を選択すると料金後納承認の手続きが必要なので、登録まで日数がかかります。登録自体は無料です。

なお、以前は専用ソフトウェアを手持ちのパソコンにインストールする必要がありました。しかし、2016年4月以降は、専用ソフトウェアのインストールが不要となり、ホームページ

閲覧などに用いるブラウザ（Internet Explorerなど）を操作して、電子内容証明の作成を行うことになりました。

●電子内容証明の文書の作成

電子内容証明で送る文書は、Microsoft社「Word」（2007以降のWindows版のみ対応）で作成されたものに限定されています（2017年8月現在）。文書の体裁は、通常の内容証明郵便と異なり、次のとおりです。

① 用紙設定

用紙は、A4サイズで、縦置き・横置きを問いませんが、縦置きの場合は横書き、横置きの場合は縦書きでなければなりません。

余白は、縦置きは上・左右に1.5cm以上、下に7cm以上、横置きは上下・右に1.5cm以上、左に7cm以上必要です。

通常の内容証明郵便と大きく異なるのは、1ページ内の文字数制限が大幅に緩和されていることと、逆に一度に出せる枚数に制限があることです。文字数は上記余白と後記のポイント（文字の大きさ）で収まる範囲まで記載できます。他方、枚数は最大で5枚までとなっています。

② 文字サイズと種類

文字サイズは、10.5ポイント以上、145ポイント以下であれば自由です。使用できる文字は、JIS第1、第2水準の範囲の文字とされていますので、外字等が使用できません。なお、文字の装飾は「太字」と「斜体」のみ使用が認められています。

詳細は電子内容証明のホームページ上にある説明書などで確認できます。

文書作成後、差出人や受取人の他、配達証明や速達等の指定をし、専用フォーマットに変換したものをインターネット経由で送信して完了です。

電子内容証明郵便の出し方

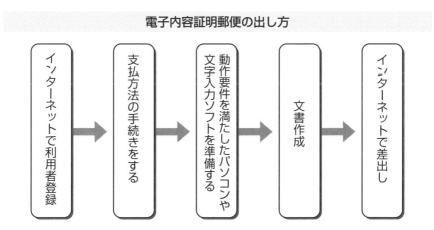

インターネットで利用者登録 → 支払方法の手続きをする → 動作要件を満たしたパソコンや文字入力ソフトを準備する → 文書作成 → インターネットで差出し

6 支払督促

簡裁を通じて債務の支払いを督促する

●簡易裁判所が関与する

　支払督促とは、簡易裁判所の裁判所書記官を通じて債務者に対して債務を支払うように督促する制度です。

　内容証明郵便とは違い、支払督促は裁判所が関与する手続です。内容証明郵便で催促することも債権者の強い意思を債務者に対して示すことになりますが、支払督促の場合、裁判所の手続を利用している分、債権者の覚悟のほどはより強く債務者に伝わります。それだけに、督促を受けただけで債務者がすぐに支払うということがよくあります。

　ただ、債権の存在・債権額・支払期限などについて異論があるとして、相手方（債務者）が異議を申し立てて、督促に応じない場合には、通常の訴訟手続に移行します。債権者としても、それなりの覚悟が必要なのです。

　支払督促は、債務者との間で債権の存在や内容について争いがないケースで、よく利用される手続きといえます。

●審査は形式的になされる

　支払督促の申立てを受けた簡易裁判所の裁判所書記官は、内容についての審査は行いません。審査は、申立時に提出された書面を形式的に確認する方法で行われます。

　申立内容が正しいものとして、手続を進めるわけです。裁判所書記官は、申立てについて、形式的な要件を充足しているかどうかを審査します。たとえば、同じ内容の申立てを二重に行う二重申立ては無意味なことであるため、形式的に判断された上で却下（申立内容を判断することなく申立てを退けること）されます。支払督促の申立てを行う場合には、事前に漏れがないかを確認するようにしましょう。

●申立てが受理され審査される

　要件が充たされていないと、申立ては却下されてしまいます。事前の準備を十分にした上で、簡易裁判所に行くべきでしょう。

① 支払督促の対象となる債権

　支払督促の対象となるのは、「金銭その他の代替物または有価証券の一定数量の給付請求権」に限られます。ほとんどの場合は金銭債権です。中古車を購入したのに引き渡してくれない場合の引渡請求については、支払督促を利用することはできません。

　なお、債権が支払督促の対象となるには、その支払期限が到来していることが条件です。

② **管轄の簡易裁判所へ申し立てる**

債務者の住所、主たる事務所・営業所の所在地を管轄する簡易裁判所の裁判所書記官に、支払督促の申立てをしなければなりません。申立書には債務者の住所・所在地を記載するので、この要件も書面審査で容易に判断されます。管轄外の裁判所に申立てをしても、却下されてしまいます。申立手数料は、請求する金額に応じて決まりますが、通常訴訟の手数料の2分の1となっています。

③ **請求の趣旨が適法であること**

請求の趣旨及び原因が不適法であると、やはり申立ては却下されます。特に、借金の取立ての場合には、利息制限法の規制に気をつけなければなりません。同法では、元本が10万円未満であれば年20％、10万円以上100万円未満であれば年18％、100万円以上であれば年15％を上限としています。これを超過した分は無効なので、たとえ債務者が同意していても、申立ては却下されます。

④ **簡単な不備は補正する**

提出された申立書が審査され、不備が簡単なものであれば、すぐに補正（補充や訂正）するように言い渡されます。手数料や添付すべき予納郵券（切手）が不足していると、追加納付が指示されます。この補正は任意ですが、補正に応じないと、裁判所書記官は一定の期間を定めて補正を命じます（補正命令）。この補正命令に応じないと、申立ては却下されます。

⑤ **申立てが受理された後**

無事に申立てが受理されると、事件番号がつけられます。「平成○○年（ロ）第○○○号」といったもので、以後裁判所へ問い合わせるときなどにはこの番号を使用するので、メモしておきましょう。

支払督促手続き

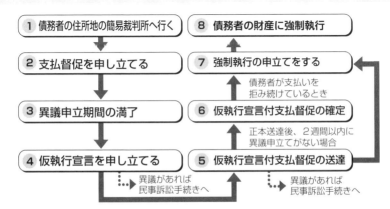

1 債務者の住所地の簡易裁判所へ行く
2 支払督促を申し立てる
3 異議申立期間の満了
4 仮執行宣言を申し立てる
　異議があれば民事訴訟手続きへ
5 仮執行宣言付支払督促の送達
　異議があれば民事訴訟手続きへ
　正本送達後、2週間以内に異議申立てがない場合
6 仮執行宣言付支払督促の確定
　債務者が支払いを拒み続けているとき
7 強制執行の申立てをする
8 債務者の財産に強制執行

支払督促と仮執行宣言

仮執行宣言の申立てが必要

● 仮執行宣言とは

　支払督促という制度は、裁判所からの督促を通じて債務者に心理的圧迫をかけて、債務者からの自発的な支払いを促すものです。

　しかし、債務者が素直に支払わない場合には、最終的には強制的に債権者の満足を得ることが必要になります。そのために用意されているのが、仮執行宣言です。

　通常の訴訟では、債権者が勝訴判決を得てそれが確定すると、判決に執行力が生じます。執行力とは、判決にもかかわらず債務者が支払いなどの判決内容を実現しない場合に、裁判所によって強制的にその内容を実現することができる効力です。この執行力に基づいて、強制的に債権を実現する手続を強制執行といいます。

　執行力は通常の訴訟の場合だけではなく、支払督促の場合でも発生します。しかも、支払督促が確定する前でも、裁判所が仮の執行力を与えることがあります。それが「仮執行宣言」なのです。仮執行宣言は、債権者が迅速に手続を進めて、債権の実現を図ることができるための制度です。支払督促に仮執行宣言がつけられると、債権者は強制執行の申立てをすることができるよ

うになります。

● 仮執行宣言の申立手続

　債権者にとっては非常に便利な仮執行宣言ですが、何もしないままつけられるわけではなく、債権者が支払督促の申立てをした裁判所に対して仮執行宣言の申立てをすることが必要です。

　仮執行宣言の申立ての手続は、支払督促の申立手続と似ており、支払督促の申立てをした裁判所で書面によって行います。

　仮執行宣言の申立ての際に気をつけるべきことは、申立てができる期間が限られているということです。

　まず、いつから申立てができるかというと、支払督促正本が債務者に送達された日の翌日から2週間経過すれば、仮執行宣言の申立てができます。

　次に、送達後2週間を経過した日の翌日から30日を経過したら、申立てができなくなり却下されてしまいます。

　仮執行宣言の申立てが受理されると、裁判所書記官は審査を行った上で、債務者と債権者に仮執行宣言付支払督促を送達します。

　仮執行宣言付支払督促が債務者に送達され、異議の申立てがなく2週間が経過すると、支払督促は確定します。

8 民事調停

裁判所に間に入ってもらい話し合いで解決する

● 円満な解決を望むなら最適

あくまでも話し合いで解決したいということであれば、民事調停を利用する方法があります。民事調停は、裁判官と民間人から構成される調停委員会が、当事者間の合意成立に向けて援助・協力するという制度です。

民事調停は、債権者からでも債務者からでも申立をすることができます。管轄裁判所は、相手方の住所地を管轄する簡易裁判所です。申立書の用紙は簡易裁判所の窓口に用意されています。

申立時には、請求の価額に応じた収入印紙と予納郵券、添付書類を提出します。郵送でも大丈夫です。

手数料は訴訟手数料の半額で、予納郵券は、裁判所や相手方の数によって違ってきます。

当事者双方の互譲・協力がなければ調停は成立しません。必ず調停が成立して解決できるという保証はありませんが、取引先との関係を維持しながら、円満な解決を望む場合や、コストの点から、できるだけ早く・安く解決したい場合などには利用してみる価値はあります。

また、債務の存在は認めているが支払能力に多少の不安がある債務者について、減額や猶予、分割払いなどある程度の譲歩をしても、任意の支払いで回収した方が得策な場合などにも、調停は利用してみる価値があります。

調停が成立すると、訴訟における確定判決と同一の効力をもちます。債務者が調停内容を守らなかった場合には、調停調書に基づいて強制執行（192ページ）をすることもできます。

第6章　内容証明・支払督促・訴訟の知識

民事調停手続の流れ

トラブル発生 → 簡易裁判所へ申立て → 呼出状送達 → 調停期日 → 合意成立 → 調書作成 → 強制執行

不成立の時は訴訟などで解決する

9 特定調停

合意がないと成立しない

どんな手続きなのか

特定調停とは、裁判所に債権者と債務者が呼び出され、話し合いで紛争を解決する制度です。これは借金整理専門の民事調停です。

特定調停の手続きは、民間人（調停委員）2人と裁判官1人から構成された調停委員会によって進められます。特定調停では、債務総額を減額しながら債務者が破産する前に借金問題の解決等をめざします。裁判所や調停委員はあくまでも中立の立場ですから、すべて債務者に有利にことが運ぶわけではありません。しかし、通常は、債務額や返済方法に関して、債務者の資産状況に配慮した結果となってしまうことは否定できません。

特定調停はあくまで調停ですから、原則として調停相手とされた債権者が同意しなければ調停は成立しません。また、調停の効果は合意が成立した当事者だけに及びます。

強制執行することができる

特定調停は民事調停とほぼ同じ手続きです。

話し合いがまとまれば、調停調書を作成して手続が終了します。当事者が合意に達しなければ調停は成立しませんが、合意が得られた調停案は調書に記載されると訴訟による確定判決と同じ効力をもつものとなります。

つまり、調停内容にしたがった返済計画が実行されなければ、債権者は強制執行することもできるわけです。

特定調停の手続きの流れ

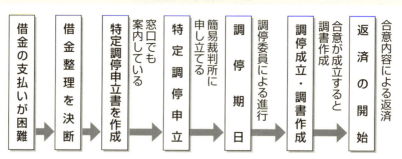

借金の支払いが困難 → 借金整理を決断 → 特定調停申立書を作成（窓口でも案内している）→ 特定調停申立（簡易裁判所に申し立てる）→ 調停期日 → 調停委員による進行 → 調停成立・調書作成（合意が成立すると調停調書作成）→ 返済の開始（合意内容による返済）

10 請求金額と管轄裁判所

訴額140万円を境に簡易裁判所と地方裁判所にわかれる

● 140万円というのが分かれ目

　債権回収のような法的紛争を民事事件といいます。この場合、訴えを提起する裁判所は、簡易裁判所か地方裁判所になります。では、どちらに訴えを提起するのでしょうか。その区分けの目安は、140万円という金額です。

　訴訟の目的物の価額、つまり訴額が140万円以下の場合は簡易裁判所、140万円を超える場合は地方裁判所が、第一審の管轄裁判所になります。

● 申し立てる裁判所の管轄

　地方裁判所か簡易裁判所かが決まっても、どの地方裁判所や簡易裁判所に申し立てればよいのでしょうか。

　基本的には、「訴えは相手方のところへ出向いて」というのが原則です。つまり、被告の住所地を管轄する裁判所が扱うことになります。被告が会社などの法人の場合、主たる事務所（本社）または営業所の所在地、それがないときは、主たる業務担当者の住所地を管轄する裁判所が扱うことになります。

　また、当事者間で管轄の合意がなされていない場合には、債務の弁済は債権者の住所地で行うのが原則とされていますから、「義務履行地」である債権者の住所地を管轄する裁判所に訴訟を提起することもできます。

　一方、被告（債務者）が複数いて、それぞれの住所地・所在地が異なる場合は、その複数の被告のうちの一人の住所地を管轄する裁判所にも、訴訟を提起することができます。

　もっとも、契約書を取り交わすような取引では、その契約書の中で、紛争になった場合の管轄裁判所のとりきめがなされているのが一般的です（専属的合意管轄条項）。

訴額140万円が分岐点

請求金額 → 140万円を超えるか
Yes → 地方裁判所に訴える
No → 簡易裁判所に訴える

原則として被告の住所地で訴える

60万円を超えると通常訴訟　　60万円を超えないと少額訴訟

通常訴訟による回収①

回収したい債権額と訴訟コストを天秤にかける

● 住所地の裁判所に訴えを起こす

債権回収の最も本格的な手段は、やはり訴訟を起こすことです。

訴訟を起こす最大のメリットは、勝訴すれば、最終的には相手方の財産に対して強制執行をし、債権回収の目的を果たすことができるということです。他の制度では、金銭などの請求に限られるなどの制約がありましたが、訴訟にはそうした制限もありません。また、10年未満の期間で時効消滅する債権でも、判決で債権が認められれば、以後、時効期間は10年と長くなります。

ところで訴訟というと何か大変なことのようにも聞こえますが、それほど複雑な内容の事件でなければ、1人で行うことも可能ですし、2～3か月程度で終了することもあります。

しかも、金銭債権の支払請求であれば、相手方の住所地だけでなく、「義務履行地」であるこちらの現在の住所地の裁判所も管轄ですので（金銭債権の義務履行地は原則として債権者の現在の住所地です、136ページ）、近くの裁判所に訴訟を起こすことができます。もっとも、訴訟を提起する場合は、弁護人に依頼するのが一般的です。弁護人に支払う報酬等の費用を事前に確認してから依頼するようにします。

● 訴訟にかかるコストを考慮する

しかし、訴訟を起こしても、100％勝てるという保証はありません。確かに債権はあるはずなのに、訴訟で負けてしまうと、債権は回収できなくなります。とくに証拠の保存が十分でない場合は、負けてしまうこともあります。

また、訴訟にかかる手間や時間・費用もバカにはなりません。裁判所に納める手数料は、請求金額（訴訟物の価額）によって異なり、請求金額が高額になるほど、手数料も高額になります。証人を呼ぶ必要がある場合には、証人の日当や宿泊費として、それぞれ7000～9000円程度、それに交通費などが必要になります。証拠などについて鑑定が必要になれば、鑑定費用としてある程度の費用が必要となります。相手方が徹底的に争ってくる場合には、それなりの時間がかかります。

さらに、複雑な内容になると、弁護士の助力が必要になります。弁護士費用は、訴訟に勝ったとしても、原則として自己負担です。相手方の負担にできるのは、裁判所に納める訴訟費用だけです。結局のところ、訴訟にかかるコスト（手間・時間・費用）を総合的に判断して訴訟にふみきるかどうか、判断することになるでしょう。

12 通常訴訟による回収②

和解を念頭におくとよい

● 訴状の提出から呼出状がくるまで

訴訟は、裁判所に訴状を提出することから始まります。受理された訴状には、受付印が押され、事件番号がつけられます。訴訟は、この事件番号によって特定され、管理されます。

その後、被告となる債務者には、第1回期日の呼出状と答弁書催促状とともに、訴状が送達されます。原告である債権者には、第1回期日の呼出状が送達されます。

● 法廷内で行われる手続き

訴訟は、中立・公正な第三者である裁判官の前で、原告・被告双方がそれぞれ自分の言い分を主張し、それを証拠によって証明し合うという構造をとっています。

訴訟の手続では、被告が答弁書を提出し、原告の請求とその根拠となる事実に対する認否を行います。裁判官が、証拠調べなどによって心証を得れば、訴訟は終わり、判決期日が定められます。

判決期日には、裁判所から判決が言い渡されます。判決に不服がある当事者は、判決書送達後14日以内に上級裁判所へ控訴して争うことができます。

訴訟では、はっきりと決着がつくこともありますが、実際には双方互譲しての和解によって終結することもあります。裁判所の方もタイミングを見て和解を勧めてきます。

債権者としても債権回収の見込みがつけばよいのですから、和解に応じることも念頭においておきましょう。

訴訟の実際

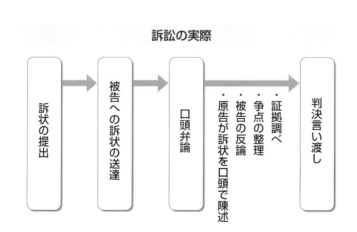

訴状の提出 → 被告への訴状の送達 → 口頭弁論・原告が訴状を口頭で陳述・被告の反論・争点の整理・証拠調べ → 判決言い渡し

13 少額訴訟①

60万円以下の金銭請求に限られ、1回の期日で判決が出る

● 少額訴訟のしくみ

とかく時間と費用のかかる民事訴訟手続についてスピーディな解決をはかるために導入されたのが、少額訴訟の制度です。少額訴訟で扱われるのは、60万円以下の金銭請求に限られています。たとえば、動産の引き渡しを請求する訴えなどの場合には、この手続は利用できません。法廷ではなく、皆が同じ高さの目線でラウンドテーブルに座って行われるのが少額訴訟です。審理に立ち会う人は通常訴訟とほぼ同じで、当事者、裁判官、書記官、司法委員、傍聴人等が参加します。

少額訴訟では、原則として1回の期日で双方の言い分を聞いたり証拠を調べたりして、直ちに判決が言い渡されます。もっとも、特別な事情がある場合には、1回の審理で終わらず期日が続行となる場合があります。たとえば、

重要な証人が病気などで出頭できなくなった場合や、和解の試みなどにより審理の時間が足りなくなったような場合です。

また、通常の民事訴訟と違い、少額訴訟では証拠はすぐに取り調べができるものに限られている他、被告が反訴を提起することも認められていません。

通常の民事訴訟と違い、少額訴訟は一審限りで終結し、判決に対して控訴することは認められていません。不服がある場合、原告または被告は判決をした簡易裁判所に異議を申し立てることができるしくみになっています。異議が認められると、通常の民事訴訟手続に移行します（次ページ図）。

なお、同一の原告が同一の簡易裁判所に対して行える少額訴訟の申立回数は、年間10回までに限定されています。

少額訴訟の対象

対象となるおもな金銭債権

- 売掛金
- 少額の貸付金
- ホテルなどの宿泊代金
- 飲食料金
- サービスメンテナンス料金
- 軽い物損事故などの賠償金
- 賃金
- 慰謝料
- 敷金・保証金
- 請負代金

14 少額訴訟②

訴状も答弁書も書きやすく、1人でも書ける

●定型訴状が用意されている

少額訴訟でも訴状を作成する必要がありますが、簡易裁判所には、少額訴訟用の定型訴状用紙があらかじめ用意されています。これは窓口でもらうことができますので、訴状を作成するにあたって利用してみるとよいでしょう。

定型訴状用紙は、貸金請求・売買代金請求・敷金返還請求・損害賠償請求といった個々の事件内容にしたがい、請求の趣旨・紛争の要点（請求の原因）が記入しやすいようになっています。

●訴訟費用の納付と証拠の提出

訴状を提出する際には、裁判所へ訴訟費用を納めなければなりません。請求金額に応じて納める手数料（収入印紙）と、相手方の呼出しに使用する費用（郵便切手）などが必要になります。訴状の貼用印紙（収入印紙）は、請求する金額に応じて1000円～6000円の間におさまります。予納郵券（郵便切手）代は裁判所により異なります。

証人を取り調べる場合、その証人が日当などを請求するときは、日当・旅費に相当する額を事前に納付する必要があります。さらに、少額訴訟では1回の口頭弁論期日で審理を終えるために、契約書や借用書などの証拠書類（写し）を口頭弁論期日の前に提出しておかなければなりません。

少額訴訟手続きの流れ

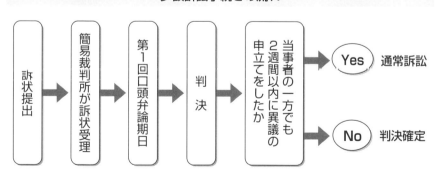

訴状提出 → 簡易裁判所が訴状受理 → 第1回口頭弁論期日 → 判決 → 当事者の一方でも2週間以内に異議の申立てをしたか → Yes 通常訴訟 / No 判決確定

15 手形訴訟・小切手訴訟

手形の性格に対応した簡易迅速な手続きである

● 証拠が書証に限定される

　トラブルが発生し、手形による金銭の支払いを裁判で請求する場合、手形訴訟という特別な訴訟手続を利用することができます。

　通常の訴訟手続では、訴えの提起から判決まで、ある程度の時間がかかります。しかし、手形のような迅速な決済が要求される場合には、あまり時間がかかりすぎるのは困ります。そこで、手形に関する訴訟について、簡易迅速に権利の実現ができるように特別の手続が用意されています。それが、手形訴訟です。

　手形訴訟の最大の特徴は、原則として証拠が手形などの書証に限られていることです。本人尋問ができる場合はありますが、証人尋問はできません。

　また、反訴（訴えられた被告が、同じ訴訟手続の中で、原告を相手に訴えを起こすこと）も認められていませんし、手形判決については控訴もできません。

　ただし、手形判決が下されても、判決書が送達されてから2週間以内に異議申立てがあれば、手続は通常の訴訟へ移行します。また、原告側から手形訴訟の途中で、通常訴訟への移行を申し立てることが許されています。なお、

異議申立後、通常訴訟の手続きがとられた場合は、その判決に対してさらに控訴を行うことも可能になります。この点では、支払督促の手続に似ています。

　さらに、審理は原則として1回で終了しますから、この点では、少額訴訟にも似ています。

　なお、訴訟を提起する段階で、手形訴訟を選ぶか、通常の訴訟を選ぶのかは、原告が選択することができます。

● 判決には仮執行宣言がつく

　審理が終了すると判決が出ますが、原告勝訴の判決には仮執行宣言がつきます。ですから、被告が手形判決に対して異議申立てをしただけでは、強制執行を止めることはできません。訴状や予納郵券（切手）を提出するところなどは、一般の訴訟の申立てと同じですが、あわせて証拠書類を添付するところに特徴があります。証拠書類としては、手形とそれにつけられている付箋のコピーの他に、領収書などの写しが必要になることもあります。

　管轄裁判所は、被告の住所地または手形の支払地を管轄する裁判所になります。請求金額に応じて、簡易裁判所か地方裁判所かが決まります。振出人、裏書人など複数の債務者に対しても1

つの訴えで訴訟を提起できます。

●小切手訴訟について

　小切手訴訟も基本的には手形訴訟と同様です。

　小切手訴訟では、原則として書証しか証拠として取り扱われません。ほとんどが1回の審理で終了し、2～3か月のうちに判決が下されます。勝訴判決には仮執行宣言がつくため、すぐに強制執行に移ることができます。

　振出人や裏書人が支払いを渋ることがあれば、時効になる前に、いち早く小切手訴訟に踏み切るべきでしょう。

　小切手訴訟の訴状には、原告の氏名と住所、被告の氏名と住所、事件の内容（「小切手金請求事件」と明記）、小切手金額、印紙代（小切手金の金額に応じて違う）、請求の趣旨（「○○円支払え」などの訴えの内容）、請求の原因（小切手の内容）などを記載して、小切手訴訟を求めることも明記します。さらに、小切手のコピーを添付しておきます。

　提出する裁判所は、小切手金額により決まり、140万円以下の場合は被告の住所または小切手金の支払地を管轄する簡易裁判所、140万円を超える場合は同じく被告の住所または小切手金の支払地を管轄する地方裁判所となっています。

　訴えを提起する際に裁判所に納めなければならない手数料を申立手数料といいます。訴状には、訴訟の目的の価額に応じて算出される手数料相当額の収入印紙を貼付します。

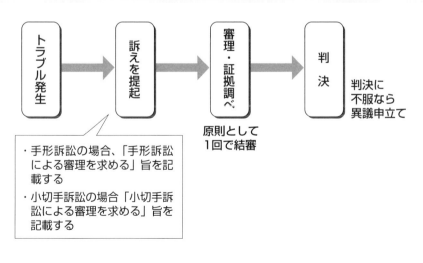

手形・小切手訴訟の手続きの流れ

トラブル発生　→　訴えを提起　→　審理・証拠調べ　→　判決

判決に不服なら異議申立て

原則として1回で結審

・手形訴訟の場合、「手形訴訟による審理を求める」旨を記載する
・小切手訴訟の場合「小切手訴訟による審理を求める」旨を記載する

Column

即決和解とは

　債権の存在そのものや債務額について争いがあったものの、その後の当事者同士の話し合いで、一定の結論が出たという場合には、これを確かなものにしておくために、即決和解という制度が利用できます。即決和解は和解の一種で、訴訟を起こしてから和解をするのではなく、訴訟前に和解をするものですから、起訴前の和解とも呼ばれます。

　一般の示談を裁判外の和解と呼ぶのに対して、裁判所が関与する和解を裁判上の和解といっています。即決和解は、裁判外で行われた和解の内容を裁判所の関与の下で和解調書に記載してもらい、判決と同じような効力を持たせ、債務名義とするために利用されています。示談書を公正証書にしても、強制執行ができるようになりますが、公正証書に執行認諾約款をつけなければならず、金銭債権のみが対象となるなどの制限があります（80ページ）。これに対して即決和解では、金銭債権に限らず、たとえば土地・建物の明渡請求などの場合にも利用できるというメリットがあります。

■ 即決和解の申立て ………………………………………………

トラブル発生

当事者間で合意ができていることが前提

簡易裁判所に申立て
　・金銭債権なら公正証書にする方法もある。
　・金銭債権以外の債権なら即決和解がオススメ

即決和解期日

和解成立・調書作成

第 7 章

執行・保全の
知識と回収手段

1 保全手続き①
裁判所を通した債権の保全手続を理解しておく

● 債務者の財産隠しを封じておく

請求に応じない債務者に対しては、最終的に訴訟ということにならざるを得ないでしょうが、その前に、債務者の出方を封じておく必要があります。

こちらが訴訟を起こしたということになると、起きてくるのが債務者の財産隠しです。債権者の側が訴訟を起こす前から、すでに債務者の側が財産隠しに着手しているという場合もあります。

せっかく訴訟を起こして、強制執行ができる状況になっても、財産のない債務者からは何もとれません。強制執行してとり上げるだけの財産が債務者にないということになれば、多くの時間や費用をかけて、やっと手に入れた勝訴判決でもムダになってしまいます。そうならないためにも、債務者の財産隠しを封じる手を打っておかなければなりません。そのとき利用できる手段が保全手続です。

● 保全手続とは何か

裁判を利用して債権を回収する場合、訴えの提起に始まり、審理の結果として勝訴判決を得てから、債務者の財産に強制執行（国家が債権者の請求を強制的に実現する手続）をかけて、現実に金銭の支払いを得ることができます。

このとき、勝訴判決を得たからといって、すぐに強制執行ができるわけではありません。勝訴判決という債務名義（192ページ）に執行文を付与する（執行力を付与する）手続きを経ることで、はじめて強制執行が認められます。

このように、裁判手続により債権を回収するには、勝訴するまでにかなりの時間がかかり、勝訴してからもそれなりの時間がかかります。では、その時間が経過する間に、債務者が自分の財産の中で価値の高い物を、他の債権者や第三者に売却した場合にはどうなるでしょうか。

債務名義などの強制執行の準備が完了し、やっと強制執行手続が開始したときには、債務者の元から価値の高い財産はすべて売却されており、せっかくの強制執行も実際には何の役にも立たないことになります。裁判に勝ったのに、債権の回収が事実上、不可能となる事態が生じる可能性もあるのです。

そこで、そのような事態を避けるために保全手続という制度が存在します。つまり、保全手続とは、債権者が強制執行をかける場合に備えて、債務者の財産をあらかじめ確保しておく制度をいいます。

2 保全手続き②

仮差押と仮処分がある

◯仮差押と仮処分

保全手続は大きく仮差押と仮処分の2つに分けられます。

① 仮差押

金銭の支払いを目的とする債権（金銭債権）のための保全手続で、金銭債権の債務者が所有する特定の財産について現状を維持させる保全手続です。

たとえば、AがBに対して金銭債権を持っているとします。この場合、AがB所有の土地を仮差押すると、Bがその土地を売却したり、担保として提供することに制限が加えられます。特に貸金返還請求訴訟を提起する前に、債務者（借主）の財産を保全するために用いるのが最も多いケースです。

② 仮処分

仮処分は金銭債権以外の権利を保全するための暫定的措置です。仮処分には「係争物に関する仮処分」と「仮の地位を定める仮処分」があります。前者の例は登記請求権を保全するための処分禁止の仮処分、後者の例は出版物の事前差止めの仮処分が挙げられます。

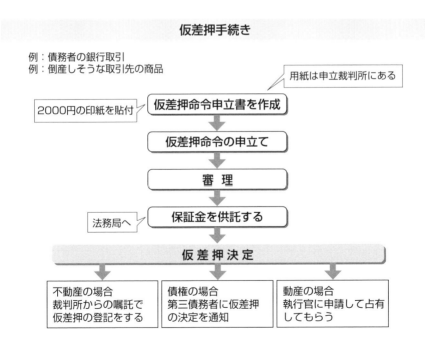

仮差押手続き

例：債務者の銀行取引
例：倒産しそうな取引先の商品

用紙は申立裁判所にある

2000円の印紙を貼付　→　仮差押命令申立書を作成

↓

仮差押命令の申立て

↓

審　理

↓

法務局へ　→　保証金を供託する

↓

仮差押決定

- 不動産の場合
  裁判所からの嘱託で仮差押の登記をする
- 債権の場合
  第三債務者に仮差押の決定を通知
- 動産の場合
  執行官に申請して占有してもらう

3 保全手続き③

保全の必要性を疎明する

保全手続の流れをつかむ

仮差押・仮処分の大まかな手続きの流れは以下のようになります。

まず、裁判所に「仮差押命令」「仮処分命令」の申立て（保全命令の申立て）をします。申立ては書面で行います。

次に、申立てを受けた裁判所が債権者に審尋（面接）をします。審尋では、被保全債権、保全の必要性、保証金などについて裁判所が債権者に質問します。

さらに、裁判所が決定した仮差押・仮処分の保証金を納付します。その後、裁判所が仮差押・仮処分の決定（保全命令）をしてから、実際の執行（保全執行）がなされます。債務者に保全手続を命ずるのは裁判所です。

保全命令の申立てをする

保全命令の申立ては、書面（申立書）によって行います。申立書には、被保全債権の内容とその保全の必要性を明らかにする資料、目的物の目録・謄本などを添付します。申立てをする裁判所は、原則として債務者の住所地を管轄する地方裁判所です。

被保全債権について疎明をする

仮差押・仮処分の申立てに際しては、被保全債権（保全してもらいたい債務

者に対する債権）が実際に存在することを疎明する必要があります。疎明とは、裁判官を一応納得させる程度の説明で、訴訟で必要とされる「証明」よりも程度が緩やかなものをいいます。つまり、被保全債権が存在することを裁判官に一応納得してもらえればよいのです。疎明に際しては、被保全債権に関する契約書などを疎明資料として提出します。

保全の必要性

保全命令の申立てにおいては、被保全債権の存在が認められるだけでは不十分です。現時点で保全手続をするだけの必要性、つまり「保全の必要性」も疎明する必要があります。

たとえば、AのBに対する債権の弁済を命ずる勝訴判決を得たときに、それより前にBが唯一の財産である不動産を売却してしまうと、Aが勝訴判決を取得しても強制執行できる財産がなくなるおそれがある、などの具体的な事情を疎明することが必要になります。

目的財産を特定する

仮差押を行う場合、債務者のどの財産に仮差押をするかを明らかにするため、仮差押の目的財産を特定する必要

があります。ただし、動産の仮差押えの場合は特定する必要がありません。

●債権に対する仮差押

保全執行として、債務者が第三者に対してもつ債権を差し押さえることもできます。たとえば、AがBに対して被保全債権をもっていて、BがC（第三債務者）に対して債権をもっている場合、Aは、被保全債権を保全するため、BのCに対する債権の仮差押ができます。

債権の仮差押をする場合には、債務者の第三債務者に対する債権の存否などを確認する必要があります。

なぜなら、債務者が第三債務者に対して債権をもっていなかったり、その債権の金額が被保全債権の金額に不足しているような場合には、仮差押をしてもムダだからです。そのため、仮差押命令の申立てと同時に「第三債務者に対する陳述催告の申立て」も行います。

●債権者の審尋をする

保全命令の申立てについての裁判所の判断は、申立書と疎明資料だけでなされるのが原則です（書面審理）。これは保全手続の迅速性を確保するためです。しかし、実際には審尋という手続がなされています。これは裁判所に債権者が出頭し、裁判官に疎明資料の原本を確認してもらい（裁判所には資料のコピーを提出します）、保全手続の必要性について疎明する手続です。

●担保（保証金）を立てる

仮差押・仮処分は、債権者の言い分だけに基づく、裁判所による「仮の」決定です。後日、債権者が訴訟を提起して敗訴することもあります。その場合、仮差押・仮処分の相手には損失が生じる可能性があります。

そこで、裁判所は、債務者が被る損害の賠償を担保する目的で、保全命令の前に、債権者（申立人）が一定額の担保（保証金）を納付することを求めます。

仮処分手続き

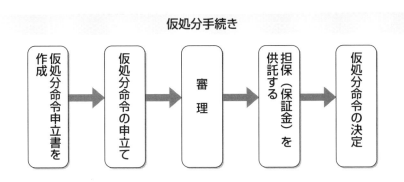

作成 仮処分命令申立書を → 仮処分命令の申立て → 審理 → 担保（保証金）を供託する → 仮処分命令の決定

4 担保権の実行

相手方の状況を見きわめてタイミングよく担保権を実行する

● 抵当権が代表的

債権の支払いを確保するため、担保設定者（債務者または第三者）の特定財産に対して、当事者の合意に基づき、または法律上当然に設定される権利を物的担保といいます。抵当権が代表的です。

● 情報入手直後の対処方法

取引先が任意の支払いに応じなければ、法的手続に入ります。取引先が支払いに向けて協力していても、期日までに実際の支払いがなければ、法的手続の準備をすべきでしょう。

① 債権の取立てを実行する

取引先が第三債務者に対して債権を持っている場合は、その債権に質権（債権質）を設定することを検討します。質権を設定すれば、第三債務者か

らその債権を直接取り立てる（直接支払いを受けられる）ことができるからです。

② 譲渡担保権を実行する

「倉庫内の在庫商品すべて」を目的とする譲渡担保（集合動産の譲渡担保）を取得している場合は、商品が倉庫から移動させられるおそれがあるため、すぐに譲渡担保権を実行すべきです。

③ 動産売買の先取特権を行使する

自社商品が売却され、代金が未回収の場合には、引き渡した自社商品を差し押さえます。

④ 抵当権を実行する

取引先の不動産に設定にしていた抵当権を実行します。抵当不動産を競売にかける方法が一般的ですが、抵当不動産を管理し、家賃収入を得る方法（担保不動産収益執行）もあります。

強制執行・担保権の実行

債権回収

→ 強制執行 — 判決、調停調書、和解調書、執行証書支払督促など

→ 担保権の実行 — 抵当権、根抵当権質権、譲渡担保権仮登記担保権など

5 仮登記担保を実行する場合

清算期間が経過しないと所有権移転の効力は生じない

● 仮登記担保のしくみ

仮登記担保とは、債務者が債務の履行を怠ったとき、当然にあるいは債権者の意思表示によって、不動産の所有権が債権者に移転する契約で、このような債権者の権利を不動産に仮登記することで発生する担保権です。競売の申立てはできませんが、他の債権者の申立てによる競売開始後は、仮登記のまま優先的に配当を受けることができます。

● 仮登記担保の実行

仮登記担保権者は、担保権の実行によって目的物の所有権を取得します。

債務不履行が生じたら、債権者は、代物弁済の予約などにつき予約完結の意思表示をするとともに、仮登記をしている目的物（不動産）の所有者（債務者または第三者）に対し、清算金見積額の通知をする必要があります。

清算金とは、目的物（仮登記担保の目的物とした債務者の土地など）の価額が債権額を上回っている際の差額のことです。清算しないと債務者が損をするため、見込額の通知を求めています。清算金見積額は、目的物の見積額や、その時の債権額などとあわせて通知します。また、仮登記後に登記した後順位抵当権者などがいる場合は、これらの者にも同様の通知をする必要があります。

そして、通知が目的物の所有者に到達して、2か月の清算期間が経過しなければ、その目的物の所有権は取得できません。つまり、他の担保権者や一般債権者から競売申立がなされないまま2か月の清算期間が過ぎると、債権者は、清算金を支払うのと引き換えに、目的物の所有権移転の本登記と引渡しを受けることができます。

仮登記担保の実行

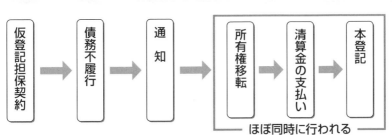

仮登記担保契約 → 債務不履行 → 通知 → 所有権移転 → 清算金の支払い → 本登記

└── ほぼ同時に行われる ──┘

6 譲渡担保権の実行

契約書を作成し、担保権の内容を明確にしておく

● 法律にはない担保権

　債務者から担保をとりたい場合でも、担保として価値がありそうな物が営業用の機械や商品などの動産しかない場合には、譲渡担保の方法が利用されています。譲渡担保は、担保目的物の所有権を債権者に移転して、引き続きその物を債務者が債権者から借り受け、使用を続けるものです。債務者が期限内に債務を履行すれば、目的物の所有権は債権者から債務者へ戻されます。

　譲渡担保権の実行方法についても、原則として、当事者が契約で自由に定めた方法で行うことができます。譲渡担保の目的物は、債務者の手元におか

れているので、債権者が第三者に対して所有権を主張するためには、少なくとも契約書を作成して、担保権の内容を明確に定めておく必要があります。

　債務不履行が生じたら、まず債権者が譲渡担保権を実行する旨を通知して、担保目的物の所有権や債権者としての立場を確保します。そして、たとえば目的物を債務者に使用するのを許していた機械などの動産については、債務者に引渡しを求めます。債務者がこれに応じなければ、仮処分（185ページ）をした後、引渡請求訴訟を起こすことになります。その上で、債権者が目的物の処分などをします。

譲渡担保実行通知書

```
						譲		ま	処	ご			き	2	当	債	さ	当	た	○	1	。	渡	当
				（		渡		す	分	返			と	も	社	務	れ	社	こ	号	　	担	社
				以	○	担		の	し	却			は	、	宛	金	ま	に	と	を	当	保	と
				下	○	保		で	、	頂			、	貴	お	○	し	対	を	期	社	契	貴
				省	製	物		、	貴	い			下	社	支	○	た	す	確	限	は	約	社
				略	造	件		予	社	た			記	の	払	○	の	る	認	の	、	に	と
				）	用	の		め	の	上			表	債	い	万	で	全	し	利	貴	基	の
					機	表		ご	債	、			示	務	く	円	、	債	て	益	社	づ	間
					械	示		通	務	当			の	に	だ	を	当	務	お	喪	に	き	の
					○		記	知	の	社			譲	つ	さ	本	社	に	り	失	お	、	平
					○			申	弁	に			渡	き	い	通	に	対	ま	に	い	次	成
					○			し	済	て			担	右	。	知	対	す	す	該	て	の	○
					○			上	に	任			保	期		到	す	る		当	本	通	年
					1	○		げ	充	意			物	間		達	る	本		す	件	り	○
					5	○		ま	当	の			件	内		後	本	期		る	契	通	月
					台	社		す	さ	方			を	に		7	日	限		事	約	知	○
						製		。	せ	法			当	お		日	現	の		実	第	致	日
								て	に			社	支		以	在	利		が	○	し	付
								頂	よ			に	払		内	の	益		生	条	ま	譲
								き	り			　	い		に	全	を		じ	　	す	渡
```

7 強制執行の目的となる財産

一般的には不動産・動産・債権が目的となる

何に対して強制執行をするか

　金銭の支払いを目的とする強制執行では、金銭そのもの、または金銭に換価することができる財産を金銭（現金）に変えたものから支払いを受けるしくみになっています。債権者としては、強制執行の手続きを進める前提として、何に対して強制執行をかけることができるのかを把握しておく必要があります。これを把握したら、債務者が具体的に保有する財産の状況に応じて、どの財産に対して強制執行をするのが効果的なのかを検討することになるのです。

不動産に対する強制執行

　不動産は高価な財産であるため、債務者が不動産を所有している場合には、それを金銭に換価して債権を回収する（不動産執行）ことのできる可能性は高いといえます。動産とは違い、隠すことが非常に難しいからです。

　ただ、財産状態の悪い債務者の場合は、不動産に抵当権などの担保権が設定されているケースが多いので、その場合には担保権者が優先的に債権を回収してしまいます。

動産に対する強制執行

　動産とは、不動産以外の有体物です。たとえば、宝石などの貴金属、テレビなどの家財道具、硬貨・紙幣などの金銭を意味します。ただし、船舶・自動車・飛行機などの登録制度がある動産については、特別な取扱いがなされているので注意が必要です。

　また、裏書が禁止されていない有価証券（株券、約束手形、小切手など）も動産に対する強制執行（動産執行）の対象となります。これらは現金化しやすく高価なものが多いので、動産執行の対象として有効です。

債権に対する強制執行

　債権とは、特定の者が特定の者に対して給付することを請求できる権利です。ただ、債権に対する強制執行（債権執行）で対象となり得るのは、通常は金銭債権です。具体的には、会社員の会社に対する給与債権、預金者の銀行に対する預金債権、国に対する国債、その他貸金債権や代金債権などです。そのまま金銭になり、金額も明確なので、強制執行の対象としては有効です。

● 権利実現の手段

債務の履行をしない債務者に対して、粘り強く交渉をしたり、訴訟を起こすことで、債務者との間で和解や調停が成立したり、勝訴判決を得たとしても、それだけで債権の回収が実現できるかというと、そうではないのです。和解や調停にしても、また債務者に履行を命じる給付判決や支払督促にしても、そこで定められた内容を具体的に実現するには、債権者は、最終的には民事執行という手段をとらなければなりません。

民事執行とは、国家権力による民事上の強制手段で、強制執行・担保権の実行としての競売（担保執行）などの総称です。

強制執行は、任意に義務が履行されない場合に、国家権力によって強制を加えて、履行があったのと同じ状態を作り出す手続です。強制執行の対象となる財産（執行目的物）によって、不動産執行、動産執行、債権執行に分けられます。

担保執行は、抵当権・質権などに基づいて、その目的財産を競売その他の方法で強制的に換価（売却）して、債権を回収する手続です。

両者は、その性質も対象も異なる点がありますが、いずれも債務者の財産を強制的にとり上げて、債務の支払いにあてる制度です。この段階ではじめて債権回収が完結します。

強制執行や担保執行をするには、裁判所に申立てを行わなければなりません。これらの執行手続に関与する裁判所を、特に執行裁判所と呼んでいます。執行裁判所となるのは、原則として地方裁判所です。具体的にどこの地方裁判所に申し立てるかは、金銭執行の対象となる財産によって異なります。債権者は同じ債権の回収を図るために、強制執行として不動産執行・動産執行・債権執行のどの申立てをしても、またすべての申立てをしても大丈夫です。

● 債務名義が必要

不動産執行をする場合には、その不動産の所在地を管轄する「地方裁判所」に申し立てます。動産執行をする場合には、目的動産の所在地を管轄する地方裁判所に所属する「執行官」に対して申し立てます。このように、両者は申立先が異なりますから、注意が必要です。

強制執行には各種の手続がありますが、その申立てをするには、共通の前提条件があります。①債務名義、②執

行文、③送達証明書の3点セットが必要になります。

債務名義とは、強制執行によって実現される請求権（債権）が、確かに存在することを公に証明する文書で、執行力（強制執行してもよいという効力）を認めたものです。債務名義には、証書の形式やそれを作成する機関などの違いに応じて、さまざまなものがあります。具体的には、確定判決、和解調書、調停調書などがあります。

債務名義には、①少額訴訟の確定判決、②仮執行宣言付少額訴訟の判決、③仮執行宣言付支払督促の3つを除いて、さらに執行文をつけてもらうことが必要です。

執行文というのは、債務名義に記載されている請求権が、ある特定の債務者に対して、現在執行できるものであることを公に証明する文言です。裁判

所書記官や公証人に申し立て、債務名義正本の末尾に付記してもらいます。執行文は、いわば、その債務名義に基づいて強制執行してもいいよ、というお墨つきというわけです。

これら債務名義と執行文の2つがそろって、債権者はやっと執行力のある債務名義の正本（判決正本）を手にしたことになるのです。執行文が付与された債務名義は強制執行の絶対的条件です。

最後に、強制執行を開始するにあたっては、債務者に債務名義が送達されていることが必要です。これは、債務者にどのような内容の強制執行がなされるのかを知らせ、強制執行に違法な点があった場合に備えて防御の機会を与えるためです。また、「債務者が自分の意思で債務を履行する最後の機会を与える」という意味もあります。

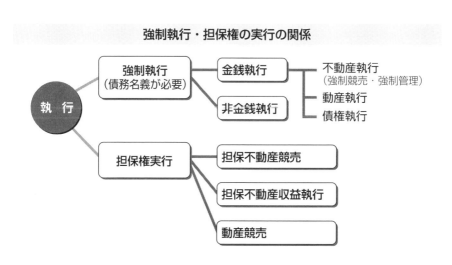

強制執行・担保権の実行の関係

動産に対する執行手続き

差押禁止の動産もあるので注意する

● 動産執行とは

　動産執行とは、債務者の所有する動産を差し押さえて、それを競売にかけ、その売却代金から配当を受け、債権の回収を図るという強制執行の手続きです。不動産は所有権の他にもさまざまな権利義務の対象となっており、財産価値も高いので、競売にあたっては慎重さが強く要請されます。それに対して、動産の場合は取扱いもしやすいため、競売の手続きは、不動産執行と比べると簡易なものになっています。

● 競売を行うのも執行官の仕事

　動産執行も不動産執行と同様、債権者の申立てで始まります。申立書や添付書類などの書面を提出する点も同じです。

　ただ、不動産執行の場合と明らかに異なる点としては、執行機関が裁判所ではなく、執行官だということです。執行官は、裁判所にいるのですが、自ら債務者の下に行き、動産を差し押さえます。そして、競売を行うのも執行官の仕事です。

　執行官により差押えがなされ、競売がなされると、その売却代金から配当がなされます。

● 執行の対象とならない動産もある

　動産執行の対象となる動産は、おもに不動産（土地およびその定着物）以外の物、つまり民法が定める動産や、裏書禁止されていない有価証券です。たとえば、時計や宝石などの高級品や、手形や小切手などの有価証券が動産執行の対象となります。なお、改正後の民法では、無記名債権（商品券など証券に債権者名が無記載のもの）を動産とみなすという改正前民法の規定が削除されていますが、今後は有価証券として動産執行の対象となると考えられます。

　一方、執行できない動産もあります。債務者とその家族が当面生活していけるだけのものは残さなければなりません。民事執行法では、2か月間の必要生計費として66万円の金銭は執行禁止としています。また、生活に必要な1か月間の食料および燃料についても執行の対象にはできないと定めています。

　また、銃砲刀剣類、劇薬などの危険物、天然記念物に指定されている物などは、特別な手続が必要になります。もし執行の申立てを希望するのであれば、事前に裁判所に相談してみてください。

●執行官に申し立てる

　動産に対する強制執行は、動産の所在地を管轄する地方裁判所に所属する執行官に申し立てます。執行する場所は、債務者の自宅、倉庫、店舗などと特定する必要がありますが、その場所にあるどの動産に対して執行するかまでを特定する必要はありません。申立手続は次のように進みます。

①　差押え

　あらかじめ打ち合わせておいた日に、執行官が執行場所へ出向き、請求金額に達するまで、そこにある動産を差し押さえていきます。具体的に何を差し押さえるのかは、その場で執行官が決めます。

②　換価（売却）

　売却の方法は、競り売り、入札、特別売却、委託売却の4つの方法がありますが、動産執行について入札による方法はほとんど行われていません。

　動産の売却には、不動産の強制競売のように売却基準価額という制度はありませんが、株式などの取引所の相場のある有価証券は、その日の相場以上の価額で、貴金属またはその加工品は、地金としての価額以上の価額で、それぞれ売却しなければなりません。動産ごとに個別に売却するのが原則ですが、数個の動産を一括して売却することもできます。

　競り売りは、オークションによる方法で、執行官が買受申出額を競り上げていき、最高買受価額を申し出た人が買受人になります。

③　配当

　売却された動産の代金は、執行官が債権者に交付しますが、債権者が複数の場合には、各債権者の債権額に比例して配当されます。

動産執行のしくみ

例）住居や店舗内の金品を差し押さえたい

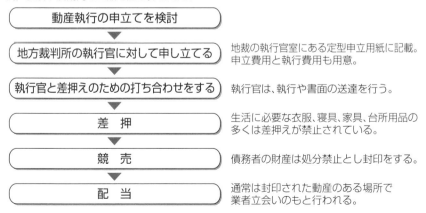

動産執行の申立てを検討

地方裁判所の執行官に対して申し立てる
地裁の執行官室にある定型申立用紙に記載。申立費用と執行費用も用意。

執行官と差押えのための打ち合わせをする
執行官は、執行や書面の送達を行う。

差　押
生活に必要な衣服、寝具、家具、台所用品の多くは差押えが禁止されている。

競　売
債務者の財産は処分禁止とし封印をする。

配　当
通常は封印された動産のある場所で業者立会いのもと行われる。

● 不動産執行の特徴とは

不動産執行については、「競売」という言葉が広く知られているように、普段から強制執行とは関わりのない人でも、なんとなくなじみのある手続きだといえます。

ただ、不動産執行は特徴のよく現れる強制執行であり、その長所と短所をよく理解しておくことが大切です。

① 不動産執行の長所

不動産執行のもっている長所は、一言で言って、債権回収の確実性が高いということです。このことは、以下の2点から裏付けることができます。

・財産価値が高い

不動産執行の長所は、何と言っても、強制執行の対象となる財産の価値が非常に高いということです。つまり、競売して現金に変えたときにそれだけ多額の現金に換価され、ひいては、債権をできるだけ多く回収できる確率が高くなるということです。

幸か不幸か、日本の不動産は、基本的に数千万単位の非常に高い値段で取引されています。競売にあたっては、通常の市場価格よりも安くなるとはいえ、それでも高い価格がつけられ、取引されています。債務者や保証人が不動産を所有している場合には、その不動産に狙いを定めるのが強制執行の常道です。

・隠しにくい

不動産執行の長所としては、隠しにくい財産ということが挙げられます。

動産はどこかに隠したり、他人に一時預かってもらうことができます。債権は、目に見えずハッキリと姿かたちがあるわけではありません。これに対して、不動産は、読んで字のごとく、「動かざる財産」です。大地震や水没でもない限り、所在に変動は生じません。

さらに、不動産については登記制度が採用されているので、法務局（登記所）に行けば、その不動産の物理的状態から権利関係の変動などに至るまで、誰でも調査することができます。公示されているので、なかなか隠すことはできないのです。

このように、容易に隠すことができないので、債権者としては、強制執行の狙いがつけやすくなるわけです。

② 不動産執行の短所

不動産執行には大きな長所がありますが、この長所があるゆえの短所も否定できません。

・担保権設定の対象となり得る

不動産は高額なため、債権回収の確実性が高くなると説明しました。しか

し、このことは、他の債権者にも言えることです。そのため、債権が発生する際に、抵当権などの担保権を不動産に設定しておいて、債権の確実な回収を図ろうとする者がいることは、むしろ当然のことです。

もともと担保権の設定を受けていない一般債権者が、不動産に対して強制執行をかける場合に、すでに担保権が設定され、登記されていれば、その者に優先されざるを得ません。仮に不動産が5000万円で競売されたとしても、4000万円の債権を担保する抵当権が設定されていた場合には、残りの1000万円からしか債権を回収することはできないのです。

・手続きが面倒である

不動産執行は、対象となる財産の価値が高いだけに、より慎重な手続きが要求されます。そのため、不動産執行にあたっては、手続きに時間や費用がかかることは否めません。執行を裁判所に申し立ててから最終的に配当が完了するまで、それなりの時間・費用は覚悟しておくべきでしょう。

●不動産執行の対象とは

不動産執行の対象は、もちろん不動産です。厳密には、地上権や永小作権も執行の対象となります。しかし、これらの権利が設定されているケースはあまりないので、とりあえずは、通常の土地と建物を、不動産執行の対象としてイメージしておくとよいでしょう。

土地や建物が単独所有である場合だけではなく、数人で共有している場合でも、その共有持分に対して強制執行をかけることは可能です。

たとえば、AとBでリゾートマンションを共有している場合に、Aの持分に対して執行するケースや、Xが死亡して、その所有する土地を2人の相続人Y、Zが相続している場合に、Yの持分に対して執行するケースなどです。

なお、不動産は登記されると書きましたが、登記していない不動産についても強制執行をかけることはできます。

不動産執行のメリット・デメリット

メリット	財産価値が高い	債権回収の確率が高くなる
	隠しにくい	所在に変動がなく、登記制度によって公示されている
デメリット	担保権設定の対象となる	他の債権者によって抵当権などの担保権が設けられている
	手続きが面倒	慎重な手続きが行われるため、時間がかかる

不動産に対する執行手続き

不動産の強制競売手続で配当をうけるまでは１年ほどかかる

● 不動産競売手続の流れ

不動産はその財産的価値が非常に高く、しかも、利害関係人が多数存在している可能性があります。そのため、不動産執行における強制競売では、慎重を期した手続きが予定されています。手続きの概略は以下のようになっています。

なお、不動産執行には、強制競売と強制管理がありますが、ここでは、強制競売について解説をしていきます。

① 申立てから始まる

競売は、債権者が不動産の所在地を管轄する地方裁判所に対して、申立てをすることから始まります。申立ては、申立書を提出して行うことになっています。また、申立書本文に加えて、当事者目録、請求債権目録、物件目録を作成、添付します。

その他に、執行力のある判決正本、送達証明書、不動産登記事項証明書、公課証明書などの添付書類を添えて提出します。その他、当事者が法人の場合には商業登記事項証明書などの資格証明書などが必要になります。

申立手数料は4000円です。収入印紙を申立書に貼付して、執行裁判所に納めます。また、不動産を競売する場合には、競売物件の評価や価額の調査な

どに費用がかかりますが、その費用は申立人が立て替えておくことになっています（裁判所に予納金として50〜100万円以上を支払います）。

裁判所は申立書を審査して、問題がなければ競売開始決定をします。開始決定の正本は債務者に送達されるので、それによって債務者は手続きが始まったことを知ることができます。

② 現状を凍結する

競売開始決定がなされると、対象となっている不動産には「差押え」が行われます。不動産をめぐる法律関係が変動すると手続きが円滑に進められませんし、債務者が債権者の先手を打って不動産を売却して現金化してしまうおそれがあります。

そこで、差押えを行って、その不動産に関する処分を一切禁止するのです。このように現状を凍結しておいてから競売手続に入っていくわけです。

具体的には、裁判所（裁判所書記官）から法務局（登記所）に対して、差押登記が嘱託されます。

③ 調査をする

現状が凍結されると、裁判所は競売に必要な情報の収集を始めます。情報とは、当該不動産をめぐってどのような債権が存在するのかということと、

不動産自体にどれだけの価値があるかということです。裁判所は、登記されている抵当権者や仮登記権利者などに対して、期間内に債権の届出をするように催告します。届出によって、申立人の債権以外に、どれだけの債務を不動産が負担しているのが判明します。

さらに、裁判所は、執行官に対して現況調査命令を発し、不動産の占有状態などを調査させ、評価人に対して評価命令を発し、不動産の評価額を鑑定させます。この結果、現況調査報告書と評価書が作成され、裁判所に提出されます。

④　競売をする

裁判所は提出された現況調査報告書と評価書を基に、不動産の売却基準価額を決定します。そして、売却期日（期間）も決定し、それらの情報を物件明細書として、誰もが閲覧できる状態にします。これを閲覧して競売に参加することができるのです。競売の方法としては、競り売り方式と入札方式がありますが、現在では、ほとんどが期間内での入札方式が採用されています。

競落人が決定し、その者が代金を納付すると所有権登記も移転します。

⑤　配当をする

不動産の代金が納付されると、いよいよ配当段階に入ります。裁判所は配当期日を指定し、申立人や届け出た債権者たちに対して、配当期日に配当を行うことを通知します。

納付された不動産の代金ですべての債権を満たすことができない場合には、それぞれの債権者に対する配当額は、担保権の優先順位や債権額に応じて決定されます。

なお、不動産の強制競売手続は、最後に配当を受けるまで、比較的順調にいっても1年前後はかかります。配当を受けるまで時間を要する覚悟はしておくべきでしょう。

不動産の強制執行手続

```
競売の申立て → 競売開始決定 → 裁判所から法務局へ登記の嘱託 → 現況調査、評価額の鑑定
    ↓
債権届出の催告、配当要求の終期の定め → 入札や競り売りによる売却 → 代金納付 → 配当手続きや登記の移転
```

強制管理による強制執行

売却するよりも、管理権を奪って賃料から回収を図る

● 強制競売だけではない

不動産に対する執行には、強制競売と強制管理の2つの方法があります。これらの手続は差押えの段階までは同じですが、その後が違ってきます。

強制競売は、不動産を差し押さえて換価して、その売却代金を債権者に交付する方法です。これに対し、強制管理は、管理人を選任して不動産を管理させ、そこから上がる賃料などの収益を債務の返済にあてる方法です。債権者はどちらかを選ぶことができますし、場合によっては、両方を併用することもできます。仮に併用した場合には、債務者が強制競売によって所有権を失うまでは、強制管理がなされます。

● 強制管理とは

債務者が貸しビルなどを所有している場合には、売却するよりも確実に債権を回収できる方法があります。バブル崩壊によって不動産価格が下落し、以前ほどは高い値段で売却できなくなっています。しかし、オフィスや店舗用に賃貸している貸しビルなどでは、定期的に得ることができる賃料収益があります。そこで、賃貸不動産の管理権を債務者から奪って、賃貸料から債権の回収を図る強制執行が考案されま

した。これが強制管理です。

強制管理は、強制競売と同様に、債権者からの申立てによって開始されます。申立てがなされ、裁判所の不動産強制管理開始決定が下されると、対象不動産が差押さえられます。そして、不動産を管理する管理人が選任されます。

管理人は債務者の占有を解いて自ら不動産を占有することができます。この管理人には、信託会社や銀行などの法人もなることができますが、多くの場合、弁護士もしくは執行官が就任しているようです。

裁判所は、債務者に対して不動産の収益処分を禁止し、給付義務を負う第三者（賃借人）に対しては、以後収益（賃料）を管理人に給付するように命じます。つまり、賃貸物件の所有者である債務者は賃料を得ることができずに、賃借人は管理人に対して賃料を支払うことになるわけです。

このようにして裁判所の監督の下、管理人が収益を確保し、それを定期的に債権者に配当していくのです。

● 担保権がある場合

同じような背景から、担保権が設定されている不動産についても、強制管理と同じような制度が設けられていま

す。これを担保不動産収益執行といいます。担保不動産収益執行では、手続的には強制管理に関する規定が準用されているため、担保権者は担保不動産について強制管理と同様のことを行うことができます。

なお、抵当権が設定されている不動産からの収益（賃料）については、民法上の物上代位を利用することもできます。物上代位は、賃料や保険金など担保目的物の価値代替物について、担保権者が優先的に弁済を受ける制度で、債権差押えの手続きを経て行われるものです。また、物上代位が担保不動産収益執行と競合する場合は、担保不動産収益執行の手続きに吸収して行われることになります。

●強制管理の申立てをする

強制管理は、債権者からの申立てによって始まります。申立ては強制管理申立書に必要書類を添付して提出しま

す。強制管理申立書の記載内容は、基本的には、不動産強制競売申立書の記載内容と同様です。申立書本文に加えて、当事者目録、請求債権目録、物件目録を作成、添付するところも同じです。

ただし、管理人が選任されるので、弁護士など管理人として推薦したい者がいる場合には、その旨を記載します。また、「不動産の収益を給付すべき第三者」として、強制管理の対象となる不動産の賃借人の住所（法人の場合は主たる事務所の所在地）・氏名（名称）を記載します。さらに、その第三者が負担している給付義務の内容（1か月あたりの賃料額）などを記載します。

ただ、給付義務の内容を、債権者が正確に把握することは困難なケースが多いようです。強制管理の申立ては、債務者に察知されないように始めなければ実効性が薄いため、債務者や賃借人に問い合わせをしにくいことが強制管理を利用するネックとなっています。

強制管理

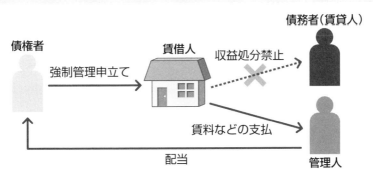

債務者（賃貸人）

債権者　　　賃借人　　　収益処分禁止

強制管理申立て　　　　×

賃料などの支払

配当　　　　　　　　　管理人

13 担保不動産競売

裁判所に担保不動産競売申立書を提出するところから始まる

● 不動産競売とは

　強制執行に基づく競売でも、担保権の実行による競売でも、競売手続の中心は不動産競売です。不動産は価値が高く競売をすれば、通常は高額の売却代金を得られ、債権者に配当できるからです。そこで、以下では、担保権実行に基づく不動産競売について説明します。担保権の実行としての競売手続きは前述した強制執行としての不動産競売とほぼ同じです（198ページ）。

　まず、担保権者が裁判所に対して担保不動産競売申立書を提供します。それを受けて、裁判所は競売開始決定をします。それと同時に、不動産については、差押えの登記がなされます。

　その後、実際に競売が実施され、競落人が確定します。

　そして、競落人が売却代金を支払うと、債権者への配当がなされ、債権の回収が図られることになります。

● 担保権を実行するための要件

　担保権を実行するための要件として、以下のものが挙げられます。

① **担保権が有効に存在すること**

　当然のことですが、担保権の実行としての不動産競売には、担保権が有効に存在していなければなりません。

　第一に、担保権は債権を担保するためにこそ存在する権利なので、前提として、被担保債権が存在していることが必要不可欠です。たとえば、存在しない債権を担保するためとして抵当権設定契約が結ばれていたとしても、その抵当権は無効です。また、いったん債権が成立していたとしても、その後に弁済されるなどにより、債権が消滅した場合には、抵当権も消滅します。

　もし、被担保債権が存在していないにもかかわらず、担保権の実行が申し立てられると、債務者（不動産の所有者）から異議が申し立てられて、競売開始決定が取り消されます。

　また、被担保債権が有効に存在していても、抵当権自体が有効に成立していなければ、抵当権の実行は許されません。抵当権設定契約が詐欺や強迫などによって締結されていた場合には、設定契約は取り消されます。

　そして、担保権の実行の申立てをする際に、担保権の存在を証明する書類を提出しなければなりません。通常は、担保権の設定に伴い登記がされているはずなので、不動産の登記事項証明書を提出します。

　担保権の設定について、登記はあくまでも第三者に対して権利を主張する

ための対抗要件にすぎないので、登記がなくても担保権の実行を申し立てることはできます。

しかし、未登記あるいは仮登記の担保権については、より強い証明力のある証明書の提出が要求されています。つまり、確定判決（控訴や上告ができなくなった判決）の謄本または公正証書の謄本の提出が必要なのです。

② **被担保債権が履行遅滞にあること**

①の担保権が存在することの前提として、被担保債権が有効に存在している必要があると述べました。ただ、被担保債権については、有効に存在していればよいというだけではなく、債務者が履行遅滞（履行期に債務を払わないこと）に陥っていることも必要とされます。履行遅滞は、単に債務者が期限を守っていないだけではなく、それが違法であることが必要です。

また、債務が分割払いの形式をとっている場合には、期限の利益喪失約款が問題となります。期限の利益喪失約款とは、債務者が分割払いを怠ると、残金全額について弁済の期限が到来するという規定です。分割払いの支払形式をとっている契約では、この期限の利益喪失約款を採用しているケースが非常に多いようです。

この約款によって債務者に全額支払義務が生じるには、債権者による意思表示が必要とされている場合と、意思表示は必要なく自動的に生じる場合とがあります。期限の利益喪失により債務者が履行遅滞に陥っている場合には、その旨も申立書に記載して明確にしなければなりません。

なお、根抵当権（一定の範囲に属する不特定の債権について、極度額の上限まで担保する形式の抵当権）は、債権者と債務者間に発生する一定種類の複数の債権を、まとめて担保する機能をもっています。この被担保債権のうちの1つが履行遅滞になったときには、他の被担保債権すべてについて履行遅滞となります。根抵当権は、かなり強い効力を有しているのです。

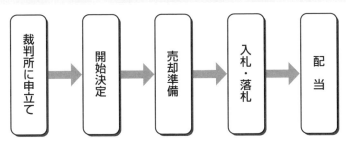

担保不動産の競売手続

裁判所に申立て → 開始決定 → 売却準備 → 入札・落札 → 配当

14 担保不動産収益執行

うまく利用すれば効果的に回収がはかれる

● 担保不動産収益執行とは

不動産に抵当権を設定している債権者の債権回収手段は、その不動産の競売を申し立てて、その代金から配当を受けるのが典型的です。

確かに、不動産が対象だと1回で相当な金額が回収できるので、実効性は高いといえます。ただ、バブルの崩壊以降、抵当権設定当時よりも不動産価格が値下がりしているケースも多いようです。立地条件によっては、その不動産を賃貸し、その収益を債権の回収にあてた方が効率的な場合もあります。

特に、一等地のオフィスビルや繁華街の商業ビルの場合には、継続した賃料収入はかなりの財産的価値があります。そこで、担保不動産収益執行という債権回収方法が認められています。これは、担保権を有する債権者の申立てによって、担保不動産を維持管理しつつ、そこから得られる収益を債権の弁済にあてていくという制度です。実際には、競売の申立てと同時に収益執行の申立てもして、配当までの間に担保不動産から得られる収益を充当していくという運用がなされています。

上手に利用すれば、単に競売の申立てをする場合よりも、効果的に債権の回収ができるでしょう。

● 担保不動産収益執行の手続は

担保不動産収益執行のための手続は、競売申立てと似ている面もあります。その概要は以下のとおりです。

① 申立先

担保不動産の所在地を管轄する地方裁判所に申し立てます。

② 費用

申立てに必要な費用は裁判所によって異なるため、事前に管轄の裁判所に問い合わせましょう。申立手数料自体は、担保権1件あたり4000円です。この他に、予納金が必要になり(100万円程度の納付が要求される場合もあります)、不足すると後から請求されます。また、登録免許税も必要になります。

③ 必要書類

申立ては競売の場合と同様に、書面によって行います。

申立書の他に、各種目録・添付書類を添えて申立てをします。不動産の賃借人も関係してくるので、その氏名(会社名・代表者名)・住所(主たる事務所の所在地)・賃料額などを記載した「給付義務者及び給付請求権の内容目録」を提出する必要があります。また、現地案内図として住宅地図などの図面の提出を求められることがあります。

●留意しておくべきこと

担保不動産収益執行を行う場合は、競売手続そして他の抵当権者との関係などにも留意しておくことが不可欠です。ここでは留意点をいくつか挙げておくこととします。

① 競売手続との関係

収益執行は、担保権が存続している限り継続して機能します。しかし、競売が行われて配当も終了し、担保権が消滅すると、収益執行手続も終了する運命にあります。

もちろん、収益執行によってある程度債権の回収が達成された後に、自分自身で競売を申し立てて、一気に決着をつけることもできます。

② 他の抵当権者との関係

他の抵当権者にも当然のことながら、収益執行の申立ては認められています。

ただ、他の抵当権者が収益執行を申し立てたからといって、当然にそれ以外の抵当権者にも収益執行による配当がなされるわけではありません。配当を受けるためには、自分自身で収益執行の申立てをする必要があるので注意しましょう。

また、他の抵当権者が競売の申立てをした場合には、①で述べた点に留意しておいてください。

③ 物上代位との関係

抵当権者には、賃借人の賃料を差し押さえて債権に充当する方法が、民法でも認められています。これを物上代位といいます。収益執行との違いは、個々の賃借人の賃料を別個に取り扱い、差し押さえる必要がある点です。また、差押債権者が直接賃料を取り立てることもできます。もし、物上代位と収益執行が競合した場合には、収益執行の手続が優先することになります。

担保不動産収益執行のしくみ

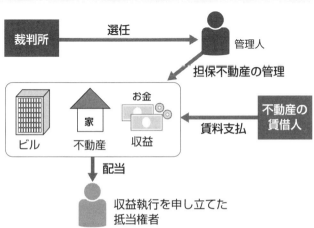

15 任意売却のメリット
競売のデメリットを理解するとわかりやすい

● 任意売却とは

たとえば、金融機関と住宅ローンを組んでマイホームを手に入れた物件の買受人は、金融機関にローンを毎月支払う義務を負います。このときに、買受人が何らかの事情によって支払いを数か月怠ると、金融機関はローンの支払を回収するために競売を申し立てることが可能になります。

しかし、競売は、手間と時間がかかる上に、納得できるような金額で回収できない場合があります。金融機関にしてみると、競売によらずに買受人との直接交渉で売買を成立させる方法により債権の回収を図る方が効率のよい場合があるのです。このような金融機関などの担保権者による債権回収の方法が任意売却です。

任意売却は、強制的に行われる競売とは異なって、所有者が売却の意思をもっていることが前提となります。また、任意売却の対象となる不動産には複数の抵当権が設定されていたり、他の権利が関係している場合があります。任意売却を行う際には、対象不動産を中心として利害関係を有する多数の人が存在しているケースがほとんどです。すべての利害関係人の合意を得なければなりません。

● 競売申立費用がかからない

債権回収方法のひとつである任意売却のメリットを理解する前提として、まず、競売のデメリットを説明することにします。

まず、競売のデメリットとして挙げられるのが、競売申立費用の負担です。競売を申し立てるには、登録免許税や予納金、郵便切手代、申立印紙代を納める必要があります。しかし、任意売却の場合は、申立時に裁判所を利用しませんので、これらの費用は当然負担しないですみます。

● 競売手続より迅速に債権回収が可能

次に、競売のデメリットとしては、時間と手間がかかるということが挙げられます。競売は、主宰者の立場にある裁判所がどれだけ工夫して迅速化を図ったとしても、担保権者の申立てから買受人の落札が決まる開札日まで、半年はかかってしまいます。

しかし、任意売却の方法であれば、裁判所による厳格な手続きを考慮する必要がないので、その分手続の迅速化を図ることが可能になります。仮に、任意売却の手続の中で時間や手間がかかる場合があるとすれば、各債権者との利害調整や第三者の買受人探しに難

航した場合でしょう。しかし、これらの事情は期間の短縮の問題も含めて、担保権者の腕しだいによりどうにでもなるものと考えてよいでしょう。

◯ 競売では落札されても満足できない場合がある

競売では、1回目の入札で落札者がいなくても、3回まで申し立てることができます。しかし、3回目で落札者が現れないと、以後、申立てが認められなくなってしまいます。また、1回目の申立ての段階では、競売不動産の売却基準価額は、実勢（市場）価格の約3割減の価額が裁判所によって設定されるのが基本です。

たとえば、実勢価格3000万円の不動産は、2100万円で売り出されることになります。ただ、ここまではまだ納得できるとしても、これが2回目の申立

てになると、2100万円の3割減、つまり、1370万円になります。さらに、3回目の申立てになると、2回目の設定価額の3割減、つまり、959万円になります。その結果、実勢価格の約7割減で叩き売りされてしまうことになりますが、この価額で落札されても満足な債権回収を図ることができないのは明らかです。

しかし、任意売却であれば、7割減まで価額を落とさなくても第三者の買受人を探すことは可能でしょう。もちろん、そのような事情は物件にもよるので、一概に言えることではありません。ただ、競売を申し立てても売れるかどうかわからない上に、価額を7割減まで落としてしまう可能性がある競売のデメリットは、任意売却によって回避できると考えてよいでしょう。

競売のデメリット

法的保護に欠ける	物件の種類や品質に不適合な点があったとしても、契約解除や損害賠償を請求することができない
自己資金が必要	最低でも売却基準価額の10分の2を原則とした保証金は用意しておかなければならない
内覧の制限	買受希望者は、希望物件の中を見ることが制限される
住人と交渉する必要がある	引渡しまで保証されないので、引渡しについては、自分で手続を行わなければならない
調査は自分で行う	物件調査はすべて自分で行う
情報提供期間が短い	閲覧開始日が入札期日の直前になっている

16 任意売却手続きの流れ

現地調査と買受人探しにも力を入れること

● まずは物件所有者の同意を得ること

任意売却とは、担保権者が物件所有者の同意の下に、第三者の買受人に売却していくという手続です。任意売却を行う場合のスケジュールは、大きく分けて、①利害関係人の事前の合意に向けた準備に関する手続き、②買受人を探し出して取引を行うまでの手続き、③取引当日の手続き、に分けて考えると理解しやすいでしょう。担保権者としては、まず物件所有者の同意を取りつけることから手続きを始めていく必要があります。

物件所有者にとって、競売と任意売却のどちらが損か得かは、ケース・バイ・ケースで判断していかざるを得ません。ただ、競売だと落札者がいない場合は、物件所有者ないし債務者に債務が残り続ける結果となります。さらに、期間の経過によって物件の価値が下がっていくことも否定できません。担保権者としては、このような競売の負の側面を強調して物件所有者と交渉を進めていくのがよいでしょう。

さらに、所有者との交渉と併行して物件の現地調査を行うようにしましょう。権利関係の設定の有無については、不動産登記簿を調べればわかります。しかし、占有状況や周辺の環境については、実際に現地に足を運ばなければわからないことから、面倒でも現地調査を行っていく必要があるのです。ただし、現地調査を後日ムダにしないためにも、物件所有者との交渉は期限を設定して行っていくことが大切です。

● 他の債権者の同意も必要

物件所有者との交渉がまとまりさえすれば、後は何とかなりそうだと思えそうですが、事はそう単純ではありません。

任意売却の登場人物は、基本的に担保権者である金融機関、物件所有者、第三者の物件買受人ですが、他に複数の債権者がいる場合があります。たとえば、当該物件に2番、3番の抵当権者がいたり、物件所有者が税金を滞納して国などによる差押えがなされていることは珍しくありません。

このような場合には、後順位の担保権者に担保解除料を支払ったり、国や地方自治体などに差押えを解除してもらう旨の交渉をする必要が出てきます。ただし、それらの権利がついたまま買い受けてもかまわないという物件買受人がいれば話は別です。そのような奇特な買受人ばかりなら金融機関も苦労しないですむのですが、通常は不動産

に付着している権利をすべて抹消しないと、任意売却は成功しないと考えておいてください。

● 誰がどのような費用を負担するのか

　任意売却を行う際には、当然さまざまな費用が発生します。その場合に、それらの費用を本来誰が負担するのかを明確にしてから売却価格を見積もる必要があります。そこでは、本来は担保不動産の所有者（売主）が負担すべき費用でも、担保権者が肩代わりせざるを得ない場合が多くなると考えておいてください。ケースによっては、競売にかかる費用より高額になってしまう場合もありますが、多少の負担はやむを得ないと考えておいた方がよいでしょう。

　かかる費用としては、引越し代、立退き料、敷金、滞納している税金などがあります。

● 買受希望者を探してもらう

　第三者の買受人を見つける方法とし

ては、不動産業者（宅建業者）に全面的に依頼するのが手っ取り早いといえます。その際、不動産業者の選定には慎重にならなければなりません。もちろん、担保権者が買受希望者を探すことができれば、費用の面からも一番よいといえます。買受人が見つかったら、買受意思を明確にしておくために、買付証明書を作成して署名をもらっておいてください。

● 売買契約書の調印

　担保不動産の所有者の同意、担保不動産の調査、買受希望者の意思確認、利害関係人の調整が終わったら、買受希望者との間で売買契約書を取り交わします。そして、契約に基づいて買受人が担保権者に代金を支払い、後日、利害関係人らに配分表に基づいた支払いを行います。それらの代金授受の際には、領収書などの証明書類の交付・受領が大切になってくるということは言うまでもありません。

任意売却手続の流れ

担保不動産の所有者の同意 ▶ 担保不動産の調査 ▶ 買受希望者の意思確認 ▶ 利害関係人の調整 ▶ 売買契約の締結 ▶ 買受人による代金支払い ▶ 配分表に基づく支払い

● 物上代位とは

債務者の債務不履行があったときに、抵当権や根抵当権に基づいて競売にかけ、競売代金から優先的に弁済を受けることができるのは、これらの担保権が目的不動産の交換価値を把握しているからです。では、目的不動産が別の価値物に姿を変えたらどうなるのでしょうか。

目的物が売却されたり、滅失や毀損することで金銭などに姿を変えたときには、抵当権者・根抵当権者は、その金銭などに対して抵当権・根抵当権を行使することができます。つまり、姿かたちこそ違え、不動産の価値イコール金銭なので、その金銭に対しても、被担保債権額の限度で権利を及ぼすことが認められているのです。

担保権を実行し、不動産をそのまま競売にかけても、高値で買い受ける者は現れないことが考えられます。

しかし、不動産に賃借人が入っていて、賃料が確実に入ってくる場合には、その賃料を物上代位によって差し押さえて、そこから債権の回収を図るという方法が使えます。

このように、抵当権・根抵当権が設定されている不動産が賃貸物件であれば、賃借人が支払うべき賃料については、あらかじめ支払前に差し押さえることによって、債権に充当することができるわけです。

たとえ競売にかけてもそれほど高値での売却が期待できないときには、競売を申し立てるよりも、物上代位権を行使する方がよいでしょう。

賃料の物上代位

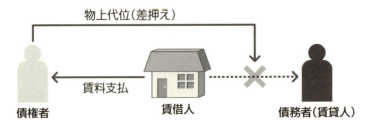

物上代位（差押え）

賃料支払

債権者 　　賃借人　　 債務者（賃貸人）

18 財産開示手続き

債務者の財産隠しを防ぐことができる

◉財産開示手続とは

たとえば、金融機関が金銭の貸付けを行う場合は、必ず抵当権などの担保権を設定します。この場合のように、はじめから相手の財産が明確で、担保権を確保していればよいのですが、そうでない場合には、債権の回収が困難になるケースも多々あります。せっかく勝訴判決を得ても、相手の財産の有無・所在などがはっきりしていないと意味がありません。

そこで、強制執行手続が可能になるように、債務者所有の財産を開示させる制度が財産開示手続です。

◉財産開示手続の申立て

債権者であれば誰でも申立てできるわけではありません。執行力がある債務名義の正本を持っている債権者か、一般の先取特権を有することを証する文書を提出した債権者に限られます。また、債務名義でも仮執行宣言付判決、仮執行宣言付支払督促、執行証書（公正証書）、確定した支払督促を有する債権者は除外されている（申立てができない）ので注意してください。申立先は債務者の住所地を管轄する地方裁判所です。

なお、債務者が過去3年以内に財産

開示手続に基づき財産を開示していた場合には、申立てが却下されます。ただ、債務者が一部の財産を開示していなかった、新しい財産を取得した、債務者と使用者との雇用関係が終了したという事情がある場合には、例外的に財産開示手続が実施されます。

◉手続の流れはどうなっている

申立てを受けた裁判所は、財産開示手続の実施決定をし、申立人と債務者を呼び出します。

呼び出しを受けた債務者は事前に財産目録を作成・提出した上で、期日（財産開示期日）に裁判所に出頭します。出頭した債務者は、宣誓の上で自分の財産について陳述し、これに対して、債権者は、裁判所の許可を得て、質問をすることができます。

なお、財産開示手続において債務者が開示しなければならない財産は、財産開示期日を基準とした債務者の財産です。そのため、財産開示期日後に債務者が誰かに財産を売却しても、それについて改めて開示する義務を債務者は負いません。よって、裁判所まかせではなく、債務者の財産については債権者の側で十分に調査をすべきでしょう。

債権に対する強制執行手続き

他の債権者と競合することもあるので注意する必要がある

● 債権執行とは

　債権執行とは、債務者が第三者に対してもつ債権を差し押さえて、債権者がそれを直接取り立てることで、債権の回収を図る手続です。債務者のもつ債権の中には、売掛債権など資産価値の高いものが含まれる場合もあるので、有効な債権回収手段となりえます。

　債権とは特定の人が特定の人に対してもっている請求権であって、物の引渡請求権なども含まれます。ただ、債権回収のための手段なので、債権執行の対象は金銭債権に限定されます。債権の場合は、差押えを行うことで、第三者（第三債務者）から弁済を受ければすむため、競売という煩雑な手続きは必要ありません。また、債権は最初から金額が明確なので、差押えの時点で回収できる額が明確だという長所があります。

● 債権執行のための手続とは

　債権執行は申立てによって始まりますが、第三者（第三債務者）の利益を考慮に入れた手続が求められます。

① 申立先

　債務者の住所地（法人は本店所在地）を管轄する地方裁判所に申し立てます。

② 費用

　申立手数料は１件につき4000円で、収入印紙によって納付します。

③ 必要書類

　申立書の他に、「当事者目録」「請求債権目録」「差押債権目録」といった目録を添付します。そして、執行の対象となる債権について、執行力のある債務名義（判決など）の正本とその送達証明書を添付します。

④ 第三債務者による陳述

　目当ての債権については、第三債務者（債務者の持っている債権の債務者）に対して確認をしておく必要があります。債権は不動産などとは違って、登記などによる公示がないからです。第三債務者に対する陳述催告の申立てをすると、第三債務者から差押債権の存否・種類・金額・弁済の意思の有無などが回答されます。その結果を見て、どの程度の回収が期待できるのかがわかります。

⑤ 取立て

　申立てを受けた裁判所から債務者に対して債権差押命令が送達されて１週間が経過すると、債権者は取立てができるようになります。債権者は裁判所から「送達通知書」を受け取ってから、第三債務者への取立てを開始します。

裁判所に対して、債権の一部を取り立てると「取立届」、全額取り立てると「取立完了届」を提出することになっています。

●債権執行における注意点

債権執行は他の債権回収方法よりも、比較的簡易な回収手段といえます。その反面、他の債権者と競合する場合もあるので、その点は留意しておくべきです。

① 第三債務者による相殺

第三債務者が金融機関であるときは、債務者に対してその金融機関が貸金債権をもっている場合が多いようです。その場合、債権者が差押えをしても、金融機関は貸金債権と差し押さえられた債務者の債権（預金債権）を同額の範囲で相殺する権利をもちます。

② 他の債権者との関係

他の債権者も差押えをする場合がよくあります。この場合、第三債務者は債務を法務局に供託することになります。そして、競合した債権者の間で、債権額に比例して供託金を分け合います。

競合を避けたい場合には、すぐに裁判所に対して転付命令（差し押さえられた債権を差し押さえた債権者に移転する裁判所の命令）を申し立てます。転付命令が第三債務者に送達されれば、差し押さえた債権を独占することができるのです。

③ 給与債権の限界

債務者が給与所得者であるケースでは、給与債権を差し押さえた上で、第三債務者である会社などの雇主に対して取立てをすることが有効です。

ただ、給与は労働者の生活を支えるものなので、差し押さえられる金額には制限があります。差し押さえることのできる給与額は原則として4分の3を超える金額だけです。

債権執行のしくみ

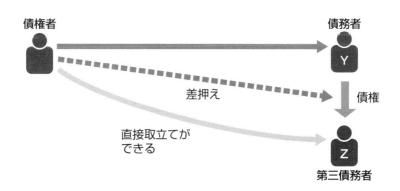

20 差押禁止債権

給料は4分の1に相当する部分しか差し押さえることはできない

● 差押えのできない債権もある

債権の差押えといっても、債権であれば何でも差し押さえることができるわけではありません。特に、強制執行は国家権力が強制的に個人の財産を取り上げる作用なので、国民の生活を積極的に脅かすことは許されないのです。

民事執行法は、差押えを禁止する動産の種類を列挙しています。たとえば、衣服や寝具、家具、台所用品、畳など債務者の生活に欠かせない日用品や、農具や漁具、工具など債務者の職業の維持に関する物の差押えを禁止しています。

債務者といっても、人間らしく生活していく権利はあります。弁済すべき債務を履行しないのは問題がありますが、生活ひいては生命まで危険にさらすことはできないのです。

その一方で、法律的な意味だけでなく社会的責任も果たしていない者が、差押えを免れて人並みを超えるような生活をすることも違和感があります。

そこで、民事執行法とそれを受けた政令では、各種の観点から調和を図って、差押えのできる債権の限界を設けています。

① 国および地方公共団体以外の者から生計を維持するために支給を受け

る継続的給付に関する債権

民事執行法では、国や地方公共団体以外の者から生活のための給付を継続的に受ける債権について、その一部の差押えを禁止しています。もともと、このような債権は、債務者の生活を維持するために、給付されることが約束されたものです。そのため、生活を維持する金額を超過する分についてだけ、差押えを認めるとしています。

② 給料、賃金、俸給、退職年金および賞与などの債権

債務者が会社員である場合には、まず、給与債権の差押えが考えられます。しかし、給与は労働者が生活していくための「糧」であって、それをすべて取り上げてしまうのでは、生命すら危険にさらしてしまうことになります。一方で、収入は人によって違いがあるので、差押えが許される範囲の判断も難しいものがあります。

民事執行法および政令は、差押えが許される範囲を規定しています。まず、差押禁止範囲を決める際には、給与などが支払われる期間別に基準が定められています。そして、支払期ごとに支払われる給与の4分の1に相当する部分についてのみ差押えが許されます。残りの4分の3については、債務者と

その家族のための生活費として差し押さえることはできません。

ただ、給与は人それぞれです。月額20万円の者もいれば、80万円の者もいます。上記の原則に従うと、前者は5万円差し押さえられ、後者は20万円差し押さえられることになります。しかし、後者の場合は60万円も残りますが、これだけ残るのでは、債権者としては納得できるものではありません。このような不合理を防ぐため、政令で支払期別に一定の額を定めて、それを超過する分については、たとえ4分の1を超えても差押えができるものとしているのです（下図参照）。

なお、計算基準が定められていても、債務者とその家族の置かれている生活環境はさまざまで、債権者から見て、差押禁止の範囲が広すぎて納得がいかないこともあります。そのため、債権者または債務者は、差押禁止の範囲について、執行裁判所に対して変更を申し立てることができます。執行裁判所は、債権者および債務者の生活状況などの諸事情を総合的に考慮して変更が相当と判断すればこれを認めています。

③ **退職手当およびその性質を有する給付に関する債権**

退職手当は、在職中の給与の後払い的性質をもっており、退職後の生活を保障する役割をもっています。そのため、給与の場合と同様に、4分の1についてのみ差押えが許されます。

④ **各法律で規定されている差押禁止債権**

国民年金や生活保護の受給権のような社会保障関係の給付は、国民の生活保障のための給付であり、これらの差押えは全額禁止されているのが原則です。

給料が差し押さえられる範囲

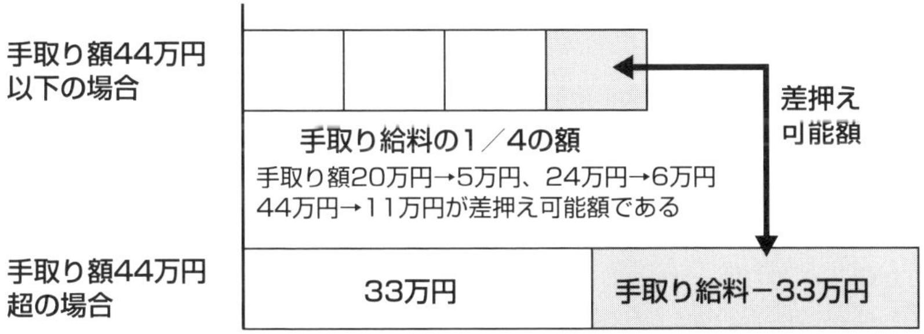

手取り額44万円以下の場合				差押え可能額

手取り給料の1／4の額
手取り額20万円→5万円、24万円→6万円
44万円→11万円が差押え可能額である

手取り額44万円超の場合	33万円	手取り給料－33万円

手取額が44万円を超える場合は、その手取額から一律33万円を差し引いた額を差し押さえることができる。つまり、33万円を債務者のもとに残せば、その残りはすべて差し押さえることができる。

215

● 債権者が複数いることもある

債権を差し押さえると、債権差押命令の申立てをしている債権者以外に、後から配当要求をしてくる債権者が現れることがあります。また、別個に手続きを始めて、同じ債権を差し押さえようとする債権者が現れるかもしれません。債権執行では、最初に債権差押命令を得たからといって優先的に配当を受けられるわけではないのです。それぞれの債権額に応じて、按分比例（比例配分）によって配当を受けることになります。

しかし、これが常に認められると、債権の回収に勤勉な債権者が不公平感を抱きます。そのため、民事執行法では、配当要求や二重差押の場合に備えて、最初に申立てをした債権者と後発の債権者との間で調整を図っています。

● 配当要求の場合

配当要求は、執行力ある債務名義を有する債権者または先取特権者でなければできません。また、すでに進行している債権の差押えに便乗するかたちをとるので、先行している手続が取り消されたりすると、手続上の根拠を失って配当を受けることはできなくなります。

配当要求は執行裁判所に対して配当要求書を提出して行います。要求がなされると、執行裁判所は、第三債務者に対してその旨を通知します。

配当要求は差押債権の存在が前提なので、この通知が第三債務者に到達するまでに、第三債務者が債務者に対して弁済または供託していると、配当要求は認められません。

また、第三債務者が差押債権者に対して弁済を拒んで、差押債権者が取立訴訟を提起したときは、その訴状が第三債務者に送達されれば、その後の配当要求はできなくなります。

● 二重差押の効力

債権差押命令の申立てをしても、別の債権者が、同じく債権差押命令の申立てをすると、二重差押の状態が発生します。この場合も、それぞれの債権額に応じて、按分比例によって配当がなされることになります。

しかし、後発の債権差押命令の申立てといっても、差押債権の存在が前提であることは当然です。そこで、差押前に第三債務者が弁済または供託している場合は、配当要求が認められません。取立訴訟が提起され、訴状が第三者に送達された場合は、その後の配当要求が認められません。

22 回収のための具体的手続き

差押債権者の数などによって具体的手続きが異なる

●単独で差し押さえたとき

差押債権者が1人しかいないときは、手続的にはそれほど煩雑ではありません。差押債権者は、直接第三債務者のところに行って、債権の取立てを行うことができます。

このとき、第三債務者にしてみるとほとんどの場合、差押債権者は初対面の人間です。債権を取り立てる権限があることと、本人であることまたは代理権があることを証明する書類を用意しておくことが必要です。具体的には、債権差押命令、通知書、免許証、印鑑証明書、委任状などです。申立書に使用した印鑑も持参すべきです。特に、預金債権を取り立てるときは、第三債務者は金融機関であり、差押債権者に取立権限が本当にあるのかどうかについて細心の注意を払います。事前に必要な書類を問い合わせて、アポイントメントをとっておく方が無難です。

① 第三債務者が弁済してくれたら

取立てに応じて第三債務者が弁済してくれたら、差押債権者は執行裁判所に対して、その旨を取立届として提出します。もし、第三債務者が供託（法務局に金銭を預けることで債務を免れることができる手続きのこと）した場合には、執行裁判所から証明書を発行してもらい、法務局（供託所）にそれを提出して、供託金を受け取ります。

② 第三債務者が弁済を拒絶したら

第三債務者が弁済を拒絶したら、差押債権者は取立訴訟を提起することができます。訴訟になると専門的知識や技術が必要になるので、弁護士に相談すべきでしょう。

③ 複数の債権者が差し押さえたとき

差押えが競合すると、必ず、第三債務者が供託することになっています。そして、債権者たちは、執行裁判所の進める配当手続に沿って、配当を受けることになります。執行裁判所から通知があるので、必要書類を確認の上、期日に出頭しましょう。

●転付命令により取り立てるとき

転付命令があると、債権者は自分の債権として取立てをすることができますが、取立権限を証明する書類の用意が必要になるのは、単独で差し押さえた場合と同様です。

転付命令の場合は、取立てにあたって転付命令が確定していることが必要なので、その旨を証明する確定証明書を執行裁判所に発行してもらいます。発行してもらうには、確定証明申請書を提出します。

23 転付命令
他の債権者の介入を受けずに債権を移転させることができる

● 転付命令はよく利用されている

　債権差押えと似て非なるものに「転付命令」があります。転付命令とは、債務者の第三債務者に対する金銭債権が差し押さえられた場合に出される執行裁判所の命令で、その金銭債権を額面額で債務者から差押債権者に移転する旨の命令が出されます。

　たとえば、債務者が第三債務者に対して100万円の甲債権（預金債権など）を保持している場合に、甲債権を差し押さえた債権者は、執行裁判所に対し転付命令を求めることができます。転付命令を受けた債権者は転付債権者として、甲債権について独占的に弁済を受けることができます。たとえ債権者が第三債務者から甲債権について全額の弁済を受けられなくても、債務者との関係では全額が弁済されたと同視する制度で、実務上よく使用される債権回収の手段です。

① 転付命令と債権差押命令の違い

　債権の差押えは、差押債権者が債務者に代わって第三債務者から債権を取り立てるものです。取り立てて自分の債権に充当することが認められるだけで、債権それ自体を取得するものではありません。これに対して、転付命令は、裁判所に申し立てて命令を発して

もらう点では債権差押命令と同じですが、債権がそのまま債権者に移転する点で、債権差押命令と異なります。債権譲渡と同じような効果が発生するのです。債権者は自分の債権として、第三債務者から弁済を受けるわけです。

　転付命令が効力を生じるのは、それが確定した時点です。転付命令が出されてから1週間以内に不服申立て（執行抗告）がなされなければ、その転付命令が確定します。この場合、転付命令が第三債務者に送達されたときに、債務者からは弁済されたとみなされます。

　なお、実務上は、債権差押命令と転付命令を併用することがよくあります。執行裁判所に対し、同時に双方の命令を求める申立てをすることで、債権の回収をより一層確実にするわけです。

② 転付命令の長所と短所

　転付命令には、債権差押命令と比べて長所と短所があります。この両者を知った上で、利用してみるとよいでしょう。

　長所としては、他の債権者の介入が防げる点があります。債権差押命令の場合、他に債権者がいて、差押え・仮差押えが重なったり、配当要求をしてくるケースがよくあります。そうなると、通常は他の債権者と第三債務者か

ら取り立てた金銭を分配しなければならないため、債権の全額回収はまず不可能となります。しかし、転付命令では、債権をそっくりそのまま独占することができます。

その一方で、短所もあります。転付命令は、債権の券面額そのままに、債権者に債権が移転します。これは債権の券面額の範囲で、債務者から債権が弁済されたとみなすことを意味しています。

たとえば、XがYに対して300万円の債権をもっていて、YのZに対する券面額300万円の債権につき転付命令を得たとします。この場合、Zの資力が十分でなくXに50万円しか弁済できなくても、XはYから300万円の弁済を受けたとみなされるため、Yに資力があっても、XはYから弁済を受けることはできません。転付命令はこの

ようなリスクを伴うので注意が必要です。逆に言えば、第三債務者（Z）が資力の十分な大企業・銀行などであれば、確実な債権回収の手段となります。

● 転付命令を受けるための要件

転付命令を受けるためには、次の2つの要件が必要です。

① **他に差押債権者などがいないこと**

第三債務者に転付命令が送達された時点で、目的債権に関して他に差押債権者などが存在しないことが必要です。手続きを進めている者がいるのに、債権を独占させる効果のある転付命令を認めるわけにはいかないからです。

② **券面額（金額）があること**

転付命令については、後日の紛争や混乱を避けるため、目的債権には明確な券面額がなければなりません。

転付命令のしくみ

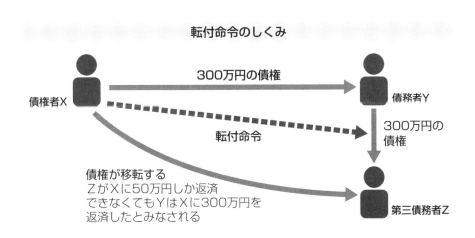

債権者X　──300万円の債権──→　債務者Y

転付命令

債権が移転する
ZがXに50万円しか返済
できなくてもYはXに300万円を
返済したとみなされる

300万円の債権

第三債務者Z

24 少額訴訟債権執行
訴訟から手続までスピーディに行える

● 裁判所書記官が行える

　原則として強制執行は地方裁判所（地方裁判所の執行官）が行いますが、少額訴訟にかかる債務名義による強制執行（債権執行）は、債務名義（少額訴訟における確定判決や仮執行宣言を付した少額訴訟の判決など、下図参照）を作成した簡易裁判所の裁判所書記官も行うことができます。この場合の強制執行を少額訴訟債権執行といいます。

　少額訴訟債権執行は、少額訴訟手続をより使いやすいものにするための制度です。少額訴訟自体が、少額の金銭トラブルに対して、手間と時間を要する通常の訴訟をするのは割に合わないとの状況を改善するために創設された制度でした。そのため、少額訴訟は手続が簡単で、すぐに訴訟の結果がでます。このような少額訴訟の迅速さを生かすためには、少額訴訟の執行手続も簡易なものにする必要がありました。

● 簡易裁判所で執行できる

　強制執行として債権執行する場合には、地方裁判所に申し立てなければなりません。しかし、少額訴訟債権執行なら、わざわざ地方裁判所に申し立てなくても、債務名義を作成した簡易裁判所の裁判所書記官が迅速に執行を行います。訴訟から執行までの手続が一気に片付くことになります。

　少額訴訟債権執行は、債権者の申立てによって行われますが、少額訴訟債権執行を利用することなく、通常の強制執行手続によることもできます。

少額訴訟債権執行のしくみ

少額訴訟債権執行

- 地方裁判所
- 簡易裁判所の裁判所書記官

以下の少額訴訟にかかる債務名義による金銭債権に対する強制執行

・少額訴訟における確定判決
・仮執行宣言を付した少額訴訟の判決
・少額訴訟における訴訟費用、和解の費用の負担の額を定める裁判所書記官の処分
・少額訴訟における和解、認諾の調書
・少額訴訟における和解に代わる決定

25 債務免除

債権放棄通知には内容証明郵便を利用する

● 債務免除とは

どうしても債務者が債権を弁済できない場合があります。このままにしておいても、意味がないようでしたら、債務を免除してしまうのもひとつの手です。

債務免除は、債権者が債権を無償で消滅させる行為です。一般には、債権放棄と呼ばれることが多いようです。債権者の債務者に対する一方的な意思表示だけで効果を生じますので、債務者の意思は問題にはなりません。

1000万円の債権のうち600万円支払えば残りは免除するなど債権の一部を放棄したり、何らかの条件を債務者に課して免除することもできます。

● 証拠を残す

債務者の資産が全くなく、将来も回収が見込めない場合、債務者が再起するきっかけを与えるために債権者が債権を放棄することがあります。

債務免除は、もちろん口頭でもできますし、わざわざ内容証明郵便を利用する必要性に乏しいともいえます。

しかし、債権の放棄（債務免除）は債権者にとっても、放棄した額を税務上損金として処理できるメリットもあります。その際、債権を放棄した事実を税務上証明する必要がありますから、債権放棄をした証拠として内容証明郵便を利用するのがよいでしょう。

債権放棄通知書

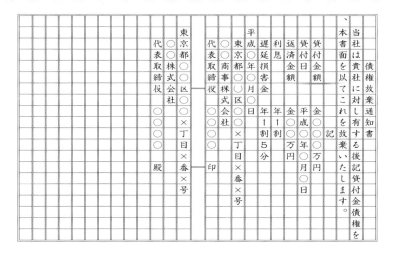

責任財産の保全

債権者代位権と詐害行為取消権という２つの手段がある

● 責任財産の保全

　抵当権などの担保をとっていない債権者を一般債権者といいます。債務者の財産が十分にあれば、仮にもつれて強制履行ということになっても、一般債権者の債権は回収できるでしょう。しかし、一般債権者があてにする債務者の財産は、そのときどきの状態によって、増えたり減ったりします。仮に債務者が複数の債権者に対して債務を負っている場合（多重債務者）、まず抵当権等の担保をとっている債権者が、その担保を実行して自己の債権を回収します。この段階で、債務者の財産がすべてなくなってしまえば、残りの債権者は債権を回収することができません。

　残りの財産がある場合、一般債権者の債権を実現する原資となるべき債務者の財産の総体（強制執行の対象となる物や権利で、一般債権者の共同担保となる財産）を責任財産といいます。

　民法は、債務者の責任財産を保全するために、債権者代位権と詐害行為取消権を債権者に与えています。

● 債権者代位権とは

　債権者代位権とは、債務者が自己の権利（被代位権利）を行使しようとし
ない場合に、債権者が自己の債権を保全するために債務者に代わって被代位権利を行使して、債務者の責任財産の維持・充実を図る制度です。債権者は債務者の代理人としてではなく、自分自身のために、債務者になり代わって被代位権利を行使するわけです。

　たとえば、A（債権者）がB（債務者）に100万円を貸し付けましたが（被保全債権）、返済日を過ぎてもBが返済しないとします。この場合、BのC（相手方）に対する100万円の貸金債権（被代位権利）を、AがBに代わって行使するのが債権者代位権です。

● 詐害行為取消権とは

　債権者は、債務者の行為が責任財産を減少させ、債権者を害することを知って行った行為（詐害行為）の取消を裁判所に請求することができます（424条）。債権者は債務者による詐害行為を取り消し、失った財産を責任財産の中に戻すことができるのです。

　詐害行為取消権は債権者代位権と同じく責任財産の保全を目的とします。たとえば、A（債権者）がB（債務者）に100万円を貸与したが（被保全債権）、返済日を過ぎてもBが返済しない場合、Bが唯一の財産である土地をC（受益

者）に売却した行為について、AがB C間の売買契約の取消しを裁判所に請

求するのが詐害行為取消権です。

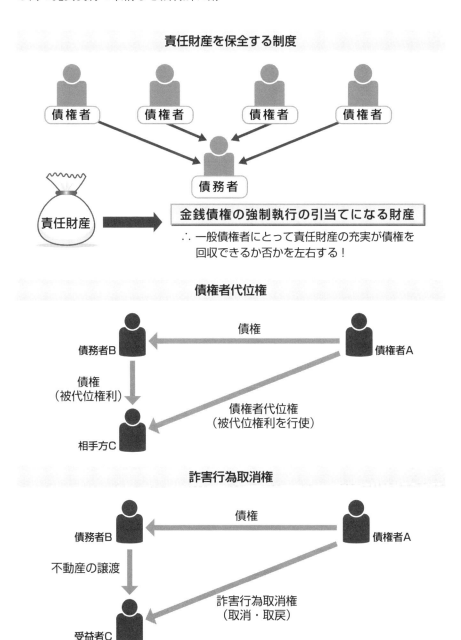

責任財産を保全する制度

債権者　債権者　債権者　債権者

債務者

責任財産　➡　**金銭債権の強制執行の引当てになる財産**

∴ 一般債権者にとって責任財産の充実が債権を
回収できるか否かを左右する！

債権者代位権

債務者B　←　債権　債権者A

債権
（被代位権利）

相手方C　←　債権者代位権
（被代位権利を行使）

詐害行為取消権

債務者B　←　債権　債権者A

不動産の譲渡

受益者C　←　詐害行為取消権
（取消・取戻）

27 詐害行為取消権の要件等
原則として詐害行為と詐害意思が必要である

● 相手方に応じた別個の要件を新設

詐害行為取消権に関して、改正後の民法は、受益者（債務者からの権利取得者）を相手方とする場合と、転得者（受益者からの権利取得者）を相手方とする場合とで、その要件を別個に規律しています。

● 受益者に対する詐害行為取消権の一般的要件

受益者に詐害行為取消請求をするための一般的要件は、以下の5つです。

① **詐害行為**

詐害行為とは、債務者が「債権者を害する行為」をすることです。具体的には、債務者が自己の財産を故意に減少させ、その資力を債権者の債権を弁済するのに十分でない状態（債務超過）に陥らせることです（無資力要件）。

本来型の債権者代位権の無資力要件と似ていますが、債務者が自らの行為で債務超過に陥らせることが詐害行為の特徴です。

② **詐害意思**

詐害意思とは、詐害行為の時に、債務者と受益者の双方が、債権者を害する事実（債務者が無資力になる事実）を知っていたことです。

③ **財産権を目的とする行為**

財産権を目的としない行為（婚姻・離婚・認知・養子縁組・相続放棄などの身分上の行為）については、それが債権者を害するとしても、詐害行為取消請求ができません。

④ **被保全債権が詐害行為前に生じたこと**

改正後の民法では、債権者は、被保全債権が詐害行為前の原因に基づいて生じたものである場合に限り、詐害行為取消請求ができる旨が明記されています。改正前民法の下でも「被保全債権→詐害行為」の順番で発生している場合のみ、詐害行為取消請求ができると解されており、これが条文化されたと考えることができます。

⑤ **被保全債権が強制執行で実現不可能でないこと**

改正後の民法の下では、被保全債権が強制執行によって実現できないものであるときは、詐害行為取消請求ができないことになりました。

● 受益者に対する詐害行為取消権の特則

次に受益者に対する詐害行為取消権の特則（例外）を見ていきましょう。

① **相当価格処分行為の特則**

相当価格処分行為とは、たとえば債

務者が時価1000万円の不動産を受益者に売却し、代金1000万円を得た場合をさします。相当価格処分行為は、原則として債務者の正当な権利の行使であることから、詐害行為取消請求ができる場合を限定しています。

つまり、ⓐ相当価格処分行為により換価した金銭等について、債務者が隠匿等をするおそれが現に生じていること（詐害行為の特則）、ⓑ相当価格処分行為の当時、債務者が取得した金銭等を隠匿等する意思を有しており、受益者がその意思を知っていたこと（詐害意思の特則）、という要件を満たす場合にのみ詐害行為取消請求ができます。

② **担保供与等行為の特則**

担保供与等行為とは、たとえば債務者が受益者のために抵当権を設定したり、債務者が受益者に債務を弁済することをさします。担保供与等行為は、原則として債務者の正当な義務の行使であることから、詐害行為取消請求ができる場合を限定しています。

つまり、ⓐ原則として債務者が支払不能の時に担保供与等行為が行われたこと（詐害行為の特則）、ⓑ債務者と受益者が通謀し（示し合わせて）、他の債権者を害する意図で担保供与等行為が行われたこと（詐害意思の特則）、という要件を満たす場合にのみ詐害行為取消請求ができます。

③ **過大な代物弁済等の特則**

過大な代物弁済等とは「債務者がし

た債務の消滅に関する行為であって、受益者の受けた給付の価額がその行為によって消滅した債務の額より過大である」場合です。たとえば、債務者が1000万円の借金の返済として、受益者に時価1500万円の不動産を代物弁済した場合をさします。

この場合は、①の相当価格処分行為とは異なり、債務者の正当な権利の行使とはいえません。そこで原則に戻って「受益者に対する詐害行為取消権の一般的要件」を満たすときに、消滅した債務額以外の部分について、詐害行為取消請求ができます。

上記の事例では、代物弁済により消滅した1000万円分（債務額）以外の残り500万円分について、詐害行為取消請求が認められます。

●転得者に対する詐害行為取消権の要件

改正後の民法では、転得者に対して詐害行為取消請求をするには、受益者に対して詐害行為取消請求ができることが前提要件となります。

改正前よりも転得者に詐害行為取消請求をするためのハードルが相当高くなったため、この方法を用いるのは慎重に検討すべきだといえるでしょう。

28 詐害行為取消権の行使等

動産や金銭は債権者への支払いや引渡しを請求できる

● 詐害行為取消権の行使

詐害行為取消権はどのような制度なのかについて、債務者の行為の取消しに主眼を置く見解（形成権説）や、逸失した債務者の財産を取り戻すことに主眼を置く見解（請求権説）、判例が採用する形成権説と請求権説の中間的な見解（折衷説）が、おもに主張されていました。改正後の民法は、基本的に折衷説に立っています。

① 詐害行為取消権の行使方法

債権者は、詐害行為取消請求において、債務者がした行為（詐害行為）の取消しとともに、受益者・転得者が取得した財産の返還（返還困難な場合は財産の価額の償還）をあわせて請求できます。詐害行為取消請求に係る訴えの被告は受益者・転得者であって、債務者は被告となる資格がありません。

なお、詐害行為取消請求に係る訴えを提起した債権者は、遅滞なく債務者に訴訟告知（訴えを提起した旨を知らせること）をしなければなりません。

② 詐害行為取消権の行使期間

改正後の民法では、債権者が詐害行為取消請求に係る訴えを提起できるのは、詐害行為の事実を知った時から2年間、かつ詐害行為の時から10年間です。

③ 詐害行為の取消しの範囲

詐害行為の目的が可分（金銭債務の弁済など）の場合や、価額の償還を請求する場合、債権者は、自己の債権額の限度で詐害行為取消請求ができます。また、受益者・転得者に金銭の支払い（価格の償還を含む）または動産の引渡しを請求する場合、債権者は、その支払いまたは引渡しを直接自己にすることを請求できます。

一方、不動産の売却などが詐害行為となる場合、債権者は、詐害行為取消請求として債務者名義への不動産の登記の回復を請求できるにとどまります。

● 詐害行為の取消しの効果

改正前民法の下では、詐害行為取消請求が認められた場合、当事者間（債権者と受益者・転得者の間）で取消しの効果が生じるだけで、債務者や他の債権者には取消しの効果が及ばないとするのが判例の見解でした（相対的取消し）。

しかし、改正後の民法では、詐害行為取消請求が認められた場合、原則として当事者間に加えて「債務者およびそのすべての債権者」にも取消しの効果が及ぶことになりました。

第 8 章

取引先の
倒産対策と手続き

1 危ない債務者の兆候

観察していれば自然にボロが出る

● 当然把握しておきたいこと

　債務者である取引先の経営が危ないという噂が立つと、大勢の債権者が債務者のもとへ押しかけて行きます。このような事態になってしまったら、債権回収は大変です。債権額の１割も回収できないということも珍しくありません。債権者は事が起こってから慌てるのではなく、常日頃から、取引先の業界の景気動向や、取引先が扱っている商品についての知識や取引状況、その業界における取引先の地位、従業員１人当たりの売上高などを把握しておくべきです。

● よく観察すればつかめること

　取引先が経営危機に陥ったという知らせは、突然に飛び込んでくるものです。しかし、経営危機そのものは突然に起こるものではありません。社長や取締役といった経営陣の日頃の態度に妙な点が現れてくることも多いようです。

　たとえば、「経営者が宗教や選挙に熱中している」「本業の他に投資などのリスクの高い事業に手をだした」などという噂がささやかれ始めたら、黄色信号がともったといえます。

　また、いつ訪ねて行っても不在がちで、なかなか会うことができないなど、経営者の悪い評判がたっている場合も要注意です。会社の各部門の幹部の間で派閥争いや揉め事が起きていたり、他社や金融機関から役員が入ってきた、という場合も同様です。

　経営陣ばかりではなく、従業員の間に不平・不満が多くなり、退職者が急増している場合や、従業員の勤務態度がルーズになってきたり、社内での連絡が悪いなどの事項がたびたび見え始めたときには注意が必要です。勤務時間中に、仕事以外のことをしている従業員が目につくようだったら、それは社内のモラルがかなり低下してきている証拠です。

　さらに、以前よりも不良品が増えたり、事故が発生したり、在庫が急増したり、逆に極端に減少する場合も同様です。仕入先や取引金融機関が急に変わったり、代金の支払方法が現金払いから手形払いに、さらには手形のサイトが延びたりするのは、無視できないシグナルです。取引先の状態を把握する直接的な方法としては、相手の会社などに出向いてみることです。

　なお、財産状況に関しては、取引先の不動産登記簿や商業登記簿等からも概要（抵当権、資本金など）をつかむことは可能です。

2 危ない取引先とのつきあい方

一方的に取引を停止することは許されない

●取引を継続するかどうかの判断

債権回収に問題が生じ始めているということは、相手方の信用状態が悪化しているということです。こちらの債権が担保などによって十分に保全されているかどうかを再確認しておく必要があります。

まず、相手方の信用状態の悪化が一時的なものであるのか、慢性的なものなのかは、慎重に調査・検討しなければなりません。

ここで検討することは取引を継続すべきか、打ち切るべきか、ということです。仮に継続するにしても、打ち切ることにしても、どちらにしてもさらに手を打っておかなければならないことがあります。

継続するか打ち切るかの判断は、その取引先が営業上重要な相手かどうかということと、債権が焦げつくおそれとを比較検討して結論を出すことになります。たとえば、売上や利益のかなりの部分を占めている債務者であったり、長いつき合いの債務者であったりする場合は、重要な相手といえるでしょう。しかし、通常は債権の保全策を十分にとれるかどうかがポイントです。十分に保全策をとれるようであれば取引継続、そうもいかなければ取引

打ち切りということに傾きます。

●継続的取引を打ち切る場合

会社同士の商取引では、1回限りのスポットの取引というケースはさほどありません。同じ商品を繰り返し売買して、継続的な仕入先・販売先という関係が作られることが多いものです。

このような固定的な関係が長く続けば続くほど、仕入先の安定した供給や販売先からの安定した受注が、双方の会社の経営の基盤となっていることも少なくありません。継続的な取引関係を結んでいる者同士では、相互依存・相互信頼の関係が成立しているはずです。

このような関係にある者同士では、将来的にも取引が継続されるとの期待を抱くことになり、この期待に基づいて人員補充や設備投資などが行われることになります。

継続的取引関係を当事者の一方が、一方的に解消することは原則として認められず、解消するには契約書や法律などに従ってなされることが必要です。

たとえば、支払や納品が滞っている分の催告をして、それでもなお支払や納品がないという場合に、契約解除をすることになります。

第8章 取引先の倒産対策と手続き

229

3 危険な取引先と取引する場合の注意点
担保を要求するなどの対処が必要となる

●取引継続を決定したら

　取引先に信用状態が悪化している兆候が見えているにもかかわらず、なお総合的に判断して取引を継続することにした場合には、どこに注意して取引を継続していったらよいのでしょうか。

　まず、債権額をこれ以上増やさないことです。支払がないまま取引を継続して債権額が膨らんだ後で、取引先が倒産でもしようものなら一大事です。債権額を増やさないことを前提としましょう。

●取引条件の変更の仕方

　対策の1つは、取引条件を変更することです。ポイントは、取引規模を縮小して、債権額（与信限度額）を引き下げることと、支払期日や支払方法などを、こちらに有利にすることです。

　支払いについては、手形サイト（手形の振出日から支払期限までの期間）を短縮するなど支払期間を短くすることや、手形を回し手形（手形を所持している者が裏書した上で渡す手形）に切り換えてもらうこと、つまり相手方の優良な顧客が振り出した手形を裏書譲渡してもらう方法に切り替えることなどの措置をとることになります。

　その他の対策としては、以下のようなことが挙げられます。

①　契約書の作成

　これまで、特に契約書を交わさずに取引していた場合には、これを機会に契約書を作成しておきます。契約書を取り交わしていた場合でも、特約条項が特に盛り込まれていない場合は、この機会に、違約金条項や期限の利益喪失約款（通常、債務は支払期限が来るまで支払う必要がないが、分割払いなどで支払いを怠るなど契約で定めた事由が発生した場合、期限が来なくても全額支払わなければならない）などの有利な特約を入れた契約書に変更しておいた方がよいでしょう。

②　担保の取得

　相手方が所有する資産を調査して、その上で、資産を特定して担保（抵当権や根抵当権の設定）に入れるように要求します。社長などの個人保証（経営者保証）をとりつけるのもよいでしょう。債務者の不動産や機械設備などを譲渡担保として担保にとる方法もあります。

　ただし、担保を取得できるなど、こちらに有利な条件を設定できたときには、その後はすぐに取引を打ち切ったりするのは難しくなります。

4 商品の引渡請求と条件付契約解除の通知

催告と同時に条件つきで解除を宣言する

解除による代金返還の請求

　債務不履行など法定の事由があるときには、契約当事者の一方から他方に対して意思表示をして、契約をはじめから存在しなかったものとすることができます。これを法定解除といいます。また、契約であらかじめ定めてある事由があるときには解除することができる、とする約定解除もあります。さらには、当事者双方の合意によって解除することもできます（合意解除）。

解除の方法について

　債務不履行を理由として解除をする場合は、原則として、相当の期間を定めて履行を催告し、履行がない場合にはじめて解除ができます。

　催告をしないで解除できるとする特約も、一応有効と考えられています。以下の内容証明郵便は、売主に商品の引渡しを請求するものですが、それと同時に解除の通知を一緒にするものです。このように、催告と同時に条件付きで解除を宣言しておくことは、一般によく行われています。また、通知には契約締結日、商品名、代金額、履行期などを記載するようにしましょう。

商品の引渡請求と条件付契約解除の通知書

通知書

　当社は貴社との間で、平成○年○月○日付で、商品名は貴社と当社の間で○個を購入する旨の売買契約（以下「本件契約」という）を締結致しました。

　当社は、同月○日までに代金○○○万円の支払いを済ませておりますが、貴社からは未だに右商品の引渡しをしてくださいません。

　しかしながら、右商品の引渡しの履行期日である平成○年○月△日を過ぎた現在に至っても、右商品の引渡しをしておりません。つきましては、右商品の引渡しを直ちに請求致します。

　もし、右期間内に、貴社において引渡しをなさず、右期間の経過をもって契約解除の通知をしなくとも、右売買契約を解除いたします。

平成○年○月○日

東京都○○区○○丁目○番○号
株式会社○○○
代表取締役　○○○○　印

東京都○○区○○丁目○番○号
株式会社○○○
代表取締役　○○○○　殿

231

5 倒産制度

倒産と破産は同じではない

● 倒産とはどういうことか

　一般的に経営が成り立たなくなることを倒産と呼んでいます。新聞報道などでも、「事実上の倒産」などという場合には、ある会社が不渡りを出して銀行取引を停止されたということもありますし、民事再生手続きに入った場合でも、事実上の倒産ということがあります。実際にはどの段階で倒産なのかは、必ずしも定かではありません。

　たとえば、資産よりも負債の方が多くなっていたとしても、それが一時的なものであれば倒産とはいいませんし、逆に、負債を上回る資産があるにもかかわらず、支払いができない状況になれば倒産します。

　倒産したと言われる会社であっても、それが本当に消滅に向かうものであるか、種々の手立てを経て立ち直る方向に向かうものであるか、微妙なところがあるわけです。結局、倒産という言葉は、「個人や会社などの企業が経済的に破たんして、債務の支払いが困難になった状態」という程度に緩やかに理解しておくのがよいでしょう。

● 銀行取引停止処分は倒産の典型

　ただ、不渡り手形を出した場合は、どの時点から倒産したのかが比較的わかりやすいといえます。

　同じ債務者が、同じ手形交換所で6か月間に2回の不渡りを出すと、金融機関に公表されて、その債務者は銀行取引を停止され、手形による決済はできなくなります。倒産という事態は、ある日突然にやって来ます。もちろん、不渡りを出した企業の上層部では、「いつ頃が危険だ」ということはだいたいわかっているわけですが、その企業の従業員や取引先は、たいていの場合は寝耳に水の出来事です。

● 再建の可能性があるかどうか

　倒産手続きの活用にあたっては、その会社が再建型と清算型のどちらが適しているか、ということを判断しなければなりません。再建型の倒産手続きを選択する場合には、会社の事業に再建の可能性があることが必要です。

　会社の事業の再建可能性があるかどうかの判断にあたっては、まず事業の収益性を検討します。資金繰りの見通しが立つかという点も、会社の再建可能性を判断する際に検討する必要があります。金融機関などの関係者の協力を得ることも、会社の再建には必要です。

　倒産手続きをすることで当然に事業の収益が改善するわけではないので、

不採算部門からの撤退といった会社の自助努力によって、事業の収益性を上げていくことが必要になります。また、収益性のある事業を行わなければ、会社の再建に対して債権者の同意を得ることは難しいといえるでしょう。

● 倒産処理手続きのいろいろ

倒産処理手続きは、①裁判所が関与して行う公的手続きの場合、②裁判所が関与しない私的手続きの場合、の2種類があります。どちらの手続きを選択するかに関して、重要なことは、債権者が優先的に弁済を得られるのか否かです。裁判所を通した法的整理では、すべての債権者に対して平等に弁済する必要があるため、優先的な債権回収は望めません。

公的手続きには、倒産した会社の再建をめざす再建型の手続きである会社更生、民事再生などがあります。一方、倒産した会社の財産を清算してしまう（会社の場合は清算後に消滅する）清算型の手続きである破産、特別清算などがあります（下図参照）。

破産手続きにおいて、弁済期にある債務を一般的継続的に弁済できない状態を支払不能といい、債務者が自分の財産を売り払っても債務を弁済しきれない状態を債務超過といいます。債務者が支払不能や債務超過に陥っていることは、破産手続きが開始する原因になると位置付けられています。

これに対し、私的手続きは、一般に「任意整理」とも言われます（236ページ）。債権者と債務者が交渉して倒産した会社の再建をめざす場合もある一方、清算する方向で処理を行う場合もあります。

私的手続きも、再建型と清算型の2種類があります。どちらも「私的」に行う手続きであることから、原則として裁判所が介入しない点が特徴的です。法に縛られない柔軟な手続きが可能ですが、債権者の同意を取りつけることに困難が伴うことが多いといえます。

法的な倒産制度のしくみ

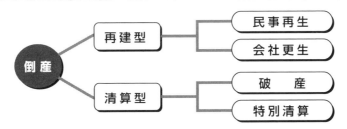

6 倒産寸前にとるべき手段
担保権の実行、債権譲渡要求、仮差押手続きがある

● 不渡りを察知した場合

　取引先が手形の不渡りを出すかもしれないという情報が入ってきたら、できれば、取引先の役員か担当者に直接、会社の状況がどうなっているか聞くようにします。結果的に、情報が間違いだったような場合を除いて、このような状況になったら、直ちに債権回収行動をとらなければなりません。

　たとえば、取引先の顧客に対する売掛金は残っている可能性が高いですから、この売掛金を譲渡してもらい、その日のうちに配達証明付内容証明郵便で第三債務者（債務者のもつ債権の債務者）に対する債権譲渡通知を行うようにします。また、手持ちの現金を受けとったり、受取手形に裏書してもらいます。

　なお、事業継続の可能性が残されている場合は、親密な取引先に併存的に債務を引き受けてもらうということも可能です。このように債務者の代わりにあるいは債務者とともに債務を引き受ける契約が債務引受（152ページ）です。

● 保証債務や債権譲渡も確認する

　不健全な企業間では、融通手形の交換をやっているように、資金繰りが苦しい企業の間では、お互いに相手方の債務を保証し合っていることがあります。保証債務という通常はバランスシートに乗らない債務が存在することを嗅ぎつけたときは要注意です。企業自身が保証債務を負っている場合の他、経営者個人が、他の企業や他人の債務の保証をしている場合も、信用度は低いといえます。また、取引先企業が、自己の売掛金債権を担保にして融資を受けたり、債権譲渡によって金融を得ているような場合は、いよいよ末期症状というべきです。

● 担保を実行する

　「取引先が倒産寸前」という情報をキャッチした場合、事態は一刻を争います。債務者である取引先に対して、買掛金や借金などの債務があれば、その債務額を限度に、取引先に対する債権と相殺することも可能です。債務者に対して抵当権などの担保権がある場合、すぐに担保権を実行する手続きをとりましょう。また、取引先が話し合いに応じそうもない場合は、取引先の債権の仮差押をしてみるのも効果的です。仮差押をする債権が売掛金債権である場合には、その債権の相手先を探し出して、債権が他に譲渡されるのを防ぐ必要があります。

●商品の引揚げとは

商品の引揚げは、相手先企業にある商品を自社の元に移す方法ですが、これには売買契約の解除による場合と、新たな売買契約を締結する場合とがあります。売買契約の解除による場合は、すでに売買契約によって相手先の在庫にある自社商品を、契約の解除によって引き揚げる方法です。

一方、新たな売買契約を締結する場合は、自社商品だけでなく他社商品も引揚げの対象にすることができます。この対象商品について、相手先と買取契約を締結し、商品を引き揚げます。

●返品や買取契約はどのように行うのか

自己売り商品を実際に引き揚げる際には、売買契約の解除という手続きが必要です。この場合、商品を占有している相手方から実際に商品を引き渡してもらう必要があります。そこで、相手方と合意の上で解除を行うことが、相手の協力を得られる現実的な方法だといえます。売買契約の解除を行って自社商品を引き揚げることを一般的に

は返品といいます。通常返品は、売れ残りや不良品、納期遅れや受発注時のミスなどによって商品を返すことをいいますが、債権回収の手段としての返品には次のような特徴があります。

まず、売買契約の解除によって相手方企業に原状回復義務が生じます。この原状回復義務の履行として、商品を返還してもらうしくみを債権回収時の返品といいます。

一方、相手先企業との間で買取契約を新たに締結して回収にあてる場合には、次のような特徴があります。つまり、相手先企業の在庫にある自社商品や他社商品を買い取る契約を相手先企業との間で結びます。この契約に基づいて、対象商品を自社に移します。この商品の買掛金を、すでに発生している売掛金債権などと相殺します。

なお、他社商品を対象とする場合には、他社商品の引揚げを代物弁済（相手先企業が売掛金債権を他社商品をもって返済したとすること）として処理することもあります。

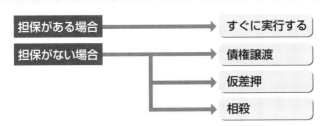

倒産寸前にとるべき手段

担保がある場合	→	すぐに実行する
担保がない場合	→	債権譲渡
	→	仮差押
	→	相殺

7 任意整理

会社の再建をめざして利用されることが多い

●最初に検討したいのが任意整理

会社の倒産を考えたときは、任意整理の方法で後始末ができないかを、最初に検討したいものです。任意整理は私的整理とも呼ばれ、すべての会社や個人を対象とした倒産処理方法です。

私的整理という言葉通り、法の適用を受けないで当事者同士の話し合いで処理を進めていきます。会社を清算する場合に利用されることもありますが（清算型）、会社の再建をめざして利用されることが一般的です（再建型）。

任意整理であれば法定の手続きに拘束されることはありませんし、裁判所への予納金を準備する必要もありません。また、清算するにしても再建するにしても、債権者や利害関係者の状況に応じて柔軟な条件を採用することも

でき、迅速に処理することも可能です。

●任意整理は再建型が一般的

任意整理は、会社の再建目的（再建型）、会社の清算目的（清算型）のどちらの目的でも利用することができます。

再建型の場合、再建計画を策定して、計画を実行していくことになります。再建型の任意整理として利用される制度として、事業再生ADRや中小企業再生支援協議会による私的整理手続などがあります。再建型の任意整理の場合、債権者などと交渉し、支払いの先延ばしや債権放棄によって再建をめざすことになります。

一方、清算型の場合、財産を換金して配当を実施していくことになります。どちらの場合も、債権者の同意を得る

任意整理の分類

```
                    ┌──→  事業再生ADR
         ┌─ 再建型 ─┼──→  中小企業再生支援協議会
任意整理 ─┤         └──→  その他弁護士などに相談して行う任意整理
         │
         └─ 清算型 ──→  債権者への公平な    ──→  法的整理を検討
                        分配ができない
                        可能性
```

ことが重要になることには変わりはありません。

　なお、清算型の任意整理は実務上それほど行われておらず、債務者と債権者の話し合いによって債務を整理し、会社を建て直すことを目的とする、再建型の任意整理が行われる場合が一般的です。

◯債権者集会の開催

　任意整理の見込みがありそうなときには、ⓐ任意整理を行うことの確認、ⓑ債権者集会をいつ・どこで・どのように行うか、ⓒ債権者委員会の構成・任務・委員長候補・議題のたたき台について、有力債権者が任意整理をする会社と一定の合意をします。その後、債権者集会開催の通知が行われるため、債権者集会に出席します。

　債権者集会では、会社側から、事実上の倒産に至っているという会社の実情とその経緯、各債権者へ陳謝、現時点での財務内容の説明、任意整理に

よって処理をしたい旨が告げられることが予想されます。その際、再建型の任意整理においては、できれば再建したいという希望が述べられる可能性もあります。状況によっては、経営者は退席して債権者だけで話し合うことになります。会社の規模や債権者の人数によっては、債権者委員会を結成してもらう場合もあります。債権者委員会（特に債権者委員会の委員）は、会社から会計帳簿や書類その他の資料を提出を受けて、会社の財産・債務の調査などを行い、会社側とも協議をして整理の基本方針を作成します。そして債権者の同意を得て会社との間で整理に関する基本契約を締結することになります。

　その基本方針には会社に対する債務免除や支払いの猶予に関する事柄が盛り込まれます。基本方針の内容に関する打ち合わせは会社と債権者委員会とで行いますが、通常は債権者委員会の方が主導権を握ることになります。

会社の任意整理手続きの流れ

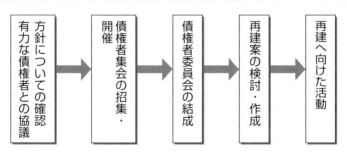

有力な債権者との協議
方針についての確認
→
債権者集会の招集・開催
→
債権者委員会の結成
→
再建案の検討・作成
→
再建へ向けた活動

8 破産

破産をすることで被害を最小限に抑える

●破産とは

破産とは、借金のある人（債務者）が経済的に破たんして、支払いができなくなってしまった場合に、その人の財産関係を清算して、すべての貸主（債権者）に公平な返済（弁済）をすることを目的とする裁判上の手続です。

つまり個人や会社の財産関係を、ご破算にして、返せるものは返し、被害を一定範囲に食い止め、債務者に再起の機会を与える制度です。

破産手続は、地方裁判所に対する申立てから始まります。申立人が貸主（債権者）である場合を債権者破産、借主（債務者）自身が破産の申立てをする場合を自己破産といいます。会社などの法人の代表者が会社を代表して申立てをする場合も自己破産です。

●債権者からの破産の申立て

取引の相手方が破産した場合、破産者の財産は全債権者に平等に配当されることになりますから、通常、配当はかなり少額になります。このため、破産手続開始の申立ては、債務者だけでなく債権者もできますが、債権者としては債権の回収上、債務者を破産させる意味はあまりないといえます。

債務者が何とか資金繰りができるにもかかわらず、債権者による取引打ち切りなどに対し強い不満を覚えて、支払を控えている場合や、債務者が事業継続の強い意思があり、破産だけは絶対にしないとしているような場合などは、「破産手続開始の申立て」をちらつかせながら上手に交渉し、支払について裁判外で和解できる場合も多いものです。

破産制度の特徴

適用対象	法人・個人
申立原因	・支払いをすることができないとき（支払不能） ・債務超過（法人のみ）
申立権者	債権者、債務者、取締役など
内　容	破産管財人が債務者の総財産（破産財団）を換価処分し、債権者へ公平に配分する

9 破産原因
支払不能と債務超過がある

● 破産原因とは何か

破産をするためには、破産原因がなければなりません。それは、債務者の財産状態が極度に悪化していることをいいます。

破産原因には支払不能と債務超過があります。債務超過は法人だけの破産原因です（前ページ図）。

支払不能とは、弁済能力がなくなったために、弁済期（支払の期限）が到来した債務を一般的・継続的に弁済することができないと認められる状態をいいます。端的に言って、借金が多すぎてどうしようもなくなってしまった状態をいいます。

ここで、債務者に返済（弁済）能力がなくなった、というのは、債務者の信用や労力・技能によってもお金を調達することができないことをいいます。

債務者に財産がなくても、技術や労力・信用などの目に見えない資産によって弁済を続けることができる場合には、まだ支払不能とはいえません。反対に、債務者に財産があっても、すぐにお金に換えること（換価）が困難なために、お金を調達できない場合には、弁済能力を欠いていることになります。

● 債務超過も破産原因となる

支払不能はすべての債務者に共通する破産原因ですが、債務超過は法人に特有の破産原因です。

債務超過とは、帳簿上の債務の評価額の総計が、資産の評価額の総計を上回っていることをいいます。

ただ、債務超過を文字通りに理解すると、借金経営・赤字経営が多い企業経営の実態からみて、ほとんどの法人が債務超過ということになってしまいます。

そこで、たとえその法人が事業を継続したとしても負債を完済することができないような場合に、債務超過であると判断されているようです。

なお、会社法上の会社については、株式会社や合同会社は債務超過が破産原因となりますが、合名会社や合資会社は債務超過が破産原因となりません。債務超過が破産原因とされているのは、法人に対する債権の最後のより所が会社財産しかないからです。しかし、合名会社や合資会社は経営陣（社員）が最後まで責任を負うので（これを無限責任といいます）、債務超過を破産原因にする必要がないのです。

破産から免責までの流れ

管財事件か同時廃止かで手続が異なる

● 破産手続の流れ

　個人である債務者が借金から解放されるには、破産手続の他に免責手続が必要です。一方、会社などの法人は破産によって消滅します（債務も消滅します）ので、免責は問題となりません。

① 破産手続開始決定

　裁判所に破産手続開始の申立てをします。申立てを受けた裁判所は申立てが適法かどうか、費用の予納があるかなど手続に不備はないかを調べ、さらに債務者に支払不能や債務超過などの破産原因があるかどうかを調べます。

② 管財事件か同時廃止か

　破産手続開始決定を受けたとしても、それはまだ破産手続の入り口にすぎません。債務者にある程度の財産があれば管財事件となります。そうでなければ同時廃止です。同時廃止とは、財産がほとんどないので、はじめから破産管財人を選任しないで破産手続開始決定と同時に破産手続を終結することをいいます。

　管財事件となれば破産管財人が選任され、以後は債権の確定から破産財団の換価・配当という本来の破産手続になります。配当が完了すれば破産手続は終了します。それでも残ってしまった借金から解放されるには免責手続が必要です。

③ 免責手続

　管財事件であっても同時廃止となった場合でも、個人が破産したときは免責手続をしなければなりません。これをしないと破産手続が終結しても、いつまでも借金は残ることになります。

　個人である債務者が破産手続開始の申立てをした場合には、債務者が反対の意思を表示しない限り、免責許可の申立てもしたとみなします。個人である債務者が破産手続開始の申立てをするのは、免責を得ることが目的だからです。

　裁判所では、個人の申立者の諸事情を考慮して免責するか否かを決定しますが、ウソの債権者名簿を裁判所に提出したり、財産を隠匿したり、不誠実である場合は免責不許可事由とされます。会社の役員が個人破産した場合、いったん役員を辞任することになりますが、改めて選任されれば、免責などで復権していなくても再び役員になることができます。

　なお、会社は存続するが、経営者個人が破産手続開始の申立てをするときは、役員を交代した上で会社の従業員として会社経営に協力する形にするケースもあります。

11 破産管財人の選任と管財事件

破産者の財産は配当まで管財人が管理する

● 管財事件の手続きの流れ

申立人に配当できる財産がある場合、裁判所は破産管財人を選任して、破産者の財産の換価・配当という手続きを行います。これが本来の破産手続きであって、破産管財人が選任される場合を管財事件といいます。管財事件は通常、以下の手続きで進行していきます。

① 破産管財人の選任

破産管財人に選任されるのは、ほぼ例外なく弁護士です。管財人は破産者の財産を迅速・正確に調査して、すべての債権者に公平に分配できるように手続を進めていきます。

② 債権届出期間の決定

債権者は債権届出期間内に債権を届け出ることによって破産債権者となり、破産手続に参加できるようになります。

③ 債権者集会の期日の指定

破産手続きでは、基本的には債権者集会の開催が必要です。債権者の意思を尊重し、公平を図るためです。

④ 債権調査期日の指定

配当の準備をするため、債権届出期間の最終日から1週間以上2か月以内の日に債権調査期日が定められます。破産者に対し債権者がどれだけの債権があるかを破産管財人が調査します。

⑤ 破産財団の換価・配当

破産者に残っている財産は破産財団という形にまとめられ、届け出ている債権者の持つ債権の優劣や順位などに応じて分配します。これが配当です。配当を終えると破産手続きが終了します。

管財事件の手続きの流れ

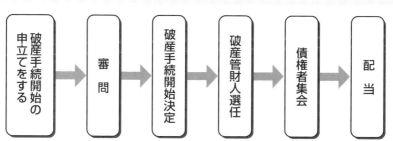

破産手続開始の申立てをする → 審問 → 破産手続開始決定 → 破産管財人選任 → 債権者集会 → 配当

12 配当
財産を現金化し債権者に分配する

●配当について

破産管財業務を行う中で、債権者に分配できる破産者の財産や、債権額が確定すると、破産管財人が破産財団に属する財産を現金に換えて（換価して）、得た現金について、破産債権者に配当する手続きに移ります。換価の対象は、土地・建物などの不動産、自動車、電話加入権、家具などの動産、有価証券などが主なものです。

破産者のすべての財産を現金化する前に行う配当のことを中間配当といいます。中間配当を行う際には、裁判所の許可が必要です。破産の規模が大きいと、中間配当が2回以上行われることもあります。破産者の財産の現金化がすべて終了すると、原則として最後配当が行われます。

最後配当・簡易配当・同意配当が終了し、破産管財人の任務が終了した場合には、破産管財人は報告書を裁判所に提出する必要があります。報告書を提出した後に開催される債権者集会が終結すると、裁判所は破産手続終結の決定をします。

また、破産手続開始の決定があった後、破産者の財産により破産手続きのための費用をまかなうことができない場合には、裁判所は破産手続廃止の決定をします。また、これ以外にも、破産手続を廃止することについて破産債権者全員の同意が得られている場合にも、裁判所は、破産手続廃止の決定をする場合があります。

債権者への金銭配当

最後配当	最終的に行われる配当。債権者に対してなされる基本的な配当の形態である
中間配当	破産手続きの途中で行われる配当。配当可能な金銭を用意できた段階で随時行われる
追加配当	最後配当の額を債権者に通知した後に、新たに財産が見つかった場合に行われる配当
簡易配当	配当できる金額が少ない場合などに行われる簡易化された配当
同意配当	債権者全員が同意することで、簡単な手続きによって行われる配当

242

13 債権者集会

債権者の意見や意思を手続きに反映させるために設けられた

● 債権者集会の役割

破産手続開始決定がなされると、債権者はもはや自分の債権を行使して満足を受けることができなくなります。債権者は破産手続によって破産財団から債権額に応じた按分比例による分配を受けられるだけになります。

そのため、破産手続開始決定後は債権者が全額回収することは事実上不可能です。債権者からすれば、最終的に少しでも多くの配当を受けられるように、破産財団の管理が適切になされ、破産者の財産の換価がより高額であることを期待するしかありません。

こうした債権者の意見や意思を破産手続きに反映させる必要から設けられたのが債権者集会です。

● 債権者集会の開催と議決権行使

債権者集会は、①破産管財人、②債権者委員会、③知れている（判明している）破産債権者の総債権について裁判所が評価した額の10分の1以上にあたる破産債権をもつ債権者、のいずれかの申立てによって、または裁判所の職権によって招集します。債権者集会は常に開催すべきものではありません。

債権者集会の決議は届出債権者だけが議決権を持ち、原則として議決権を行使できる破産債権者のうち出席者の議決権の総額の2分の1を超える者の賛成があれば決議が成立します。この決議の効力はすべての債権者に及びます。

債権者集会の開催通知

平成　年（フ）第　　号
　　　　　　債権者集会開催のお知らせ
破産者 ○ ○ 株式会社についての債権者集会を下記のとおり開催しますので参集願います。

日時　平成　年　月　　日　午後　時　　分
場所　東京地方裁判所民事第　　号法廷
　　　（又は東京地方裁判所債権者集会場）
目的　管財業務の経過報告その他
　　　　　　平成　年　月　日
　　　　　　　　東京地方裁判所民事第20部
　　　　　　　　　　裁判所書記官

別除権・取戻権

担保権の実行は破産手続きとは別に行われる

● どのような権利なのか

　担保権は、債務者が倒産したような場合でも確実に債権の回収を図ることを目的に設定されています。そのため、破産者に対して担保権を有する者は、破産手続きとは関係なく自由に担保権を実行することで債権の回収が可能です。このような担保権者の権利を別除権といいます。

　担保権のうち、特別の先取特権（特定の動産や不動産について認められる先取特権）、質権、抵当権などが別除権となります。たとえば、抵当権を有している場合、破産手続開始決定後であっても、抵当権者は破産者の所有している不動産を競売にかけることができ、競売代金から優先して債権の弁済を受けることができます。破産者に対して債権を有している者は、原則として破産手続きの配当（242ページ）によって弁済を受けますが、別除権である抵当権を有していれば、破産手続きとは関係なく弁済を受けることができます。

　また、通常の債権者が強制執行手続きを行っている場合に、債務者について破産手続開始決定があると、強制執行手続きが中止されます。しかし、担保権の実行手続きが開始されている場合に、破産手続開始決定があっても、担保権の実行手続きは中止しません。

　別除権により担保権を実行しても、担保の目的となっていた財産の価額が少なければ、債権全額の回収は不可能です。その場合、不足額については、別除権を有していた者であっても、破産手続きの中で配当を受けることができます。なお、別除権を行使せずに破産手続きの中で配当を受けることはできない点に注意する必要があります。

　担保となっている財産から債権を回収する方法には、任意売却と競売があります。このうち任意売却を行う場合には、任意売却から配当まで、以下の手続きを経ることになります。

　まず破産管財人が担保目的物の買い手を探してきて売買契約を締結します。そして、買主の支払う代金の一部を別除権者が有する債権の弁済に充てて、担保権を抹消します。その後、担保権のなくなった状態の財産を買主に引き渡し、買主が支払った売買代金の残りを破産者に対する債権者への配当に回します。

　また、担保となっている財産を任意に売却して担保権を消滅させることが破産債権者の利益にかない、担保権を有する者の利益を不当に害しない場合

には、破産管財人は、裁判所に対して担保権消滅の許可の申立てができます。担保権消滅請求に対して、①自ら担保権を実行するか、②担保となっている財産を買い取るかという、2つの対抗手段が担保権者には用意されています。担保権者が①または②の手段を講じない場合には、裁判所は担保権消滅請求に対して許可決定を出します。

　任意売却は、別除権者である担保権者の了承がなければ行うことができません。しかし、破産管財人が、多額の代金を支払ってくれる買主を見つけてきたとしても、担保権者が了承しないことで任意売却ができないというのでは不合理です。そのため、破産管財人は裁判所に対して担保権消滅の許可の申立てを行うことができます。

●取戻権はどのような権利なのか

　破産手続開始の時点で破産者の下にある財産は、破産者が所有している財産のように見える物でも、本当は他人の所有物である財産が紛れ込んでいる可能性があります。この場合、財産に対して権利を有する者は、破産者の財産の中からその財産を取り戻すことができます。この破産者のものではない財産を取り戻す権利を取戻権といいます。

　取戻権には、一般の取戻権と、破産法等が特別の配慮から認めている特別の取戻権があります。一般の取戻権の典型例は、所有権が典型例になりますが、賃貸借契約が終了した場合の返還請求権なども取戻権に該当します。また、財産の給付を内容とする請求権（債権）についても取戻権が認められます。

　特別の取戻権には、問屋の取戻権、取戻権の目的となる財産が第三者に譲渡された場合の代償的取戻権などが挙げられます。

別除権の行使による債権の回収

破産手続き（③の管理・処分）とは関係なく自由に担保権を実行できる！

破産管財人
③ 管理・処分
破産財団
② 債務者の破産
債務者の不動産
④ 抵当権実行
① 抵当権設定
債権者

15 相殺権

通常とは違うルールで相殺を行う

● どのような権利なのか

　破産手続きの中で相殺を行うための条件は通常の場合とは異なっています。

　通常、お互いの債権が同じ金銭債権で、両方の債権の弁済期が来ている場合に相殺が行われます。

　しかし、破産手続きの中では、破産者に対する債権が金銭債権ではない債権も金銭債権と同じように扱われます。また、弁済期の到来していない債権でも、弁済期が来たものとして扱われます。

　たとえば、破産者に対して貸金債権を有しており、その貸金債権の返還期日はまだ来ていないという場合でも、貸金債権を自働債権（相殺をする際に相殺する側がもっている債権のこと）として相殺することが可能です。また、破産者に対して物の引渡しを請求するという債権を有している場合でも、その債権を自働債権とした相殺ができます。

　また、破産者に対して物の引渡しを請求するという債権を有している場合でも、その債権を自働債権とした相殺ができます。破産者に対する債権が解除条件付きのものであっても相殺はできます。解除条件付きの債権とは、ある条件を満たすと債権は消滅するという条件がつけられている債権のことをいいます。ただし、解除条件付きの債権を用いて相殺をする場合には、条件が満たされて債権が消滅する場合に備えて、相殺によって消滅する債務の額について破産財団のために担保の提供等をする必要があります。

　たとえば、債権者が、破産者に対する解除条件付きの債権を自働債権とする相殺をして、破産者に対する100万円の債務を消滅させる場合には、破産財団に対して100万円を担保として提供するか、寄託を行うことになります。破産手続きが終了するまで解除条件が満たされなかった場合には、担保となった金銭は、担保の提供をした債権者に返還されます。

　これに対し、破産者に対する債権が停止条件付きの債権である場合、相殺はできません。しかし、停止条件が満たされた場合に備えて、債権者は相殺ができる金額について、寄託を請求することができます。停止条件付きの債権とは、条件を満たした場合に発生する債権のことをいいます。停止条件が満たされなければ、債権が発生しないので、寄託した金銭は一般の債権者への配当に回されます。停止条件が満たされた場合には、相殺がなされ、寄託された金銭が寄託を請求した債権者に支払われます。

● 相殺権行使の方法

　破産手続きの中での相殺を無制限に認めると不都合が出てくる場面が生じます。たとえば、YがXに対して代金債権（代金支払請求権）を有する状態でYが破産したとします。このとき、Yに対して貸金債権を有する金融機関からXがその貸金債権を安く買い取り、XはYの代金債権と自分の貸金債権を相殺します。これでXは、安く買い取った貸金債権を利用して、Yに対する代金債務を消滅させることができます。

　しかし、Yにとっては、金融機関に対する貸金債務を弁済したのと同じ状態になる（破産財団の流出に等しい）とともに、Xから代金債権を回収できなくなります。このように破産者の破産財団が減少することで、他の債務者への配当も減少するという不公平につながることがあるのです。

　そこで、相殺を認めるのが不公平と思われる場合には、相殺権の行使が制限されます。相殺が行われるケースには、①破産者の債権者が破産者に対して債務を負担した場合に行う相殺、②破産者の債務者が破産者に対して債権をもった場合に行う相殺がありますが、以下の場合に相殺権の行使が制限されます。

・破産手続開始の申立後、破産手続開始決定前

　破産手続開始申立てがされていることを破産者への債権取得・債務負担の際に知っていれば、相殺はできません。

・破産手続開始決定後

　破産手続開始決定後に破産者に対して債権取得・債務負担をしても、相殺は認められません。

・支払停止・支払不能

　破産者への債権取得・債務負担の時に破産者の支払停止・支払不能を知っていた場合は、破産手続開始の申立前であっても相殺は認められません。

相殺権の行使が不公平となるケース

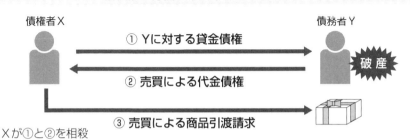

債権者X　　　　　　　　　　　　　　　　　　　債務者Y

① Yに対する貸金債権 →

破 産

← ② 売買による代金債権

③ 売買による商品引渡請求 →

Xが①と②を相殺

➡ もし、①の金額と②の金額が同額だとすると、商品の引渡しを受けることができるXは、他の債権者に優先して債権の回収ができてしまい、不公平！

否認権

破産者の行為を否定できる

● どんな権利なのか

　破産手続きでは、債務者の財産を現金化して、債権者に対して公平な配当が行われます。

　しかし、会社の資金繰りが苦しくなると、会社の経営者は現金を作るために会社の財産を安い値段で売却してしまったり、取立ての厳しい債権者にだけ弁済を行おうとします。このように、破産手続きを行う前の段階で、破産者が自らの財産を減少させるような行為をしたり（詐害行為）、破産者が一部の債権者に対してのみ弁済を行ったりすると（偏頗行為）、債権者に対する公平な財産の分配ができなくなります。

　そのため破産手続開始決定の前に、破産者が詐害行為や偏頗行為を行っていた場合には、破産管財人はこれらの行為の効力を否定して、流出した財産を破産者の財産の中に戻させることができます。このような破産管財人の権利のことを否認権といいます。

　次に、どんなケースが問題なのか見ていきましょう。

① 詐害行為

　詐害行為は、破産者の財産が減少し、すべての債権者が不利益を受けるような行為です。たとえば、A、B、Cの債権者がいて、3人の債権者はそれぞ

れ1000万円の債権を破産者に対して有していたとします。このとき、破産者が総額900万円の財産を有していれば、債権者A、B、Cはそれぞれ300万円の配当を受けることができるはずです。しかし、破産者が900万円の価値のある財産を600万円で売却してしまうと、債権者A、B、Cへの分配額は200万円に減少します。このような場合に、破産者の行為を否認する必要性が出てきます。

　詐害行為の類型は、以下のように分類できます。

・破産者が破産債権者を害することを知って行った行為。

・破産者が支払の停止や破産手続開始の申立てがあった後にした破産債権者を害する行為

・破産者の行った無償行為（無償行為と同視すべき有償行為も含む）

② 偏頗行為

　偏頗行為とは、破産者が負担している特定の債務のみを弁済したり、特定の者に対してだけ担保を提供する行為です。たとえば、A、B、Cの債権者がそれぞれ1000万円の債権をもっており、破産者が900万円の財産を有していれば、債権者A、B、Cはそれぞれ300万円ずつの配当を受けることがで

きるはずです。しかし、破産者がAに対してのみ900万円を弁済してしまうと、BとCは全く弁済を受けることができません。このような破産者の行為が偏頗行為です。

偏頗行為の典型例は、偏頗弁済と呼ばれるものです。つまり、他の債権者への弁済は停止している状態でも、家族・親族等、または、きわめて親しい取引先にのみ弁済をすることで、特定の債権者に対する支払いを済ませてしまう場合をいいます。

民法においても、債権者を害する行為を禁止する否認権と類似の機能を持つ、詐害行為取消権が規定されています。しかし、債務者がどの債権者に対して優先的に弁済を行うのかは、基本的に債務者の自由に決定できる事項であるとして、偏頗弁済への干渉までは認めていませんので、倒産手続きの場合にのみ認められる例外といえます。

偏頗行為否認は、①破産者が支払不能になった後、または破産手続開始の申立てがあった後にした偏頗行為の否認と、②破産者が支払不能になる前30日以内にした、弁済期未到来の債務への返済等に関する偏頗行為の否認に分類できます。

◯行使の仕方について

否認権は、訴えの提起、否認の請求または抗弁（原告の主張を単に否定するのではなく、別個の事実を主張して争う被告側の主張のこと）によって、破産管財人が行使する必要があります。ただし、実務上は、訴え提起などを行わなくても、否認権行使の相手方と交渉を行い、任意に財産を返還してもらうような処理が行われています。また、否認権の対象財産のすべてを返還してもらうのではなく、その一部を返還してもらうことで合意するという処理も行われています。

否認権を行使すると、その対象となった行為は最初からなかったことになり、財産は破産者のもとに戻ります。否認権は、破産手続開始の日から2年を経過すると、行使できなくなります。

否認権のイメージ

17 民事再生手続き
申立権者、申立てのタイミングを知ること

●民事再生とは

　民事再生とは、債務者が裁判所から再生計画の認可を受けることによって、今ある借金を圧縮する再生型の法的な倒産処理手続きです。民事再生を申し立てる場合、短期間で再生計画案（債務者を再建するための具体的内容を定めたもの）をまとめる必要が生じます。民事再生の手続きは、借金を抱えた個人債務者の再生手段としてだけでなく、大企業の再建にも利用されています。

　民事再生の申立てを行うことができるのは、債務者と債権者です（これらの者を申立権者といいます）。なお、会社が民事再生の申立てを行う場合には、取締役会において、取締役の賛成多数の議決があれば足ります。一方、債権者としては、債務者の再生計画に賛成するかどうかがポイントになります。

●どんなときに申し立てられるのか

　債務者である会社は、①債務者に破産手続開始の原因となる事実が生ずるおそれがあるとき、あるいは、②債務者が事業の継続に著しい支障をきたすことなく弁済期にある債務を弁済することができないときに、民事再生を申し立てることができます。

　①の例として、会社が債務超過に陥

るおそれがある場合、②の例として、本社ビルを売却すれば債務を弁済できるが、本社ビルがなければ営業を継続できない場合を挙げることができます。

　一方、債権者も、上記の①を理由に民事再生を申し立てることはできます。しかし、②については、会社の内情に通じた会社自身にしか判断することができないため、これを理由として債権者側から申し立てることはできません。

●破産手続きとの違い

　会社の破産手続きにおいては、破産管財人が選任されると、破産管財人が会社の業務遂行と財産管理を行います（取締役はこれらを行う権限を失います）。

　これに対して、会社の民事再生手続きの場合、原則として、手続開始後も会社の経営陣が業務遂行と財産管理を行います。このような手続きを、DIP型手続きといいます。DIP型手続きでは従来の経営陣が、引き続き経営を行うことができるので、会社が苦境に陥っても、経営陣が民事再生手続きを申し立てやすいしくみになっています。

●保全処分による財産流出の防止

　申立権者から民事再生手続きの申立てが行われ、裁判所がその申立てを認

めることを「開始決定」といいます。この申立てから開始決定までは平均して約1か月かかります。

この間、申立てを行った会社の取引先が、会社の財産状況に不安をいだいて、他の取引先を出し抜いて、自分にだけ代金の支払いを求めることなどないように（これを認めると他の取引先との関係で不公平になります）、裁判所に対して「保全処分」という手続きを申し立てることができます。

その中でも強力な保全処分が中止命令・取消命令です。これは、一般債権者が個別的に行った仮差押や強制執行（競売等）などの手続きにつき、それらの中止や取消を裁判所が命じることです。

さらに強力な保全処分として、包括的に（まとめて）一般債権者の権利行使を禁ずる包括的禁止命令があります。この命令がなされると、すべての一般債権者は、再生債務者の財産に対して仮差押や強制執行をすることが禁止さ

れます。

◯別除権と担保権消滅請求制度

このように、裁判所が中止命令・取消命令をすると、一般債権者は債権を回収することができなくなります。

これに対して、抵当権などをもつ担保権者は、担保権を実行して、そこから生じたお金（競売代金）から優先弁済を受けることができます。担保権の実行については、裁判所の保全処分によっても、担保権者が判断を変えない限り、妨げられることはありません。このような担保権者の権利を別除権といいます。

しかし、抵当権が設定されている土地と建物が本社ビルであり、本社ビルがなければ再生が不可能という事態も考えられます。

そこで、民事再生法では、一定の場合に債務者が担保権の消滅の申立てをすることを認めています。この制度を担保権消滅請求制度といいます。

民事再生手続きのポイント

- 利用者はすべての法人と個人である
- 申し立てることができるのは債務者と債権者である
- 財産などの管理処分権は債務者にある。経営者は交代しない
- 破産原因（支払不能）がなくてもよい
- 管理機関として監督委員が選任される

18 再生手続の流れ

再生計画案を納得できるかがポイント

● 開始決定を出してもらえる場合

　民事再生手続きの流れは次ページの図のとおりです。申立書の作成・提出は申立代理人である弁護士が行います。

　ただし、民事再生手続きの開始決定を出してもらうためには、申立てが適法で、申立ての棄却事由が存在しないことが必要です。

　棄却事由には、以下の4つがあります。①再生手続きの費用の予納がないとき、②裁判所に破産手続または特別清算手続きが係属し、その手続きによることが債権者の一般の利益に適合するとき、③再生計画案の作成もしくは可決の見込みまたは再生計画の認可の見込みがないことが明らかであるとき、④不当な目的で再生手続開始の申立てがされたとき、その他申立てが誠実にされたものでないとき、です。

　債権者は民事再生手続において、以下の債権者説明会や債権者集会で手続きに関与することになります。

● 債権者説明会で事情を説明する

　債権者説明会というのは、後で説明する債権者集会とは異なり、債権者に、業務や財産の状況または再生手続の進行について、説明するものです。民事再生手続きが開始されれば、債権者の権利行使にも影響を与える（多くの場合、債権の額が減る）ので、債務者は、それに対するお詫びをするわけです。

　はじめに、説明会の案内通知を債権者に発送する必要がありますが、そのタイミングは、民事再生手続開始の申立てが受理された直後になります。

　開催までは、債権者が案内通知をもらってから1週間程度かかります。説明会には、会社の代表取締役及び申立代理人（弁護士）は出席する必要があります。監督委員（裁判所が選任する債務者の後見的な立場の者）も出席することがあります。そして代表取締役は挨拶という形で、債権者にお詫びをして、申立代理人は申立てに至った経緯を説明します。監督委員は中立の立場から意見を出します。

● 債権者集会

　通常の再生手続きにおいては、一般には債権者集会で、再生計画案の決議を得ることになります。再生計画を可決するには、次の2つの要件を満たす必要があります。

① 議決権者の過半数の同意
② 議決権者の議決権総額の2分の1以上を有する者の同意

　このような場合に、債務者はあらか

252

じめ債権者から委任状を求めるケースがあります。委任状をもらっておけばこれらの要件を満たしやすくなるからです。特に②の要件を満たすために、大口の再生債権者には個別に委任状の勧誘を行うことが多いようです。

　また、裁判所は、再生計画案の提出がなされた場合において、裁量により、再生計画案を書面によって決議する旨の方法をとることができます。具体的には、小口の債権者が非常に多く、債権者集会での決議を得ることが困難な場合などに、書面による決議となるようです。

　さらに、すべての届出債権者が書面により再生計画案に同意しており、かつ、再生債権の調査および確定手続を経ないことに同意しているような特別の場合には、債権者集会などでの決議は不要となります（同意再生）。

通常の民事再生手続きの流れ

```
┌─────────────────────┐
│   民事再生の申立て    │ ◀── すべての法人および
└─────────────────────┘      個人が利用できる。
          │
          ▼          ※費用を予納しなくてはならない
┌─────────────────────┐  必要に応じて裁判所が監査委員などを選任する
│      保全処分        │
└─────────────────────┘
          │
          ▼
┌─────────────────────┐
│   再生手続開始決定    │
└─────────────────────┘
          │
          ▼
┌─────────────────────┐
│     債権の届出        │
└─────────────────────┘
          │
          ▼
┌─────────────────────┐
│   債権の調査・確定    │
└─────────────────────┘
          │
          ▼
┌─────────────────────┐
│   再生計画案の提出    │
└─────────────────────┘
          │
          ▼
┌─────────────────────┐
│ 債権者集会での再生計画案│
│    についての決議     │
└─────────────────────┘
          │
          ▼
┌─────────────────────┐
│裁判所による再生計画の認可決定│
└─────────────────────┘
          │
          ▼
┌─────────────────────┐
│ 再生計画の遂行・手続終結 │
└─────────────────────┘
```

※　通常民事再生は個人や零細事業者が利用するには手続きが複雑すぎ、予納金も高いという問題がある。そこで、会社員などの個人債務者や個人事業主など比較的少額の債務を負っている人のために簡易で利用しやすい個人民事再生手続きが設けられている。

索　引

索引

【監修者紹介】

木島 康雄（きじま　やすお）

1964年生まれ。京都大学法学部卒業。専修大学大学院修了。予備試験を経て司法試験合格。弁護士（第二東京弁護士会）、行政書士（東京都行政書士会）、作家。過去20冊以上の実用書の公刊、日本経済新聞全国版でのコラム連載と取材の他、多数の雑誌等での掲載歴あり。現在、旬刊雑誌「税と経営」にて、170回を超える連載を継続中。作家としては、ファンタジー小説「クラムの物語」（市田印刷出版）を公刊。平成25年、ラブコメディー「恋する好色選挙法」（日本文学館）で「いますぐしよう！作家宣言2」大賞受賞。弁護士実務としては、離婚、相続、遺言、交通事故、入国管理、債権回収、債務整理、刑事事件等、幅広く手がけている。
監修書に『図解で早わかり　行政法のしくみ』『パート・派遣・請負をめぐる法律知識』『最新 マンションを「売るとき」「買うとき」の法律マニュアル』『入門図解　交通事故の過失割合 ケース別288』『刑事訴訟法のしくみ』『入門図解　民法【債権法】大改正』『図解　民法【財産法】のしくみ』（小社刊）がある。

木島法律事務所
〒134-0088　東京都江戸川区西葛西6丁目12番7号　ミル・メゾン301
TEL：03-6808-7738　FAX：03-6808-7783
Meil：a-kitaki@lapis.plala.or.jp

図解　民法改正対応！
最新　債権回収のしくみがわかる事典

2017年11月10日　第1刷発行

監修者	木島康雄
発行者	前田俊秀
発行所	株式会社三修社
	〒150-0001　東京都渋谷区神宮前2-2-22
	TEL　03-3405-4511　FAX　03-3405-4522
	振替　00190-9-72758
	http://www.sanshusha.co.jp
	編集担当　北村英治
印刷所	萩原印刷株式会社
製本所	牧製本印刷株式会社

©2017 Y. Kijima Printed in Japan
ISBN978-4-384-04768-4 C2032